从入门到精通

强基数学

中国农业出版社

农村读物出版社

北　京

编　委　会

前　言

　　强基计划旨在选拔、培养有志于服务国家重大战略需求且综合素质优秀或基础学科拔尖的学生，为国家关键领域输送高质量人才。通过改革招生和培养模式，强基计划促进高等教育内涵式发展，提升基础学科人才培养质量，探索、建立多维度考核、评价考生的招生模式。为了积极响应这一计划，北京五中数学教研组经过多年强基计划课程的积淀，精心策划并推出了《从入门到精通-强基数学》。本书的立意，旨在为备考强基计划的考生提供一本全面、系统、高效的辅导教材，帮助他们更好地掌握学科知识，提升综合素质，为未来的学术研究和职业发展打下坚实的基础。

　　数学是一门逻辑性极强的学科，知识体系比较复杂。对于初学者而言，很容易陷入迷茫和困惑之中。因此，本书在开篇便设置了"知识导航"部分，旨在帮助读者系统梳理数学强基计划中的基础知识框架，构建起清晰的知识体系。我们按照数学学科的内在逻辑和强基计划的考试要求，将数学知识分为若干个模块，每个模块下又细分出若干个知识点。通过图表、文字等多种形式，我们详细阐述了每个知识点的概念、性质、定理以及相互之间的联系，使读者能够一目了然地掌握数学知识的全貌。此外，"知识导航"还注重引导读者形成正确的数学思维方式和解题策略。我们通过分析数学问题的本质和规律，揭示数学思维的奥秘，帮助读者培养起逻辑推理、抽象概括、空间想象等数学能力。这些能力不仅是学习数学的基础，更是解决复杂问题的关键。

　　学习数学离不开解题。解题是检验知识掌握程度的重要途径，也是提升数学能力的重要手段。然而，面对浩如烟海的数学题目，很多读者往往感到无从下手。为此，本书精心挑选了历年强基计划考试中的典型例题，通过详细解析，引导读者掌握解题思路和技巧。在"典型例题"部分，我们按照知识点的分类，将例题进行归类整理。每个例题都附有详细的解题步骤和思路分析，不仅让读者知道答案是什么，更让读者明白答案是怎么来的。我们注重培养读者的解题思维，通过引导读者分析问题、寻找解题线索、运用数学知识进行推理和计算，最终得出正确答案。同时，我们还注重培养读者的解题技巧。通过总结归纳常见的解题方法、技巧和经验，我们帮助读者掌握一些快速解题的窍门，提高解题效率。这些技巧不仅能够应用于强基计划的考试中，更能够迁移到其他数学问题的解决中，让读者在数学学习中游刃有余。

学习数学不仅要掌握理论知识，更要注重实践应用。只有通过大量的练习，才能真正巩固所学知识，提升解题能力。因此，本书在"典型例题"之后，设置了"巩固练习"部分，旨在帮助读者通过实践巩固所学知识。"巩固练习"中的题目都是经过精心挑选和设计的，既注重基础知识的巩固，又注重解题能力的提升。题目难度适中，既有简单的基础题，也有复杂的综合题，能够满足不同层次读者的需求。我们鼓励读者在完成例题的学习后，积极尝试解答这些题目，通过实践来检验自己的学习成果。在解答题目的过程中，我们建议读者注重解题思路和方法的总结。每做完一道题目，都要认真思考这道题目所考查的知识点、解题思路和解题方法，以及自己在解题过程中遇到的问题和困难。通过反思和总结，读者能够不断加深对数学知识的理解，提升解题能力和思维水平。

作为一本专为数学爱好者打造的辅导宝典，本书不仅适用于日常的数学学习，更适用于备考强基计划的复习资料。强基计划是国家为了选拔和培养基础学科拔尖人才而设立的一项重大计划，其数学考试内容既注重基础知识的考查，又注重解题能力和思维水平的考查。因此，本书的内容与强基计划的考试要求高度契合，能够为考生提供全面、系统的复习资料。在备考过程中，考生可以首先通过"知识导航"部分系统梳理数学的知识框架，构建起清晰的知识体系。然后，结合"典型例题"部分进行解题思路和技巧的学习，通过一定数量的练习来巩固所学知识。最后，通过模拟考试和真题演练来检验自己的学习成果，查漏补缺，不断提升自己的解题能力和思维水平。此外，本书还为考生提供了一些备考策略和建议。我们通过分析强基计划数学考试的命题规律和趋势，为考生提供了有针对性的备考方向和重点。同时，我们还分享了一些备考过程中的心得和经验，帮助考生少走弯路，提高备考效率。

　　数学是一门充满魅力和挑战的学科。它不仅能够培养学生的逻辑思维和抽象概括能力，还能够激发我们的创造力和想象力。通过学习数学，我们能够更好地认识世界、理解世界和改造世界。因此，我们诚挚地希望广大数学爱好者能够珍视这本书，通过它的引导，轻松应对数学挑战，开启智慧之旅。在学习的过程中，我们鼓励读者保持好奇心和求知欲，勇于探索未知领域。同时，也要注重培养自己的耐心和毅力，面对困难和挫折时能够坚持不懈地努力。相信在不久的将来，你一定能够在数学的海洋中畅游自如，成为真正的数学大师！最后，我们衷心感谢所有为本书付出辛勤努力的作者、编辑和工作人员。他们的智慧和汗水凝聚成了这本书的精华和灵魂。同时，我们也期待广大读者能够给予本书宝贵的意见和建议，让我们共同为数学教育事业的发展贡献自己的力量！

杨学东

2025 年 1 月于北京

目　录

前言

第一讲　均值不等式

一、知识导航

1. 均值不等式

如果 a，$b \in R_+$，那么 $\dfrac{a+b}{2} \geqslant \sqrt{ab}$．当且仅当 $a=b$ 时等号成立．

均值定理可以表述为：两个正数的算术平均值大于或者等于它的几何平均值．

2. 均值不等式的推广

（1）如果 a，$b \in R_+$，那么 $\sqrt{\dfrac{a^2+b^2}{2}} \geqslant \dfrac{a+b}{2} \geqslant \sqrt{ab} \geqslant \dfrac{2}{\dfrac{1}{a}+\dfrac{1}{b}}$．当且仅

当 $a=b$ 时，等号成立．

（2）如果 x_1，x_1，$\cdots$，$x_n \in R_+$，那么

$$\sqrt{\dfrac{x_1^2+x_2^2+\cdots+x_n^2}{n}} \geqslant \dfrac{x_1+x_2+\cdots+x_n}{n} \geqslant \sqrt[n]{x_1 x_2 \cdots x_n} \geqslant$$

$$\dfrac{n}{\dfrac{1}{x_1}+\dfrac{1}{x_2}+\cdots+\dfrac{1}{x_n}}.$$

二、经典例题

例 1.（1）函数 $y = 3x^2 + \dfrac{16}{2+x^2}$ 的最小值为 _____．

【答案】$8\sqrt{3} - 6$

【解析】因为 $x^2 + 2 > 0$，

所以 $y = 3(2+x^2) + \dfrac{16}{2+x^2} - 6 \geqslant 2\sqrt{3(2+x^2) \cdot \dfrac{16}{2+x^2}} - 6 = 8\sqrt{3} - 6$

当且仅当 $3(2+x^2) = \dfrac{16}{2+x^2}$，即 $x = \pm\sqrt{\dfrac{4\sqrt{3}}{3} - 2}$ 时，等号成立．

(2) 设 $x \geqslant 0$，$y \geqslant 0$，$x^2 + \dfrac{y^2}{2} = 1$，则 $x\sqrt{1+y^2}$ 的最大值为 _____．

【答案】$\dfrac{3\sqrt{2}}{4}$

【解析】因为 $x \geqslant 0$，$y \geqslant 0$，$2x^2 + y^2 = 2$，

所以 $\sqrt{2}\, x\sqrt{1+y^2} \leqslant \dfrac{2x^2 + 1 + y^2}{2} = \dfrac{3}{2}$

即 $x\sqrt{1+y^2} \leqslant \dfrac{3\sqrt{2}}{4}$

(3) 当 $0 < x < 1$ 时，则函数 $y = x^2(1-x)$ 的最大值为 _____．

【答案】$\dfrac{4}{27}$

【解析】$y = 4 \cdot \dfrac{1}{2}x \cdot \dfrac{1}{2}x \cdot (1-x) \leqslant 4 \cdot \left(\dfrac{\dfrac{1}{2}x + \dfrac{1}{2}x + (1-x)}{3} \right)^3 = \dfrac{4}{27}$

例2.(1) 设 $a > 0$，$b > 0$，$a + b + ab = 24$，则(　　)．

A. $a+b$ 有最大值 8　　　　　B. $a+b$ 有最小值 8

C. ab 有最大值 8　　　　　D. ab 有最小值 8

【答案】B

(2)(2022 清华强基) 已知 $a^2 + ab + b^2 = 3$，求 $a^2 + b^2 - ab$ 的最大值和最小值．

【答案】$a = -b = \pm\sqrt{3}$，$a = b = \pm 1$

【解析】因为 $a^2 + ab + b^2 = 3 \geqslant 3ab$

所以 $ab \leqslant 1$

$a^2 + ab + b^2 = 3 \geqslant -2ab + ab$

所以 $ab \geqslant -3$

所以 $a^2 - ab + b^2 = 3 - 2ab \in (1,\ 9)$

$a = b = \pm 1$ 时，取最小，

$a = -b = \pm\sqrt{3}$ 时，取最大．

(3)(2016 广东预赛)若正数 x，y 满足 $x+3y=5xy$，则 $3x+4y$ 的最小值是 _____．

【答案】5

【解析】由已知，$\dfrac{1}{5y}+\dfrac{3}{5x}=1$，则 $3x+4y=(3x+4y)(\dfrac{1}{5y}+\dfrac{3}{5x})\geqslant 5$

当且仅当 $\dfrac{3x}{5y}=\dfrac{12y}{5x}$，即 $x=1$，$y=\dfrac{1}{2}$ 时，等式成立．

(4)(2015 甘肃预赛)设 x，y 是正实数，且 $x+y=1$，则 $\dfrac{x^2}{x+2}+\dfrac{y^2}{y+1}$ 的最小值是 _____．

【答案】$\dfrac{1}{4}$

【解析】设 $x+2=s$，$y+1=t$，则 $s+t=x+y+3=4$

所以 $\dfrac{x^2}{x+2}+\dfrac{y^2}{y+1}=\dfrac{(s-2)^2}{s}+\dfrac{(t-1)^2}{t}=(s-4+\dfrac{4}{s})+(t-2+\dfrac{1}{t})=$

$(\dfrac{4}{s}+\dfrac{1}{t})-2$

因为 $\dfrac{4}{s}+\dfrac{1}{t}=\dfrac{1}{4}(\dfrac{4}{s}+\dfrac{1}{t})(s+t)=\dfrac{1}{4}(\dfrac{4t}{s}+\dfrac{s}{t}+5)\geqslant\dfrac{9}{4}$

所以 $\dfrac{x^2}{x+2}+\dfrac{y^2}{y+1}\geqslant\dfrac{1}{4}$，故答案为：$\dfrac{1}{4}$

(5)(2017 辽宁预赛)已知正数 a，b，c，d 满足 a+2b=1，c+2d=1，则 $\dfrac{1}{a}+\dfrac{1}{bcd}$ 的最小值为(　　)．

A. $\dfrac{1}{16}$　　　　B. 8　　　　C. $\dfrac{1}{5}$　　　　D. 25

【答案】D

【解析】由均值不等式，可得 $2cd\leqslant(\dfrac{c+2d}{2})^2=\dfrac{1}{4}$，

所以 $cd\leqslant\dfrac{1}{8}$，当且仅当 $c=\dfrac{1}{2}$，$d=\dfrac{1}{4}$ 时，上式等号成立．

所以 $\dfrac{1}{a}+\dfrac{1}{bcd}\geqslant\dfrac{1}{a}+\dfrac{8}{b}=(\dfrac{1}{a}+\dfrac{8}{b})\cdot(a+2b)=17+\dfrac{2b}{a}+\dfrac{8a}{b}\geqslant 17+2$

$$\sqrt{\frac{2b}{a} \cdot \frac{8a}{b}} = 25$$

当且仅当 $b = 2a$ 时，上式等号成立，

结合条件，此时 $a = \frac{1}{5}$，$b = \frac{2}{5}$，$c = \frac{1}{2}$，$d = \frac{1}{4}$，故选 D.

例3.(2022交大强基) 已知 $a > b > 0$，则 $a + \dfrac{4}{a+b} + \dfrac{1}{a-b}$ 的最小值为（   ）.

A. $\dfrac{3\sqrt{10}}{2}$ B. 4   C. $2\sqrt{3}$ D. $3\sqrt{2}$

【答案】D

【解析】因为 $a = \dfrac{1}{2}\big[(a+b) + (a-b)\big]$

所以 $a + \dfrac{4}{a+b} + \dfrac{1}{a-b} = \dfrac{1}{2}(a+b) + \dfrac{4}{a+b} + \dfrac{1}{2}(a-b) + \dfrac{1}{a-b}$

因为 $a > b > 0$

所以 $a+b > 0$，$a-b > 0$，

由基本不等式可得 $\dfrac{1}{2}(a+b) + \dfrac{4}{a+b} \geq 2\sqrt{\dfrac{1}{2}(a+b) \cdot \dfrac{4}{a+b}} = 2\sqrt{2}$，①

$\dfrac{1}{2}(a-b) + \dfrac{1}{a-b} \geq 2\sqrt{\dfrac{1}{2}(a-b) \cdot \dfrac{1}{a-b}} = \sqrt{2}$，②

①中当且仅当 $\dfrac{1}{2}(a+b) = \dfrac{4}{a+b}$，即 $a+b = 2\sqrt{2}$ 时，等号成立，

②中当且仅当 $\dfrac{1}{2}(a-b) = \dfrac{1}{a-b}$，即 $a-b = \sqrt{2}$ 时，等号成立，

由 $\begin{cases} a+b = 2\sqrt{2} \\ a-b = \sqrt{2} \end{cases}$，解得 $\begin{cases} a = \dfrac{3\sqrt{2}}{2} \\ b = \dfrac{\sqrt{2}}{2} \end{cases}$

所以当 $\begin{cases} a = \dfrac{3\sqrt{2}}{2} \\ b = \dfrac{\sqrt{2}}{2} \end{cases}$ 时，①②中的等号同时成立.

所以 $a + \dfrac{4}{a+b} + \dfrac{1}{a-b}$ 的最小值为 $2\sqrt{2} + \sqrt{2} = 3\sqrt{2}$，故选 D.

例 4. 已知 $x > y > 0$，且 $\dfrac{1}{x-y} + \dfrac{4}{x+2y} = 1$，求 $x+y$ 的最小值．

【答案】$3 + \dfrac{4\sqrt{2}}{3}$

【解析】方法 1. 待定系数法

设 $m(x-y) + n(x+2y) = x+y$

解得 $\begin{cases} m = \dfrac{1}{3} \\ n = \dfrac{2}{3} \end{cases}$

则有 $x+y = [\dfrac{1}{3}(x-y) + \dfrac{2}{3}(x+2y)](\dfrac{1}{x-y} + \dfrac{4}{x+2y})$

$\qquad = 3 + \dfrac{4(x-y)}{3(x+2y)} + \dfrac{2(x+2y)}{3(x-y)} \geqslant 3 + \dfrac{4\sqrt{2}}{3}$

当且仅当 $\dfrac{4(x-y)}{3(x+2y)} = \dfrac{2(x+2y)}{3(x-y)}$

即 $\begin{cases} x = 2 + \dfrac{5\sqrt{2}}{3} \\ y = 1 - \dfrac{\sqrt{2}}{3} \end{cases}$ 时，等号成立．

方法 2. 换元法

令 $\begin{cases} x-y = a \\ x+2y = b \end{cases}$ 则有 $\begin{cases} x = \dfrac{b+2a}{3} \\ y = \dfrac{b-a}{3} \end{cases}$

所以 $x+y = (\dfrac{2a+b}{3} + \dfrac{b-a}{3}) = (\dfrac{a}{3} + \dfrac{2b}{3})(\dfrac{1}{a} + \dfrac{4}{b}) \geqslant 3 + \dfrac{4\sqrt{2}}{3}$

当且仅当 $\dfrac{4a}{3b} = \dfrac{2b}{3a}$，即 $\sqrt{2}a = b$ 时，等号成立．

例 5. (2017 清华自招) 设正实数 x，y，z，w 满足 $\begin{cases} x - 2y - z + 2w = 0 \\ 2yz - wx = 0 \\ z \geqslant y \end{cases}$，

则 $\dfrac{z}{y}$ 的最小值为（　　）．

A. $6 + \sqrt{2}$ 　　 B. $6 + 2\sqrt{2}$ 　　 C. $6 + 3\sqrt{2}$ 　　 D. $6 + 4\sqrt{2}$

【答案】D

$(x+2w)^2 - 8xw = (z+2y)^2 - 16zy \Rightarrow z^2 - 12zy + 4y^2 = (x-2w)^2 \geqslant 0$

解不等式 $z^2 - 12zy + 4y^2 \geqslant 0$，即 $(\dfrac{z}{y})^2 - 12\dfrac{z}{y} + 4 \geqslant 0 \Rightarrow \dfrac{z}{y} \leqslant 6 - 4\sqrt{2}$

或 $\dfrac{z}{y} \geqslant 6 + 4\sqrt{2}$

又由 $\dfrac{z}{y} \geqslant 1$ 的限制，故 $\dfrac{z}{y}$ 的最小值为 $6 + 4\sqrt{2}$.

例 6.（1）已知 x，y，$z \in R_+$，求 $\dfrac{xy+yz}{x^2+y^2+z^2}$ 的最大值.

【答案】$\dfrac{\sqrt{2}}{2}$

【解析】因为 $\sqrt{2}\,x \cdot y \leqslant \dfrac{2x^2+y^2}{2}$，$\sqrt{2}\,z \cdot y \leqslant \dfrac{2z^2+y^2}{2}$，

所以 $\sqrt{2}\,x \cdot y + \sqrt{2}\,z \cdot y \leqslant x^2 + y^2 + z^2$，

所以 $\dfrac{xy+yz}{x^2+y^2+z^2} = \dfrac{1}{\sqrt{2}} \cdot \dfrac{\sqrt{2}\,x \cdot y + \sqrt{2}\,z \cdot y}{x^2+y^2+z^2} \leqslant \dfrac{1}{\sqrt{2}} \cdot \dfrac{x^2+y^2+z^2}{x^2+y^2+z^2} = \dfrac{\sqrt{2}}{2}$

当且仅当 $\sqrt{2}\,x = \sqrt{2}\,z = y$ 时，等号成立，故 $\dfrac{xy+yz}{x^2+y^2+z^2}$ 的最大值为 $\dfrac{\sqrt{2}}{2}$.

（2）（2016 福建预赛）当 x，y，z 为正数时，$\dfrac{4xz+yz}{x^2+y^2+z^2}$ 的最大值为 _____.

【答案】$\dfrac{\sqrt{17}}{2}$

【解析】因为 $x^2 + \dfrac{16}{17}z^2 \geqslant 2\sqrt{\dfrac{16}{17}}\,xz$，

当且仅当 $x = \dfrac{4\sqrt{17}}{17}z$ 时，取等号，

$y^2 + \dfrac{1}{17}z^2 \geqslant 2\sqrt{\dfrac{1}{17}}\,yz$，当且仅当 $y = \dfrac{\sqrt{17}}{17}z$ 时，取等号，

所以 $x^2 + y^2 + z^2 = (x^2 + \dfrac{16}{17}z^2) + (y^2 + \dfrac{1}{17}z^2) \geqslant 2\sqrt{\dfrac{16}{17}}\,xz + 2\sqrt{\dfrac{1}{17}}\,yz =$

$$\frac{2\sqrt{17}}{17}(4xz+yz),$$

所以 $\dfrac{4xz+yz}{x^2+y^2+z^2} \leqslant \dfrac{\sqrt{17}}{2}$，当且仅当 $x=\dfrac{4\sqrt{17}}{17}z$，$y=\dfrac{\sqrt{17}}{17}z$，

即 $x:y:z=4:1:\sqrt{17}$ 时，取等号，

所以 $\dfrac{4xz+yz}{x^2+y^2+z^2}$ 的最大值为 $\dfrac{\sqrt{17}}{2}$.

(3)(2022 交大强基)设 x，y，z 是正实数，求 $\dfrac{10x^2+10y^2}{xy+yz+zx}$ 的最小值.

【答案】4

【解析】引进参数 k，使之满足

$$10x^2+10y^2+z^2=kx^2+ky^2+(10-k)x^2+\frac{z^2}{2}+(10-k)y^2+\frac{z^2}{2}$$

$$\geqslant 2kxy+\sqrt{2(10-k)}(yz+zx),$$

$$2k=\sqrt{2(10-k)}=t \Rightarrow t=4,$$

所以 $\dfrac{10x^2+10y^2}{xy+yz+zx}$ 的最小值为 4.

例 7. 已知 a，b，c 为正实数，

(1) 求证：$\dfrac{bc}{a}+\dfrac{ca}{b}+\dfrac{ab}{c} \geqslant a+b+c$；

(2) 求证：$\dfrac{b^2}{a}+\dfrac{c^2}{b}+\dfrac{a^2}{c} \geqslant a+b+c$.

【解析】

(1) 因为 a，b，c 为正实数，

所以 $\dfrac{bc}{a}+\dfrac{ca}{b}+\dfrac{ab}{c}=\dfrac{1}{2}\left[\left(\dfrac{bc}{a}+\dfrac{ca}{b}\right)+\left(\dfrac{ab}{c}+\dfrac{bc}{a}\right)+\left(\dfrac{ca}{b}+\dfrac{ab}{c}\right)\right]$

$$\geqslant \frac{1}{2}\left(2\sqrt{\frac{bc}{a}\cdot\frac{ca}{b}}+2\sqrt{\frac{ab}{c}\cdot\frac{bc}{a}}+2\sqrt{\frac{ca}{b}\cdot\frac{ab}{c}}\right)=a+b+c.$$

当且仅当 $a=b=c$ 时，取等号，故原不等式成立.

(2) a，b，c 为正实数，

$$\frac{b^2}{a}+\frac{c^2}{b}+\frac{a^2}{c}+a+b+c$$

$$=(\frac{b^2}{a}+a)+(\frac{c^2}{b}+b)+(\frac{a^2}{c}+c)\geqslant 2b+2c+2a$$

当且仅当 $a=b=c$ 时，取等号，故原不等式成立．

例 8. 求证：$(1+\frac{1}{n})^{n}<(1+\frac{1}{n+1})^{n+1}$　　$(n\in N^{*})$

因为 $(1+\frac{1}{n})^{n}=1\cdot(1+\frac{1}{n})\cdot(1+\frac{1}{n})(1+\frac{1}{n})\cdots(1+\frac{1}{n})$

$$<\left[\frac{n(1+\frac{1}{n})+1}{n+1}\right]^{n+1}=\left(\frac{n+1+1}{n+1}\right)^{n+1}=\left(1+\frac{1}{n+1}\right)^{n+1}\quad(n\in N^{*}),$$

所以　　$(1+\frac{1}{n})^{n}<(1+\frac{1}{n+1})^{n+1}$　　$(n\in N^{*})$．

例 9.（1）（2016 希腊数学奥林匹克）已知 x，y，z 是正实数，求证：

$$\frac{x^2y}{z}+\frac{y^2z}{x}+\frac{z^2x}{y}+2(\frac{x}{yz}+\frac{y}{zx}+\frac{z}{xy})\geqslant 9.$$

【解析】由 $AM-GM$ 不等式

$$\frac{x^2y}{z}+\frac{y^2z}{x}+\frac{z^2x}{y}+2(\frac{x}{yz}+\frac{y}{zx}+\frac{z}{xy})\geqslant 3(xyz)^{\frac{2}{3}}+6(xyz)^{-\frac{1}{3}}$$

$$=3[(xyz)^{\frac{2}{3}}+(xyz)^{-\frac{1}{3}}+(xyz)^{-\frac{1}{3}}]\geqslant 9.$$

（2）求最小的正实数 k 使得不等式 $ab+bc+ca+k(\frac{1}{a}+\frac{1}{b}+\frac{1}{c})\geqslant 9$ 对所有的正实数 a，b，c 都成立．

【解析】当 $a=b=c=1$ 时，可得 $k\geqslant 2$

下证：由 $ab+\frac{1}{a}+\frac{1}{b}\geqslant 3\sqrt[3]{ab\cdot\frac{1}{a}\cdot\frac{1}{b}}=3,$

同理：$bc+\frac{1}{b}+\frac{1}{c}\geqslant 3,$　　$ca+\frac{1}{c}+\frac{1}{a}\geqslant 3,$

以上三个不等式相加得 $ab+bc+ca+2(\frac{1}{a}+\frac{1}{b}+\frac{1}{c})\geqslant 9.$

综上，k 的最小值为 2.

例 10.（2017 清华 429 学术能力测试）

已知 a_1，a_2，$\cdots a_9$ 为 1，2，$\cdots$，9 的任意一个排列，则 $a_1 a_2 a_3 + a_4 a_5 a_6 + a_7 a_8 a_9$ 的最小值为_____．

【答案】214

因为 $a_i \in R_+ (i = 1, 2, \cdots, 9)$，

所以由均值不等式有 $a_1 a_2 a_3 + a_4 a_5 a_6 + a_7 a_8 a_9 \geqslant 3\sqrt[3]{a_1 a_2 \cdots a_9} = 3\sqrt[3]{9!}$

$= 3\sqrt[3]{(2 \times 5 \times 7) \times (1 \times 8 \times 9) \times (3 \times 4 \times 6)} = 3\sqrt[3]{70 \times 72 \times 72} > 3 \times 71$

$= 213$．

因为 $214 = 70 + 72 + 72 = (2 \times 5 \times 7) \times (1 \times 8 \times 9) \times (3 \times 4 \times 6)$，

故其最小值为 214．

三、巩固练习

1. $0 < m < \dfrac{1}{2}$，若 $\dfrac{1}{m} + \dfrac{8}{1-2m} \geqslant k$ 恒成立，则 k 的最大值为（　　）．

A. 9　　　　　　B. 18　　　　　　C. 20　　　　　　D. 27

【答案】B

【解析】因为 $0 < m < \dfrac{1}{2}$，$2m + 1 - 2m = 1$，

所以 $\dfrac{1}{m} + \dfrac{8}{1-2m} = (\dfrac{1}{m} + \dfrac{8}{1-2m})(2m + 1 - 2m) = 2 + 8 + \dfrac{1-2m}{m} + \dfrac{16m}{1-2m}$

$\geqslant 10 + 2\sqrt{16} = 18$，

当且仅当 $\dfrac{1-2m}{m} = \dfrac{16m}{1-2m}$，即 $m = \dfrac{1}{6}$ 时，等号成立．所以 $k \leqslant 18$，即实数 k 的最大值为 18，

2.（2017 清华 429 学术能力测试）已知 a，b，c 为正实数，则代数式 $\dfrac{a}{b+3c}$ $+ \dfrac{b}{8c+4a} + \dfrac{9c}{3a+2b}$ 的最小值为（　　）．

A. $\dfrac{47}{48}$　　　　　B. 1　　　　　C. $\dfrac{35}{36}$　　　　　D. $\dfrac{3}{4}$

【答案】A

【解析】令 $b+3c=z$，$8c+4a=y$，$3a+2b=z$

则 $\begin{cases} a=-\dfrac{1}{3}x+\dfrac{1}{8}y+\dfrac{1}{6}z \\ b=\dfrac{1}{2}x-\dfrac{3}{16}y+\dfrac{1}{4}z \\ c=\dfrac{1}{6}x+\dfrac{1}{16}y-\dfrac{1}{12}z \end{cases}$

所以 $\dfrac{a}{b+3c}+\dfrac{b}{8c+4a}+\dfrac{9c}{3a+2b}$

$=\dfrac{-\dfrac{1}{3}x+\dfrac{1}{8}y+\dfrac{1}{6}z}{x}+\dfrac{\dfrac{1}{2}x-\dfrac{3}{16}y+\dfrac{1}{4}z}{y}+9\left(\dfrac{\dfrac{1}{6}x+\dfrac{1}{16}y-\dfrac{1}{12}z}{z}\right)$

$=-\dfrac{61}{48}+\left(\dfrac{y}{8x}+\dfrac{x}{2y}\right)+\left(\dfrac{9y}{16z}+\dfrac{z}{4y}\right)+\left(\dfrac{3x}{2z}+\dfrac{z}{6x}\right)$

$\geqslant -\dfrac{61}{48}+2\sqrt{\dfrac{y}{8x}\cdot\dfrac{x}{2y}}+2\sqrt{\dfrac{9y}{16z}\cdot\dfrac{z}{4y}}+2\sqrt{\dfrac{3x}{2z}\cdot\dfrac{z}{6x}}=\dfrac{47}{48}$

当且仅当 $x:y:z=1:2:3$，即 $a:b:c=10:21:1$ 时取等号

3.（1）（2017 江苏预赛）设 x，y 是实数，则 $\dfrac{2x+\sqrt{2}y}{2x^4+4y^4+9}$ 的最大值是 _____．

【答案】$\dfrac{1}{4}$

【解析】由均值不等式，$2x^4+6=2x^4+2+2+2\geqslant 8x$

$4y^4+3=4y^4+1+1+1\geqslant 4\sqrt{2}y$

所以 $2x^4+4y^4+9\geqslant 8x+4\sqrt{2}y=4(2x+\sqrt{2}y)$ 即 $\dfrac{2x+\sqrt{2}y}{2x^4+4y^4+9}\leqslant\dfrac{1}{4}$

当 $x=1$，$y=\dfrac{\sqrt{2}}{2}$ 时，取等号，所以 $\dfrac{2x+\sqrt{2}y}{2x^4+4y^4+9}$ 最大值为 $\dfrac{1}{4}$

4.（2021 清华大学强基计划）非负实数 a，b，c 满足 $a+b+c=1$，求 $a^2(b-c)+b^2(c-a)+c^2(a-b)$ 的最大值为（　　）.

A. $\dfrac{1}{18}$　　　　B. $\dfrac{\sqrt{3}}{18}$　　　　C. $\dfrac{1}{9}$　　　　D. $\dfrac{\sqrt{3}}{9}$

【答案】B

【解析】所求的式子可以进行如下变形，

$a^2(b-c)+b^2(c-a)+c^2(a-b)$

$=(a^2-b^2)(b-c)-(b^2-c^2)(a-b)$

$=(a+b)(a-b)(b-c)-(b+c)(b-c)(a-b)$

$=(a-c)(a-b)(b-c)$

当 $a\geqslant b\geqslant c$ 时上式最大，且可以注意到，取最大值时，$c=0$.

此时 $a+b=1$，$S=ab(a-b)$，设 $a=b+x$，则 $b=\dfrac{1-x}{2}$，于是

$$S=\frac{1+x}{2}\cdot\frac{1-x}{2}\cdot x=\frac{1}{4}(1-x^2)x=\frac{1}{4\sqrt{2}}\sqrt{(1-x^2)(1-x^2)2x^2}$$

$$\leqslant\frac{1}{4\sqrt{2}}\sqrt{\left(\frac{1-x^2+1-x^2+2x^2}{3}\right)^3}=\frac{1}{4\sqrt{2}}\cdot\frac{2\sqrt{2}}{3\sqrt{3}}=\frac{\sqrt{3}}{18},\quad 当\ a=\frac{1}{2}+\frac{\sqrt{3}}{6},$$

$b=\dfrac{1}{2}-\dfrac{\sqrt{3}}{6}$，$c=0$ 时，取等号.

5. (2024 年清华强基) 已知 $f(a,b,c)=\sqrt{\dfrac{a}{b+c}}+\sqrt{\dfrac{b}{c+a}}+$ $\sqrt{\dfrac{c}{a+b}}(a,b,c\geqslant 0)$，则 $f(a,b,c)$ 的最大值、最小值分别为 _____.

【答案】无最大值，最小值为 2

【解析】显然没有最大值.

若 a，b，c 中没有 0，则由均值有 $\sqrt{\dfrac{a}{b+c}}=\dfrac{a}{\sqrt{a(b+c)}}\geqslant\dfrac{a}{\dfrac{a+b+c}{2}}=$

$\dfrac{2a}{a+b+c}$.

同理可得 $\sqrt{\dfrac{b}{c+a}}\geqslant\dfrac{2b}{a+b+c}$，$\sqrt{\dfrac{c}{a+b}}\geqslant\dfrac{2c}{a+b+c}$.

有 $f(a,b,c)\geqslant 2$.

若 a，b，c 中有 0，则至多有一个 0，不妨设 $c=0$，此时所求 $=\sqrt{\dfrac{a}{b}}+$

$\sqrt{\dfrac{b}{a}}\geqslant 2$.

综上，最小值为 2，当 $a=b$，$c=0$ 时，取等号.

6.（2024 年南京强基）已知函数 $f(x) = ax^2 + bx + c(b > a)$，对于 $\forall x \in \mathbf{R}$，$f(x) \geqslant 0$ 恒成立，则 $\dfrac{b-a}{a+b+c}$ 的最大值是 _____．

【答案】$\dfrac{1}{3}$

【解析】因为 $f(x) \geqslant 0$ 恒成立，

所以 $a > 0$，$\triangle = b^2 - 4ac \leqslant 0 (b > a)$，

所以 $a^2 < b^2 \leqslant 4ac$，所以 $c \geqslant \dfrac{b^2}{4a}$，

所以 $\dfrac{b-a}{a+b+c} \leqslant \dfrac{b-a}{a+b+\dfrac{b^2}{4a}} = \dfrac{\dfrac{b}{a}-1}{1+\dfrac{b}{a}+\dfrac{b^2}{4a^2}}$，

令 $t = \dfrac{b}{a} - 1 > 0$，则 $\dfrac{b}{a} = t + 1$，

所以 $\dfrac{b-a}{a+b+c} = \dfrac{t}{1+(t+1)+\dfrac{1}{4}(t+1)^2} = \dfrac{4t}{t^2+6t+9} = \dfrac{4}{t+\dfrac{9}{t}+6} \leqslant$

$\dfrac{4}{2\sqrt{t \cdot \dfrac{9}{t}}+6} = \dfrac{1}{3}$，

当且仅当 $t = \dfrac{9}{t}$，即 $t = 3$，$\dfrac{b}{a} = 4$ 时，等号成立，故答案为：$\dfrac{1}{3}$．

7.（2017 新疆预赛）已知正数 x，y，z 满足 $x + y + z = 1$，求证：对任意正整数 n，有 $x^n + y^n + z^n \geqslant \dfrac{1}{3^{n-1}}$．

【解析】根据均值不等式，有

$x^n + (n-1) \cdot \dfrac{1}{3^n} \geqslant nx \cdot \dfrac{1}{3^{n-1}}$

$y^n + (n-1) \cdot \dfrac{1}{3^n} \geqslant ny \cdot \dfrac{1}{3^{n-1}}$

$z^n + (n-1) \cdot \dfrac{1}{3^n} \geqslant nz \cdot \dfrac{1}{3^{n-1}}$

三式相加，得

$x^n + y^n + z^n + 3(n-1) \cdot \dfrac{1}{3^n} \geqslant \dfrac{n}{3^{n-1}}$

所以 $x^n + y^n + z^n \geqslant \dfrac{1}{3^{n-1}}$．

第二讲　柯西不等式

一、知识导航

柯西不等式：

若 a，b，c，$d \in R$，则 $(a^2 + b^2)(c^2 + d^2) \geqslant (ac + bd)^2$，当且仅当 $ad = bc$ 时，等号成立．

推广：$(a_1^2 + a_2^2 + \cdots + a_n^2)(b_1^2 + b_2^2 + \cdots + b_n^2) \geqslant (a_1b_1 + a_2b_2 + \cdots + a_nb_n)^2$ 其中当且仅当 $\lambda a_i = \mu b_i (\lambda$，$\mu$ 为常数，$i = 1$，2，$\cdots\cdots$，$n)$ 时等号成立．

二、经典例题

例1.(1)(2014陕西理)设 a，b，m，$n \in R$，且 $a^2 + b^2 = 5$，$ma + nb = 5$，则 $\sqrt{m^2 + n^2}$ 的最小值为 _____．

【答案】$\sqrt{5}$

【解析】由柯西不等式得，$(ma + nb)^2 \leqslant (m^2 + n^2)(a^2 + b^2)$

因为 $a^2 + b^2 = 5$，$ma + nb = 5$，

所以 $(m^2 + n^2) \geqslant 5$，

所以 $\sqrt{m^2 + n^2}$ 的最小值为 $\sqrt{5}$ 。

(2)(2012湖北理)设 a，b，c，x，y，z 是正数，且 $a^2 + b^2 + c^2 = 10$，$x^2 + y^2 + z^2 = 40$，$ax + by + cz = 20$，则 $\dfrac{a + b + c}{x + y + z} = ($ 　　$)$.

A. $\dfrac{1}{4}$ 　　　　B. $\dfrac{1}{3}$ 　　　　C. $\dfrac{1}{2}$ 　　　　D. $\dfrac{3}{4}$

【答案】C

【解析】由柯西不等式得，$(a^2 + b^2 + c^2)(\dfrac{1}{4}x^2 + \dfrac{1}{4}y^2 + \dfrac{1}{4}z^2) \geqslant$

$(\dfrac{1}{2}ax + \dfrac{1}{2}by + \dfrac{1}{2}cz)^2$，

当且仅当 $\dfrac{a}{\frac{1}{2}x}=\dfrac{b}{\frac{1}{2}y}=\dfrac{c}{\frac{1}{2}z}$ 时，等号成立，

因为 $a^2+b^2+c^2=10$，$x^2+y^2+z^2=40$，$ax+by+cz=20$，
所以等号成立，

所以 $\dfrac{a}{\frac{1}{2}x}=\dfrac{b}{\frac{1}{2}y}=\dfrac{c}{\frac{1}{2}z}$，

即 $\dfrac{a+b+c}{x+y+z}=\dfrac{1}{2}$.

例 2.(1)(2016 贵州预赛)已知正实数 a，b 满足 $9a+b=36$，则 $\dfrac{1}{a}+\dfrac{1}{b}$ 取最小值时，$ab=$ _____.

【答案】27

【解析】方法 1：均值不等式 $\dfrac{9a+b}{36}\cdot(\dfrac{1}{a}+\dfrac{1}{b})=\dfrac{1}{36}(10+\dfrac{b}{a}+\dfrac{9a}{b})\geqslant\dfrac{4}{9}$

当且仅当 $b^2=9a^2$，即 $a=3$，$b=9$ 时，等号成立.

方法 2：柯西不等式

$(\dfrac{1}{a}+\dfrac{1}{b})(9a+b)\geqslant(\sqrt{\dfrac{1}{a}}\cdot3\sqrt{a}+\sqrt{\dfrac{1}{b}}\cdot\sqrt{b})^2=16$，当且仅当 $\dfrac{3\sqrt{a}}{\sqrt{\frac{1}{a}}}=$

$\dfrac{\sqrt{b}}{\sqrt{\frac{1}{b}}}$，即 $a=3$，$b=9$ 时，等号成立.

(2)(2015 甘肃预赛)设 x，y 是正实数，且 $x+y=1$，则 $\dfrac{x^2}{x+2}+\dfrac{y^2}{y+1}$ 的最小值是 _____.

【答案】$\dfrac{1}{4}$

【解析】方法 1：均值不等式
设 $x+2=s$，$y+1=t$，则 $s+t=x+y+3=4$，
所以 $\dfrac{x^2}{x+2}+\dfrac{y^2}{y+1}=\dfrac{(s-2)^2}{s}+\dfrac{(t-1)^2}{t}$.

$$= (s-4+\frac{4}{s})+(t-2+\frac{1}{t}) = (s+t)+(\frac{4}{s}+\frac{1}{t})-6 = (\frac{4}{s}+\frac{1}{t})-2,$$

因为 $\frac{4}{s}+\frac{1}{t} = \frac{1}{4}(\frac{4}{s}+\frac{1}{t})(s+t) = \frac{1}{4}(\frac{4t}{s}+\frac{s}{t}+5) \geqslant \frac{9}{4}$,

所以 $\frac{x^2}{x+2}+\frac{y^2}{y+1} \geqslant \frac{1}{4}$.

方法 2：柯西不等式

因为 $(\frac{x^2}{x+2}+\frac{y^2}{y+1})\left[(\sqrt{x+2})^2+(\sqrt{y+1})^2\right] \geqslant (x+y)^2$,

所以 $(x+y+3)(\frac{x^2}{x+2}+\frac{y^2}{y+1}) \geqslant 1$,

所以 $\frac{x^2}{x+2}+\frac{y^2}{y+1} \geqslant \frac{1}{4}$,

当且仅当 $\frac{x+2}{x} = \frac{y+1}{y}$，即 $x = \frac{2}{3}$，$y = \frac{1}{3}$ 时，等号成立.

例3.(1)(2017江苏预赛)已知 x，$y \in R$，且 $x^2+y^2=2$，$|x| \neq |y|$，则 $\dfrac{1}{(x+y)^2}+\dfrac{1}{(x-y)^2}$ 的最小值是 _____.

【答案】1

【解析】因为 $(x+y)^2+(x-y)^2 = 2(x^2+y^2) = 4$

由柯西不等式 $\left[(x+y)^2+(x-y)^2\right]\left[\dfrac{1}{(x+y)^2}+\dfrac{1}{(x-y)^2}\right] \geqslant (1+1)^2 = 4$,

所以 $\dfrac{1}{(x+y)^2}+\dfrac{1}{(x-y)^2} \geqslant 1$，当且仅当 $(x+y)^2 = (x-y)^2$，即

$\begin{cases} x=0 \\ y=\pm\sqrt{2} \end{cases}$ 或 $\begin{cases} x=\pm\sqrt{2} \\ y=0 \end{cases}$ 时，等号成立.

(2)(2015重庆文)设 a，$b > 0$，$a+b=5$，则 $\sqrt{a+1}+\sqrt{b+3}$ 的最大值为 _____.

【答案】$3\sqrt{2}$

【解析】方法 1：均值不等式

令 $t = \sqrt{a+1}+\sqrt{b+3}$,

则 $t^2 = a+1+b+3+2\sqrt{(a+1)(b+3)} = 9+2\sqrt{(a+1)(b+3)} \leqslant 9+$

$a+1+b+3=18.$

当且仅当 $a+1=b+3$ 时，取等号，此时 $a=\dfrac{7}{2}$，$b=\dfrac{3}{2}$.

所以 $t_{\max}=\sqrt{18}=3\sqrt{2}$.

方法 2：柯西不等式

因为 $\left[(\sqrt{a+1})^2+(\sqrt{b+3})^2\right](1+1)\geqslant(\sqrt{a+1}\cdot1+\sqrt{b+3}\cdot1)^2$，

所以 $(a+b+4)(1+1)\geqslant(\sqrt{a+1}+\sqrt{b+3})^2$，

所以 $\sqrt{a+1}+\sqrt{b+3}\leqslant3\sqrt{2}$，

当且仅当 $\sqrt{a+1}=\sqrt{b+3}$，即 $a=\dfrac{7}{2}$，$b=\dfrac{3}{2}$ 时，等号成立.

例 4.(2014 陕西预赛)若实数 a，b，c 满足 $a+2b+3c=6$，$a^2+4b^2+9c^2=12$，则 $abc=$ _____.

【答案】$\dfrac{4}{3}$

【解析】因为 $a+2b+3c=6$，

由柯西不等式可得：

$(a+2b+3c)^2=(1\times a+1\times2b+1\times3c)^2\leqslant(1^2+1^2+1^2)\left[a^2+(2b)^2+(3c)^2\right]$，

即 $6^2\leqslant3(a^2+4b^2+9c^2)$，

所以 $a^2+4b^2+9c^2\geqslant12$，当且仅当 $a:2b:3c=1:1:1$ 时，即 $a=2$，$b=1$，$c=\dfrac{2}{3}$ 时，等号成立.

例 5.(1)(2016 江西预赛)若对于所有的正数 x，y，均有 $\sqrt{x}+\sqrt{y}\leqslant a\sqrt{x+y}$，则实数 a 的最小值是 _____.

【答案】$\sqrt{2}$

【解析】方法 1：均值不等式

因为 $\sqrt{x}+\sqrt{y}\leqslant a\sqrt{x+y}$，

所以 $a\geqslant\dfrac{\sqrt{x}+\sqrt{y}}{\sqrt{x+y}}=\dfrac{\sqrt{x}}{\sqrt{x+y}}+\dfrac{\sqrt{y}}{\sqrt{x+y}}$.

因为 $\left(\dfrac{\sqrt{x}}{\sqrt{x+y}}\right)^2+\left(\dfrac{\sqrt{y}}{\sqrt{x+y}}\right)^2=1$，

所以 $\dfrac{\sqrt{x}}{\sqrt{x+y}}+\dfrac{\sqrt{y}}{\sqrt{x+y}}\leqslant 2\sqrt{\dfrac{(\frac{\sqrt{x}}{\sqrt{x+y}})^{2}+(\frac{\sqrt{y}}{\sqrt{x+y}})^{2}}{2}}=\sqrt{2}$,

当且仅当 $x=y$ 时等号成立，所以 $a\geqslant\sqrt{2}$，故 a 的最小值为 $\sqrt{2}$.

方法 2：柯西不等式

因为 $(x+y)(1+1)\geqslant(\sqrt{x}+\sqrt{y})^{2}$,

所以 $\dfrac{(\sqrt{x}+\sqrt{y})^{2}}{x+y}\leqslant 2$,

所以 $a\geqslant\sqrt{2}$.

---

(2)(2015 福建预赛) 已知实数 x，y，z 满足 $x^{2}+2y^{2}+3z^{2}=24$，则 $x+2y+3z$ 的最小值为 _____.

【答案】-12

【解析】由柯西不等式可得：

$(x+2y+3z)^{2}\leqslant[1^{2}+(\sqrt{2})^{2}+(\sqrt{3})^{2}]\cdot(x^{2}+2y^{2}+3z^{2})=144$,

所以 $x+2y+3z\geqslant-12$，当且仅当 $\dfrac{x}{1}=\dfrac{\sqrt{2}y}{\sqrt{2}}=\dfrac{\sqrt{3}z}{\sqrt{3}}$，即 $x=y=z=-2$

时，等号成立，

则 $x+2y+3z$ 的最小值为 -12.

例 6.(第 7 届美国数学奥林匹克) 实数 a，b，c，d，e 同时满足条件 $a+b+c+d+e=8$，$a^{2}+b^{2}+c^{2}+d^{2}+e^{2}=16$，求 e 的最大值.

【答案】$\dfrac{16}{5}$

【解析】

由题意，$8-e=a+b+c+d$，$16-e^{2}=a^{2}+b^{2}+c^{2}+d^{2}$,

由柯西不等式，$a+b+c+d\leqslant(1+1+1+1)^{\frac{1}{2}}(a^{2}+b^{2}+c^{2}+d^{2})^{\frac{1}{2}}$.

所以 $(8-e)^{2}\leqslant 4(16-e^{2})$,

所以 $0\leqslant e\leqslant\dfrac{16}{5}$，当且仅当 $a=b=c=d=\dfrac{6}{5}$ 时，e 取得最大值 $\dfrac{16}{5}$.

例7.（2017北大优秀中学生夏令营）已知正实数 a_1，a_2，$\cdots$，a_{2017} 满足 $a_1 + a_2 + \cdots + a_{2017} = 2017$，

则 $\dfrac{1}{a_1 + a_2} + \dfrac{1}{a_2 + a_3} + \cdots + \dfrac{1}{a_{2017} + a_1}$ 的最小值是 _____．

【答案】$\dfrac{2017}{2}$

【解析】由分式柯西不等式，

$$\frac{1}{a_1 + a_2} + \frac{1}{a_2 + a_3} + \cdots + \frac{1}{a_{2017} + a_1} \geqslant \frac{(1 + 1 + \cdots + 1)^2}{2(a_1 + a_2 + \cdots + a_{2017})} = \frac{2017^2}{2 \times 2017}$$

$$= \frac{2017}{2},$$

当且仅当 $a_1 = a_2 = \cdots = a_{2017} = 1$ 时，等号成立．

例8. 已知 a，b，c 是正实数，且 $abc = 1$，则 $\dfrac{1}{a^3(b+c)} + \dfrac{1}{b^3(c+a)} +$

$\dfrac{1}{c^3(a+b)}$ 的最小值为 _____．

【答案】$\dfrac{3}{2}$

【解析】由柯西不等式，

$$\left[\frac{b^2 c^2}{a(b+c)} + \frac{c^2 a^2}{b(c+a)} + \frac{a^2 b^2}{c(a+b)} \right] [a(b+c) + b(c+a) + c(a+b)] \geqslant$$

$(bc + ca + ab)^2$

所以 $\dfrac{1}{a^3(b+c)} + \dfrac{1}{b^3(c+a)} + \dfrac{1}{c^3(a+b)} \geqslant \dfrac{ab + bc + ca}{2} \geqslant \dfrac{3\sqrt[3]{a^2 b^2 c^2}}{2} = \dfrac{3}{2}$，

当且仅当 $a = b = c = 1$ 时，等号成立．

例9. 设 a，b，c，d 都是实数，$a + 2b + 3c + 4d = \sqrt{10}$，则 $a^2 + b^2 +$ $c^2 + d^2 + (a + b + c + d)^2$ 的最小值是 _____．

【答案】1

【解析】条件中的 a，b，c，d 一次式之和为定值，而待求式是 a，b，c，d 的二次式，变量较多，消元难度不小，尝试将待求式中 a，b，c，d 的次数降为一次，由于 $a + 2b + 3c + 4d = \sqrt{10}$，引入常数 t，则 $(1-t)a + (2-t)b +$

$(3-t)c+(4-t)d+t(a+b+c+d)=\sqrt{10}$，

令 $P=a^2+b^2+c^2+d^2+(a+b+c+d)^2$，由柯西不等式

$P \cdot [(1-t)^2+(2-t)^2+(3-t)^2+(4-t)^2+t^2] \geqslant (a+2b+3c+4d)^2=10$，

从而 $P \geqslant \dfrac{10}{5t^2-20t+30}=\dfrac{10}{5(t-2)^2+10}$，

要使得上式对于任意的实数 t 恒成立，只要 $P \geqslant \left[\dfrac{10}{5(t-2)^2+10}\right]_{\max}=1$，

当 $t=2$，$a=-\dfrac{\sqrt{10}}{10}$，$b=0$，$c=\dfrac{\sqrt{10}}{10}$，$d=\dfrac{\sqrt{10}}{5}$ 时，取等号.

例10. 设 a，b，c 为正数，且满足 $a+b+c=1$. 求证 $\left(a+\dfrac{1}{a}\right)^2+\left(b+\dfrac{1}{b}\right)^2+\left(c+\dfrac{1}{c}\right)^2 \geqslant \dfrac{100}{3}$.

【解析】

$\left(a+\dfrac{1}{a}\right)^2+\left(b+\dfrac{1}{b}\right)^2+\left(c+\dfrac{1}{c}\right)^2$

$=\dfrac{1}{3}(1^2+1^2+1^2)\left[\left(a+\dfrac{1}{a}\right)^2+\left(b+\dfrac{1}{b}\right)^2+\left(c+\dfrac{1}{c}\right)^2\right]$

$\geqslant \dfrac{1}{3}\left[1 \times (a+\dfrac{1}{a})+1 \times (b+\dfrac{1}{b})+1 \times (c+\dfrac{1}{c})\right]^2$

$=\dfrac{1}{3}\left[1+(\dfrac{1}{a}+\dfrac{1}{b}+\dfrac{1}{c})\right]^2$

$=\dfrac{1}{3}\left[1+(a+b+c) \cdot (\dfrac{1}{a}+\dfrac{1}{b}+\dfrac{1}{c})\right]^2$

$\geqslant \dfrac{1}{3}(1+9)^2=\dfrac{100}{3}$.

例11. (2016 中科大自招) 已知三个正数 a，b，c 满足 $a+b+c=3$，求证：$\dfrac{a^2}{a+\sqrt{bc}}+\dfrac{b^2}{b+\sqrt{ca}}+\dfrac{c^2}{c+\sqrt{ab}} \geqslant \dfrac{3}{2}$.

【解析】

由均值不等式可得：

$\dfrac{a^2}{a+\sqrt{bc}}+\dfrac{b^2}{b+\sqrt{ca}}+\dfrac{c^2}{c+\sqrt{ab}} \geqslant \dfrac{2a^2}{2a+b+c}+\dfrac{2b^2}{a+2b+c}+\dfrac{2c^2}{a+b+2c}$，

由柯西不等式得:

$$\frac{2a^2}{2a+b+c} + \frac{2b^2}{a+2b+c} + \frac{2c^2}{a+b+2c} \geq \frac{2(a+b+c)^2}{4(a+b+c)} = \frac{3}{2},$$

原式得证, 每个不等式都是当且仅当 $a = b = c = 1$ 时, 取等号.

例 12. (2013 中科大夏令营) 求 $f(x) = \frac{x}{2}(\sqrt{36-x^2} + \sqrt{64-x^2})$, $(0 < x < 6)$ 的最大值.

【答案】24

【解析】

$$f(x) = \frac{1}{2}x(\sqrt{36-x^2} + \sqrt{64-x^2}) = \frac{2}{3} \cdot \frac{3x}{4} \cdot \sqrt{36-x^2} + \frac{3}{8} \cdot \frac{4x}{3} \cdot$$

$$\sqrt{64-x^2}$$

$$\leq \frac{1}{3}\left[36-x^2 + \left(\frac{3x}{4}\right)^2\right] + \frac{3}{16}\left[64-x^2 + \left(\frac{4x}{3}\right)^2\right] = 24.$$

当且仅当 $\sqrt{36-x^2} = \frac{3x}{4}$, $\sqrt{64-x^2} = \frac{4x}{3}$, 即 $x = \frac{24}{5}$ 时, 取等号, 此时 $f(x)_{\max} = 24$.

例 13. (2017 福建预赛) 函数 $f(x) = \sqrt{2x-7} + \sqrt{12-x} + \sqrt{44-x}$ 的最大值为 _____.

【答案】11

【解析】

由柯西不等式知:

$$(\sqrt{2x-7} + \sqrt{12-x} + \sqrt{44-x})^2$$

$$= (\sqrt{3} \cdot \sqrt{\frac{2x-7}{3}} + \sqrt{2} \cdot \sqrt{\frac{12-x}{2}} + \sqrt{6} \cdot \sqrt{\frac{44-x}{6}})^2$$

$$\leq (3+2+6)\left(\frac{2x-7}{3} + \frac{12-x}{2} + \frac{44-x}{6}\right) = 11^2.$$

当且仅当 $\frac{\sqrt{3}}{\sqrt{\frac{2x-7}{3}}} = \frac{\sqrt{2}}{\sqrt{\frac{12-x}{2}}} = \frac{\sqrt{6}}{\sqrt{\frac{44-x}{6}}}$,

即 $\frac{9}{2x-7} = \frac{4}{12-x} = \frac{36}{44-x}$, $x = 8$ 时, 等号成立. 所以 $f(x)$ 的最大值为 11.

例 14. 设正数 x_1，x_2，$\cdots$，x_n 之和等于 $1(n \geqslant 2)$ 求证：

$$\frac{1}{x_1 - x_1^3} + \frac{1}{x_2 - x_2^3} + \cdots + \frac{1}{x_n - x_n^3} > 4.$$

【解析】

（证法 1）由柯西不等式得：

$$\sum_{i=1}^{n} \frac{1}{x_i - x_i^3} > \sum_{i=1}^{n} \frac{1}{x_i} = \sum_{i=1}^{n} \frac{1}{x_i} \cdot \sum_{i=1}^{n} x_i \geqslant \left(\sum_{i=1}^{n} \sqrt{\frac{1}{x_i} \cdot x_i} \right)^2$$

$$= n^2 \geqslant 4.$$

三、巩固练习

1.（2022 南京大学强基计划）已知 x，y，z 满足 $x + y + z = 1$，则 $x^2 + 4y^2 + 9z^2$ 的最小值为 _____．

【答案】$\dfrac{36}{49}$

【解析】因为 $\left[1^2 + \left(\dfrac{1}{2} \right)^2 + \left(\dfrac{1}{3} \right)^2 \right] \cdot \left[x^2 + (2y)^2 + (3z)^2 \right] \geqslant (x + y + z)^2$

即 $x^2 + 4y^2 + 9z^2 \geqslant \dfrac{36}{49}$

所以 $x^2 + 4y^2 + 9z^2$ 的最小值为 $\dfrac{36}{49}$，当且仅当 $z = 4y = 9z$ 时，等号成立．

2.（2016 江苏预赛）已知正实数 x，y 满足 $\dfrac{(x+2)^2}{y} + \dfrac{(y+2)^2}{x} = 16$，则 $x + y = $ _____

【答案】4

【解析】

$$\frac{(x+2)^2}{y} + \frac{(y+2)^2}{x} = \left(\frac{x^2}{y} + \frac{y^2}{x} + \frac{4}{y} + \frac{4}{x} \right) + \left(\frac{4x}{y} + \frac{4y}{x} \right)$$

$$\geqslant 4 \times \left(\frac{x^2}{y} \times \frac{y^2}{x} \times \frac{4}{y} \times \frac{4}{x} \right)^{\frac{1}{4}} + 2 \times 4 = 16$$

等号成立的条件是 $x = y = 2$，从而 $x + y = 4$．

3.（2016 年清华自招）（不定项选择）

设非负实数 x，y，z 满足 $\left(x+\dfrac{1}{2}\right)^2+(y+1)^2+\left(z+\dfrac{3}{2}\right)^2=\dfrac{27}{4}$，则 $x+y+z$ 的（　　）.

A. 最小值为 $\dfrac{\sqrt{22}-3}{2}$

B. 最小值为 $\dfrac{\sqrt{14}-1}{2}$

C. 最大值为 $\dfrac{3}{2}$

D. 最大值为 $\dfrac{7}{2}$

【答案】AC

【解析】由柯西不等式可知：

$$\left[\left(x+\frac{1}{2}\right)^2+(y+1)^2+\left(z+\frac{3}{2}\right)^2\right]\times 3\geqslant(x+y+z+3)^2,$$

故 $x+y+z+3\leqslant\dfrac{9}{2}$ 即 $x+y+z\leqslant\dfrac{3}{2}$，

当且仅当 $(x,y,z)=\left(1,\dfrac{1}{2},0\right)$ 时，$x+y+z$ 取到最大值 $\dfrac{3}{2}$.

$x+y+z$ 的最小值为 $\dfrac{\sqrt{22}-3}{2}$，证明如下：

根据题意，$x^2+y^2+z^2+x+2y+3z=\dfrac{13}{4}$，

于是 $\dfrac{13}{4}\leqslant(x+y+z)^2+3(x+y+z)$，解得 $x+y+z\geqslant\dfrac{\sqrt{22}-3}{2}$，

于是当 $(x,y,z)=\left(0,0,\dfrac{\sqrt{22}-3}{2}\right)$ 时，$x+y+z$ 取得最小值 $\dfrac{\sqrt{22}-3}{2}$.

故选：AC

4.（2020 北京大学强基计划）函数 $\sqrt{3+2\sqrt{3}\cos\theta+\cos^2\theta}+\sqrt{5-2\sqrt{3}\cos\theta+\cos^2\theta+4\sin^2\theta}$ 的最大值为（　　）.

A $\sqrt{2}+\sqrt{3}$　　　B $2\sqrt{2}+\sqrt{3}$　　　C $\sqrt{2}+2\sqrt{3}$　　　D 前三个答案都不对

【答案】D

【解析】

原式变形得到：

$$\sqrt{(\cos\theta+\sqrt{3})^2}+\sqrt{9-2\sqrt{3}\cos\theta-3\cos^2\theta}$$

即

$$\sqrt{(\cos\theta+\sqrt{3})^2}+\sqrt{10-3(\cos\theta+\frac{\sqrt{3}}{3})^2}$$

令 $y=\cos\theta+\dfrac{\sqrt{3}}{3}$，则上式化为 $y+\dfrac{2\sqrt{3}}{3}+\sqrt{10-3y^2}$，由柯西，有：

$$上式=\frac{2\sqrt{3}}{3}+(\sqrt{y+\sqrt{10-3y^2}})^2\leqslant\frac{2\sqrt{3}}{3}+\sqrt{(3y^2+10-3y^2)(\frac{1}{3}+1)}$$

$$=\frac{2\sqrt{3}+2\sqrt{30}}{3}.$$

5.（2021 北京大学强基计划）实数 a，b，c，d 满足 $ad+bc+cd+da=1$. $a^2+2b^2+3c^2+4d^2$ 的最小值为（ ）．

A $\dfrac{7}{4}$ 　　　　 B 2 　　　　 C $\dfrac{9}{4}$ 　　　　 D 以上都不对

【答案】B

【解析】

因式分解可得 $(a+c)(b+d)=1$

根据柯西不等式可得 $(a^2+3c^2)(1+\dfrac{1}{3})\geqslant(a+c)^2$，即 $(a^2+3c^2)\geqslant\dfrac{3}{4}(a+c)^2$.

同样地，$(2b^2+4d^2)(\dfrac{1}{2}+\dfrac{1}{4})\geqslant(b+d)^2$，即 $(2b^2+4d^2)\geqslant\dfrac{4}{3}(b+d)^2$.

因此 $a^2+2b^2+3c^2+4d^2\geqslant\dfrac{3}{4}(a+c)^2+\dfrac{4}{3}(b+d)^2\geqslant2(a+c)(b+d)=2$.

等号成立条件为 $a:b:c:d=3:2:1:1$，其中 $c=d=\pm\dfrac{\sqrt{3}}{6}$.

6.（2023 年南京大学强基）已知 $a>0$，$b>0$，$x+y=c$，则 $\sqrt{x^2+a^2}+\sqrt{y^2+b^2}$ 的最小值为 _____．

【答案】$\sqrt{(a+b)^2+c^2}$

【解析】由柯西不等式可知：

$$\sqrt{x^2+a^2}+\sqrt{y^2+b^2}\geqslant\sqrt{(x+y)^2+(a+b)^2}=\sqrt{(a+b)^2+c^2}$$

当且仅当 $\dfrac{x}{y}=\dfrac{a}{b}$ 时，即 $y=\dfrac{bc}{a+b}$，$x=\dfrac{ac}{a+b}$ 时，等号成立.

7.（2007北大自招）设 a，$b>0(n\in N^*)$，求证：$\dfrac{1}{a+b}+\dfrac{1}{a+2b}+\cdots$

$+\dfrac{1}{a+nb}<\dfrac{n}{\sqrt{(a+\frac{1}{2}b)(a+\frac{n+1}{2}b)}}$.

【解析】

$$\left(\frac{1}{a+b}+\frac{1}{a+2b}+\cdots+\frac{1}{a+nb}\right)^2$$

$$=\left(\frac{1}{a+b}\times1+\frac{1}{a+2b}\times1+\cdots+\frac{1}{a+nb}\times1\right)^2$$

$$\leqslant(1^2+1^2+\cdots1^2)\cdot\left[\frac{1}{(a+b)^2}+\frac{1}{(a+2b)^2}+\cdots+\frac{1}{(a+nb)^2}\right]$$

$$\leqslant n\left[\frac{1}{(a+b)^2-(\frac{b}{2})^2}+\frac{1}{(a+2b)^2-(\frac{b}{2})^2}+\cdots+\frac{1}{(a+nb)^2-(\frac{b}{2})^2}\right]$$

$$=n\left\{\frac{1}{(a+\frac{3b}{2})(a+\frac{b}{2})}+\frac{1}{(a+\frac{5b}{2})(a+\frac{3b}{2})}+\cdots\right.$$

$$\left.+\frac{1}{\left[a+\frac{(2n+1)b}{2}\right]\left[a+\frac{(2n-1)b}{2}\right]}\right\}.\quad①$$

因为 $\dfrac{1}{\left[a+\frac{(2n+1)b}{2}\right]\left[a+\frac{(2n-1)b}{2}\right]}=\dfrac{1}{b}\left[\dfrac{1}{a+\frac{(2n-1)b}{2}}-\right.$

$$\left.\frac{1}{a+\frac{(2n+1)b}{2}}\right],\quad②$$

利用叠加求和，由①和②得

$$\left(\frac{1}{a+b}+\frac{1}{a+2b}+\cdots+\frac{1}{a+nb}\right)^2\leqslant\frac{n}{b}\left[\frac{1}{a+\frac{b}{2}}-\frac{1}{a+\frac{(2n+1)b}{2}}\right]$$

$$=\frac{n^2}{(a+\frac{b}{2})(a+\frac{2n+1}{2}b)}<\frac{n^2}{(a+\frac{b}{2})(a+\frac{n+1}{2}b)}$$

两边开平方，得

$$\frac{1}{a+b}+\frac{1}{a+2b}+\cdots+\frac{1}{a+nb}<\frac{n}{\sqrt{(a+\frac{1}{2}b)(a+\frac{n+1}{2}b)}}.$$

第三讲　函数（1）

一、知识导航

1. 函数

设 A，B 是非空的实数集，如果对于集合 A 中的任意一个数 x，按照某种确定的对应关系 f，在集合 B 中都有唯一确定的数 y 和它对应，那么就称 $f：A \rightarrow B$ 为从集合 A 至集合 B 的一个函数，记作 $y = f(x)$，$x \in A$．其中，x 叫做自变量，x 的取值范围叫做函数的定义域；与 x 值相对应的 y 值叫作函数值，函数值的集合 $\{f(x) \mid x \in A\}$ 叫做函数的值域．

2. 函数的基本性质

（1）单调性

设函数 $f(x)$ 的定义域为 D，区间 $I \subseteq D$：

如果 $\forall x_1$，$x_2 \in I$，当 $x_1 < x_2$ 时，都有 $f(x_1) < f(x_2)$，那么就称函数 $f(x)$ 在区间 I 上单调递增．

如果 $\forall x_1$，$x_2 \in I$，当 $x_1 < x_2$ 时，都有 $f(x_1) > f(x_2)$，那么就称函数 $f(x)$ 在区间 I 上单调递减．

（2）奇偶性

设函数 $f(x)$ 的定义域为 D：

如果 $\forall x \in D$，都有 $-x \in D$，且 $f(-x) = f(x)$，那么函数 $f(x)$ 就叫做偶函数．

如果 $\forall x \in D$，都有 $-x \in D$，且 $f(-x) = -f(x)$，那么函数 $f(x)$ 就叫做奇函数．

（3）周期性

设函数 $f(x)$ 的定义域为 D，如果存在一个非零常数 T，使得对每一个 $x \in D$ 都有 $x + T \in D$，且 $f(x + T) = f(x)$，那么函数 $f(x)$ 就叫做周期函数．非零常数 T 叫做这个函数的周期．

3. 反函数

设函数 $y = f(x)$ 的定义域为 D，值域为 M．

如果对于 $\forall y \in M$，通过关系式 $y = f(x)$ 都有唯一确定的 $x \in D$ 与之对应，那么由此确定的以 y 为自变量，x 为因变量的函数叫做函数 $y = f(x)$ 的反函数，记作 $x = f^{-1}(y)$，其定义域为 M，值域为 D．

二、经典例题

例 1. (2022 复旦) 已知 $f(x) = \begin{cases} |\log_2(x+1)|, & -1 < x \leqslant 3 \\ \dfrac{1}{2}x^2 - 5x + \dfrac{25}{2}, & x > 3 \end{cases}$，若 $f(x) = m$ 有四个解 a，b，c，d 且 $a < b < c < d$，则（　　）.

A. $ab = 1$

B. cd 的取值范围是 $[21, 25]$

C. $c + d = 22$

D. $\dfrac{1}{a} + \dfrac{1}{b} = -1$

【答案】D

【解析】$f(x)$ 的函数图象如图所示，由图象可知：

对于 A，$ab < 0$，A 选项错误；

对于 C，c，d 关于抛物线的对称轴 $x = 5$ 对称，所以 $c + d = 10$，C 选项错误；

对于 B，$3 < c < 5$，又由 $c + d = 10$，所以 $cd = c(10 - c) \in (21, 25)$，B 选项错误；

对于 D，$m = -\log_2(a+1) = \log_2(b+1)$，所以 $\log_2[(a+1)(b+1)] = 0$，所以 $ab + a + b = 0$，所以 $\dfrac{1}{a} + \dfrac{1}{b} = \dfrac{a+b}{ab} = -1$，D 选项正确.

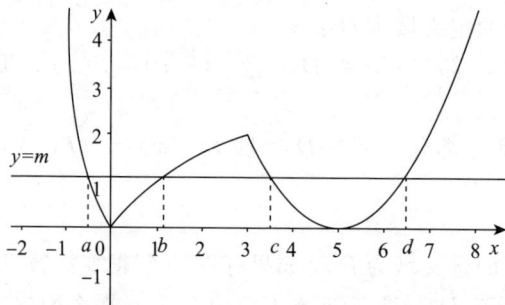

例 2. (2017 河北预赛) 已知 $f(x)$ 是定义在 R 上的奇函数，且函数 $y = f(x+1)$ 为偶函数，当 $-1 \leqslant x \leqslant 0$ 时，$f(x) = x^3$，则 $f\left(\dfrac{9}{2}\right) =$ _____.

【答案】$\dfrac{1}{8}$

【解析】由函数 $f(x)$ 是定义在 R 上的奇函数，得函数 $f(x)$ 关于点 $(0,0)$ 对称．

由函数 $y=f(x+1)$ 为偶函数，得函数 $f(x)$ 关于直线 $x=1$ 对称．

所以函数 $f(x)$ 是周期为 4 的函数．

所以 $f\left(\dfrac{9}{2}\right)=f\left(\dfrac{1}{2}+4\right)=f\left(\dfrac{1}{2}\right)$．

又因为函数 $f(x)$ 是定义在 R 上的奇函数，

所以 $f\left(\dfrac{1}{2}\right)=-f\left(-\dfrac{1}{2}\right)=-\left(-\dfrac{1}{2}\right)^{3}=\dfrac{1}{8}$．

　　例3.（2015 河北预赛）已知函数 $f(x)=\ln\left(\sqrt{1+a^{2}x^{2}}-ax\right)+1\,(a>0)$，则 $f(\ln b)+f\left(\ln\dfrac{1}{b}\right)=$ _____．

【答案】2

【解析】方法 1：代入特殊值

当 $a=1$ 时，$f(x)=\ln\left(\sqrt{1+x^{2}}-x\right)+1$．

令 $b=1$，$f(\ln b)+f\left(\ln\dfrac{1}{b}\right)=2f(0)=2\ln 1+2=2$．

方法 2：由 $f(-x)=\ln\left(\sqrt{1+a^{2}x^{2}}+ax\right)+1$

$$=\ln\left(\frac{1+a^{2}x^{2}-a^{2}x^{2}}{\sqrt{1+a^{2}x^{2}}-ax}\right)+1$$

$$=\ln\left(\frac{1}{\sqrt{1+a^{2}x^{2}}-ax}\right)+1$$

$$=-\ln\left(\sqrt{1+a^{2}x^{2}}-ax\right)+1$$

$$=-f(x)+2.$$

又 $f\left(\ln\dfrac{1}{b}\right)=f(-\ln b)$

所以 $f(\ln b)+f\left(\ln\dfrac{1}{b}\right)=f(\ln b)+f(-\ln b)=2$．

　　例4.（2021 清华）设 a 为常数，$f(0)=\dfrac{1}{2}$，$f(x+y)=f(x)f(a-y)+f(y)f(a-x)$，则（　　）．

A. $f(a)=\dfrac{1}{2}$　　　　　　　　B. $f(x)=\dfrac{1}{2}$ 恒成立

C. $f(x+y)=2f(x)f(y)$ D. 满足条件的 $f(x)$ 不止一个

【答案】ABC

【解析】

对于 A 选项，令 $x=y=0$，得 $f(0)=f(0)f(a)+f(0)f(a)$.

又因为 $f(0)=\dfrac{1}{2}$，所以 $f(a)=\dfrac{1}{2}$，A 选项正确；

对于 C 选项，令 $y=0$，得 $f(x)=f(x)f(a)+f(0)f(a-x)$，所以 $f(x)=f(a-x)$ ①.

同理可得 $f(y)=f(a-y)$ ②.

将①②代入 $f(x+y)=f(x)f(a-y)+f(y)f(a-x)$ 得 $f(x+y)=2f(x)f(y)$，C 选项正确；

对于 B 和 D 选项，令 $y=a$，则 $f(x+a)=f(x)f(0)+f(a)f(a-x)=\dfrac{1}{2}f(x)+\dfrac{1}{2}f(x)=f(x)$，所以 $f(x)=f(a+x)=f(a-(a+x))=f(-x)$.

同理可得 $f(y)=f(-y)$，所以 $f(x+y)=2f(x)f(y)=2f(x)f(-y)=f(x-y)$.

令 $x-y=t$，$2y=s$，所以 $f(t+\mathrm{s})=f(t)$，这里 t，s 是任意的实数，所以 $f(x)$ 是一个常函数，所以 $f(x)=f(0)=\dfrac{1}{2}$ 恒成立，B 选项正确，D 选项错误.

例 5.（2023 北大寒假学堂）已知函数 $f: R \to R$ 的图象关于点 $\left(-\dfrac{3}{4}, 0\right)$ 中心对称，且 $f(x)=-f\left(x+\dfrac{3}{2}\right)$，$f(-1)=1$，$f(0)=-2$，则 $f(1)+f(2)+\cdots+f(2022)$ 的值为 _____.

【答案】0

【解析】由于 $f(x)$ 关于点 $\left(-\dfrac{3}{4}, 0\right)$ 中心对称，则 $f(x)=-f\left(-\dfrac{3}{2}-x\right)$，

所以 $f\left(x+\dfrac{3}{2}\right)=f\left(-\dfrac{3}{2}-x\right)$，所以 $f(x)$ 为偶函数，且

$f(x)=-f\left(x+\dfrac{3}{2}\right)=f(x+3)$，即 $f(x)$ 为周期为 3 的周期函数.

又 $f(1)=f(-1)=1$，$f(2)=f(-1)=1$，$f(3)=f(0)=-2$，

所以 $f(1)+f(2)+\cdots+f(2022)=674\times[f(1)+f(2)+f(3)]=674\times0=0$.

例 6.（2020 复旦）记 $f(x)=3^x-3^{-x}$ 的反函数为 $y=f^{-1}(x)$，则 $g(x)=f^{-1}(x-1)+1$ 在 $[-3,5]$ 上的最大值与最小值的和为 _____．

【答案】2

【解析】由 $f(x)$ 是单调递增的奇函数，其反函数 $y=f^{-1}(x)$ 为单调递增的奇函数．

又 $g(x)=f^{-1}(x-1)+1$，所以 $g(x)$ 关于点 $(1,1)$ 对称且单调递增．

又 $[-3,5]$ 关于 $x=1$ 对称，所以最大值与最小值的和为 $g(-3)+g(5)=2g(1)=2f^{-1}(0)+2=2$．

例 7.（2024 中国科技大学）函数 $f(x)=x^2+\sqrt{x^4-3x^2+2x+5}$ 的值域是 _____．

【答案】$[2,+\infty)$

【解析】将 $f(x)=x^2+\sqrt{x^4-3x^2+2x+5}$ 变形可得 $f(x)=x^2+\sqrt{(x^2-2)^2+(x+1)^2}$，

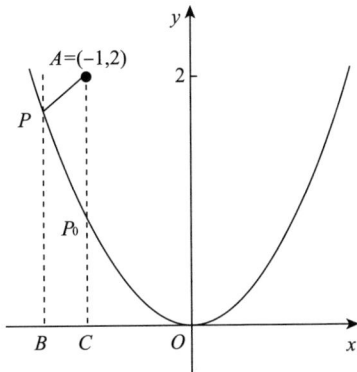

设 $P(x,x^2)$，则 $P(x,x^2)$ 的轨迹方程为 $y=x^2$，设 $A(-1,2)$，

则 $f(x)$ 表示抛物线 $y=x^2$ 上的点到点 A 和 x 轴的距离之和，

过 P 点作 $PB\perp x$ 轴于 B，过 A 点作 $AC\perp x$ 轴于 C，交抛物线 $y=x^2$ 于点 P_0（见下图），

故用 $|PA|+|PB|\geqslant|P_0A|+|P_0C|=|AC|=2$

所以 $f(x)\in[2,+\infty)$．

故答案为：$[2,+\infty)$．

三、巩固练习

1.（2020 复旦）已知 $f(x)$ 的图象如下图所示，则 $f(f(x))$ 的大致图象为（　　）．

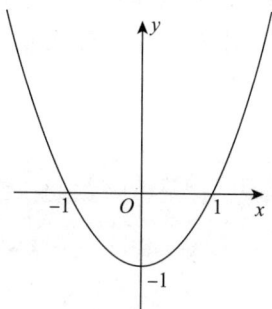

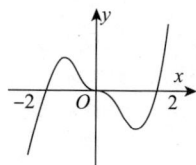

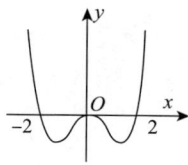

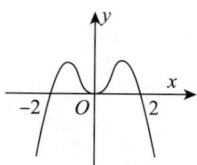

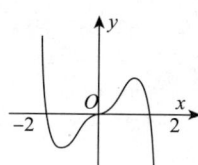

A.　　　　　　　B.　　　　　　　C.　　　　　　　D.

【答案】B

由于 $f(x)$ 为偶函数，所以 $f(f(x))$ 为偶函数，因此排除 A、D 选项．

又 $x \in (0, 1)$ 时，$f(x) \in (-1, 0)$，$x \in (-1, 0)$ 时，$f(x) \in (-1, 0)$，

所以 $x \in (0, 1)$，$f(f(x)) \in (-1, 0)$，因此排除 C 选项．

2.（2020 清华）函数 $f(x) = \dfrac{2e^x}{e^x + e^{-x}} + \sin x \, (x \in [-2, 2])$ 的最大值与最小值之和是（　　）．

A. 2　　　　　B. e　　　　　C. 3　　　　　D. 4

【答案】A

【解析】由闭区间上的连续函数存在最大值与最小值，可得函数 $f(x)$ 的最大值和最小值存在．

由 $f(x)=\dfrac{2e^x}{e^x+e^{-x}}+\sin x=1+\dfrac{e^x-e^{-x}}{e^x+e^{-x}}+\sin x$.

令 $g(x)=\dfrac{e^x-e^{-x}}{e^x+e^{-x}}+\sin x$，易得 $g(x)=f(x)-1$ 为奇函数，设其最大值为 M，最小值为 $-M$，则 $f(x)$ 的最大值为 $1+M$，最小值为 $1-M$，所以函数 $f(x)$ 的最大值与最小值之和为 2.

3.（2022 上交）使 $3^{|x-3|}+(x-3)\sin(x-3)+k\cos(x-3)=0$ 有唯一解的 k 有（ ）.

A. 不存在　　　B.1 个　　　C.2 个　　　D. 无穷多个

【答案】B

【解析】令 $x-3=t$，则 $3^{|t|}+t\sin t+k\cos t=0$.

设 $f(t)=3^{|t|}+t\sin t+k\cos t$，且 $t\in R$.

则 $f(-t)=3^{|-t|}+(-t)\sin(-t)+k\cos(-t)=3^{|t|}+t\sin t+k\cos t=f(t)$.

所以 $f(t)$ 为偶函数，则函数 $f(t)$ 的图象关于 y 轴对称，由偶函数的对称性，若 $f(t)$ 的零点不为 $t=0$，则有 $f(t_1)=0(t_1\neq 0)$，必有 $f(-t_1)=0$，不满足 $f(t)=0$ 的唯一性.

因此，$f(0)=0$，即 $f(0)=3^0+0+k\cos 0=0$，解得 $k=-1$.

4.（2022 上交）已知偶函数 $f(x)$ 满足 $f(x+4)=f(x)+2f(2)$，则 $f(2022)=$ _____.

【答案】0

【解析】令 $x=-2$，得 $f(2)=f(-2)+2f(2)$，所以 $f(-2)+f(2)=0$.

由函数 $f(x)$ 为偶函数，得 $f(-2)=f(2)$，所以 $f(2)=0$，所以 $f(x+4)=f(x)$，即函数 $f(x)$ 是周期为 4 的偶函数，所以 $f(2022)=f(2)=0$.

5.（2023 清华）函数 $f(x)$ 的定义域为 $[0,1]$，对定义域内的任意 x，都有 $f(1-x)=1-f(x)$，$f(x)=2f\left(\dfrac{x}{5}\right)$，且 $\forall 0\leqslant x_1\leqslant x_2\leqslant 1$，$f(x_1)\leqslant f(x_2)$，则 $f\left(\dfrac{1}{2022}\right)=$（ ）.

A. $\dfrac{1}{2}$　　　B. $\dfrac{1}{8}$　　　C. $\dfrac{1}{32}$　　　D. $\dfrac{1}{64}$

【答案】C

【解析】由 $f(x) = 2f\left(\dfrac{x}{5}\right)$，知 $f(0) = 2f(0)$，即 $f(0) = 0$，所以

$f(1) = 1 - f(0) = 1$，所以 $f\left(\dfrac{1}{5^n}\right) = \dfrac{1}{2^n}f(1) = \dfrac{1}{2^n}$，即由 $f\left(\dfrac{1}{2}\right) = 1 - f\left(\dfrac{1}{2}\right)$，

得 $f\left(\dfrac{1}{2}\right) = \dfrac{1}{2}$，所以 $f\left(\dfrac{1}{2 \times 5^n}\right) = \dfrac{1}{2^n}f\left(\dfrac{1}{2}\right) = \dfrac{1}{2^{n+1}}$，所以 $f\left(\dfrac{1}{5^5}\right) = f\left(\dfrac{1}{2 \times 5^4}\right) =$

$\dfrac{1}{2^5} = \dfrac{1}{32}$.

又 $\dfrac{1}{5^5} = \dfrac{1}{3125} < \dfrac{1}{2022} < \dfrac{1}{1025} = \dfrac{1}{2 \times 5^4}$，所以 $f\left(\dfrac{1}{5^5}\right) \leqslant f\left(\dfrac{1}{2022}\right) \leqslant$

$f\left(\dfrac{1}{2 \times 5^4}\right)$，所以 $f\left(\dfrac{1}{2022}\right) = \dfrac{1}{32}$.

6.（2022 上交）函数 $f(x) = |x| + 2x + 1 + 3^x$ 的反函数为 $g(x)$，则方程 $(g(x^2))^2 = 1$ 的实数解有（　　　）.

A. 1 个　　　　B. 2 个　　　　C. 3 个　　　　D. 4 个

【答案】D

【解析】因为 $(g(x^2))^2 = 1$，所以 $g(x^2) = \pm 1$.

若 $g(x^2) = 1$，则 $f(1) = x^2 = 1 + 2 + 1 + 3 = 7$，$x = \pm\sqrt{7}$.

若 $g(x^2) = -1$，则 $f(-1) = x^2 = 1 - 2 + 1 + \dfrac{1}{3} = \dfrac{1}{3}$，$x = \pm\dfrac{\sqrt{3}}{3}$.

因此 $(g(x^2))^2 = 1$ 的实数解有 4 个.

7.（2024 中国科学技术大学）函数 $f: \mathrm{R} \to \mathrm{R}$ 满足 $\forall x, y \in \mathrm{R}$，$f(x + f(y)) = f(f(x)) + y$，且 $f(1) = 2024$，则 $f(2024) = $ _____.

【答案】4047

【解析】令 $x = 0$ 可得 $f(0 + f(y)) = f(f(y)) = f(f(0)) + y$ ①，

根据①且令 $y = f(y)$，从而 $f(f(f(y))) = f(f(0)) + f(y)$；

根据题设及①有 $f(f(f(y))) = f[f(f(0)) + y] = f(f(y)) + f(0)$ ②，

联立①②，有 $f(f(0)) + f(y) = f(f(y)) + f(0) = f(f(0)) + y + f(0)$，

即 $f(y) = y + f(0)$.

令 $y = 1$ 可得 $f(0) = 2023$，因此 $f(2024) = 2024 + f(0) = 2024 + 2023 = 4047$.

故答案为：4047.

8.（2024 厦门大学）$f(x) = ax + b$，若对任意 $x \in [0, 1]$，$|f(x)| \leqslant 2$ 恒成立，则 ab 可能的最值为（　　）.

A. -8　　　　　B. 4　　　　　　C. -2　　　　　D. 1

【答案】D

【解析】

因为 $f(0) = b$，$f(1) = a + b$，

所以 $ab = [f(1) - f(0)] \cdot f(0) = -f^2(0) + f(1)f(0) = -\left[f(0) - \dfrac{1}{2}f(1)\right]^2 + \dfrac{1}{4}f^2(1)$，

故 $ab \leqslant \dfrac{1}{4}f^2(1) \leqslant \dfrac{1}{4} \times 2^2 = 1$，

当 $f(0) = \dfrac{1}{2}f(1)$，$|f(1)| = 2$，即 $2b = a + b = 2$ 或 $2b = a + b = -2$ 时，

也即 $a = b = 1$ 或 $a = b = -1$ 时，等号成立.

故选：D

第四讲 函数 (2)

一、知识导航

4. 高斯函数

（1）定义

设 $x \in R$，用 $[x]$ 表示不超过 x 的最大整数，则 $f(x) = [x]$ 称为高斯函数，又称取整函数．

此外，x 的非负纯小数部分用 $\{x\}$ 表示，$\{x\} = x - [x]$，函数 $f(x) = \{x\}$ 称为非负纯小数部分函数．

（2）图象（见下图）

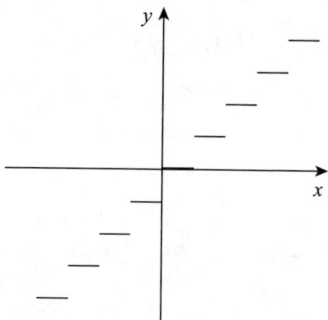

（3）性质

① $f(x) = [x]$ 的定义域为 R，值域为 Z；

② $f(x) = [x]$ 是不减函数，即：若 $x_1 \leqslant x_2$，则 $[x_1] \leqslant [x_2]$；

③ $f(x) = [x]$ 在非整数点连续，整数点为跳跃间断点；

④ $[x] \leqslant x \leqslant [x] + 1$；

⑤ $[x + y] \geqslant [x] + [y]$，$[nx] \geqslant n[x]$，$\left[\sum\limits_{i=1}^{n} x_i \right] \geqslant \sum\limits_{i=1}^{n} [x_i] \, (n \in Z)$；

⑥ $[xy] \geqslant [x] \cdot [y]$，$\left[\prod\limits_{i=1}^{n} x_i \right] \geqslant \prod\limits_{i=1}^{n} [x_i] \, (x, \, y, \, x_i \in R^*, \, n \in Z)$；

⑦ $[x_i] \geqslant \left[\sqrt[n]{x_i} \right]^n \, (x \in R^*, \, n \in N^*)$；

⑧ $\left[\dfrac{y}{x}\right] \leqslant \dfrac{[y]}{[x]}$；

⑨ $f(x)=\{x\}$ 的定义域为 R，值域为 $[0，1)$，周期 $T=k(k\in Z^{*})$．

二、经典例题

例 1.（2020 北大暑期学堂）已知 $[x]$ 为不超过 x 的最大整数，求方程 $[x]+[x^{2}]=[x^{3}]$ 的解集．

【答案】$x\in(-1，1)\cup[\sqrt[3]{2}，\sqrt{2})\cup[\sqrt[3]{3}，\sqrt[3]{4})$

【解析】①当 $x\leqslant-1$ 时，$[x^{3}]\leqslant[x]<[x]+[x^{2}]$，方程无解．

②当 $-1<x<2$ 时，

x	$[x^{3}]$	$[x^{2}]$	$[x]$	方程是否成立
$(-1，0)$	-1	0	-1	$\checkmark$
$[0，1)$	0	0	0	$\checkmark$
$[1，\sqrt[3]{2})$	1	1	1	$\times$
$[\sqrt[3]{2}，\sqrt{2})$	2	1	1	$\checkmark$
$[\sqrt{2}，\sqrt[3]{3})$	2	2	1	$\times$
$[\sqrt[3]{3}，\sqrt[3]{4})$	3	2	1	$\checkmark$
$[\sqrt[3]{4}，\sqrt[3]{5})$	4	2	1	$\times$
$[\sqrt[3]{5}，\sqrt{3})$	4	2	1	$\times$
$[\sqrt{3}，\sqrt[3]{6})$	5	2	1	$\times$
$[\sqrt[3]{6}，\sqrt[3]{7})$	6	3	1	$\times$
$[\sqrt[3]{7}，2)$	7	3	1	$\times$

③当 $x\geqslant2$ 时，$x^{3}>x^{2}+x+1$，所以 $[x^{3}]>[x+x^{2}]\geqslant[x]+[x^{2}]$．

综上，$x\in(-1，1)\cup[\sqrt[3]{2}，\sqrt{2})\cup[\sqrt[3]{3}，\sqrt[3]{4})$．

例 2. 已知 $Y=\displaystyle\sum_{i=1}^{2021}\left[\dfrac{2^{i}}{7}\right]$，则 Y 的个位数字是 _____．

【答案】5

【解析】由 $2^3 \equiv 1(\mathrm{mod}7)$，可知 2^i 模 7 是三循环，

即 $2^{3k} \equiv 1(\mathrm{mod}7)$，$2^{3k+1} \equiv 2(\mathrm{mod}7)$，$2^{3k+2} \equiv 4(\mathrm{mod}7)$，其中 $k \in \mathbf{N}$.

$$Y = \sum_{i=1}^{2021}\left[\frac{2^i}{7}\right] = \sum_{i=1}^{2021}\frac{2^i}{7} - \frac{2022}{3}\left(\frac{1}{7} + \frac{2}{7} + \frac{4}{7}\right) = \frac{2^{2022}-1}{7} - 674$$

$$= \frac{(2^3-1)(1+2^3+2^6+\cdots+2^{2019})}{7} - 674$$

$$= 1 + 2^3 + 2^6 + \cdots + 2^{2019} - 674$$

又 $8^{4k} \equiv 6(\mathrm{mod}10)$，$8^{4k+1} \equiv 8(\mathrm{mod}10)$，$8^{4k+2} \equiv 4(\mathrm{mod}10)$，$8^{4k+3} \equiv 2(\mathrm{mod}10)$，其中 $k \in \mathbf{N}$.

$$Y \equiv 1 + 168(8+4+2+6) + 8 - 674 \equiv 5(\mathrm{mod}10).$$

例 3. （2021 清华）已知 $[x]$ 为高斯函数，$\left[\dfrac{x}{2}\right] + \left[\dfrac{x}{3}\right] + \left[\dfrac{x}{5}\right] = x$ 解的组数为（　　）.

A. 30　　　　　　B. 40　　　　　　C. 50　　　　　　D. 60

【答案】A

【解析】因为 $\left[\dfrac{x}{2}\right]$，$\left[\dfrac{x}{3}\right]$，$\left[\dfrac{x}{5}\right] \in Z$，则 $x \in Z$.

因此 $\left[\dfrac{x}{2}\right] + \left[\dfrac{x}{3}\right] + \left[\dfrac{x}{5}\right] = x = \dfrac{x}{2} + \dfrac{x}{3} + \dfrac{x}{5} - \dfrac{x}{30}$，即 $\left\{\dfrac{x}{2}\right\} + \left\{\dfrac{x}{3}\right\} + \left\{\dfrac{x}{5}\right\} = \dfrac{x}{30}$，

因为 $\left\{\dfrac{x}{2}\right\}$ 的可能取值为 0 和 $\dfrac{1}{2}$，$\left\{\dfrac{x}{3}\right\}$ 的可能取值为 0，$\dfrac{1}{3}$ 和 $\dfrac{2}{3}$，

$\left\{\dfrac{x}{5}\right\}$ 的可能取值为 0，$\dfrac{1}{5}$，$\dfrac{2}{5}$，$\dfrac{3}{5}$ 和 $\dfrac{4}{5}$，

因此 $\dfrac{x}{30}$ 的可能取值为 $2 \times 3 \times 5 = 30$ 种可能性，

又 $30\left(\dfrac{a}{2} + \dfrac{b}{3} + \dfrac{c}{5}\right) = 15a + 10b + 6c$，其中 a，b，$c \in Z$，

而 2，3，5 两两互质，容易得到 $15a + 10b + 6c \equiv a(\mathrm{mod}2)$，$15a + 10b + 6c \equiv b(\mathrm{mod}3)$，$15a + 10b + 6c \equiv c(\mathrm{mod}5)$，

因此方程解的组数为 30.

例4.（2021清华自强计划）已知函数 $f(x)=\dfrac{\frac{1}{x}+x}{[x]+\left[\frac{1}{x}\right]+2}$，（$[x]$表示不超过 x 的最大整数），问是否存在 x，使得 $f(x)=\dfrac{4}{3}$（或 $\dfrac{8}{5}$）.

【答案】 存在

【解析】 当 $x>0$ 时，易知，$x<[x]+1$，$\dfrac{1}{x}<\left[\dfrac{1}{x}\right]+1$，则 $f(x)<1$，原方程无解；

当 $-1<x<0$ 时，$f(x)=\dfrac{\frac{1}{x}+x}{\left[\frac{1}{x}\right]+1}$，

易知，$x\in\left(-\dfrac{1}{k},\ -\dfrac{1}{k+1}\right]$，$k\in N^{*}$，有 $\left[\dfrac{1}{x}\right]+1=-k$，

则有 $f(x)=-\dfrac{x+\frac{1}{x}}{k}\in\left(1+\dfrac{1}{k^{2}},\ 1+\dfrac{k+2}{k(k+1)}\right]$，

又 $\dfrac{1}{k^{2}}<\dfrac{1}{3}\leqslant\dfrac{k+2}{k(k+1)}$，解得 $\sqrt{3}<k\leqslant1+\sqrt{7}$，所以 $k=2$ 或 3，

当 $k=2$，$f(x)=-\dfrac{x+\frac{1}{x}}{2}$，令 $f(x)=\dfrac{4}{3}$，解得 $x=\dfrac{\sqrt{7}-4}{3}$，

又 $f(x)=f\left(\dfrac{1}{x}\right)$，则可知 $x<-1$ 时，有一解为 $x=-\dfrac{\sqrt{7}+4}{3}$；

当 $k=3$，$f(x)=-\dfrac{x+\frac{1}{x}}{3}$，令 $f(x)=\dfrac{4}{3}$，解得 $x=\sqrt{3}-2$，

又 $f(x)=f\left(\dfrac{1}{x}\right)$，则可知 $x<-1$ 时，有一解为 $x=-\sqrt{3}-2$；

同理，当 $f(x)=\dfrac{8}{5}$，可解得 $x=\dfrac{-8\pm\sqrt{39}}{5}$.

例5.（2022北大）已知 $[x]$ 表示不超过 x 的最大整数．已知 $\alpha=\dfrac{1+\sqrt{5}}{2}$，则 $\left[\alpha^{12}\right]=$ _____.

【答案】 321

【解析】记 $a_n = \left(\dfrac{1+\sqrt{5}}{2}\right)^n + \left(\dfrac{1-\sqrt{5}}{2}\right)^n$ ，则由其所对应的特征根方程，知数列 $\{a_n\}$ 满足 $a_{n+2} = a_{n+1} + a_n$ ，且 $a_0 = 2$ ， $a_1 = 1$ ，

依次可得 $a_2 = 3$ ， $a_3 = 4$ ， $a_4 = 7$ ， $a_5 = 11$ ， $a_6 = 18$ ， $a_7 = 29$ ， $a_8 = 47$ ， $a_9 = 76$ ， $a_{10} = 123$ ， $a_{11} = 199$ ， $a_{12} = 322$.

而 $\left|\dfrac{1-\sqrt{5}}{2}\right| \in (0, 1)$ ，

所以 $a_{12} > \left(\dfrac{1+\sqrt{5}}{2}\right)^{12} > a_{12} - 1$ ，所以 $[\alpha^{12}] = 321$.

三、巩固练习

1.(2021北大寒假学堂) $f(x) = [x] + [2x] + [3x]$ ， $[x]$ 表示不超过 x 的最大整数，则 $f(x)$ 的值域为 _____ .

【答案】 $\{x \mid x \in Z, x \equiv 0, 1, 2, 3 (\bmod 6)\}$

【解析】 $\{x\} = x - [x]$

①当 $0 \leqslant \{x\} < \dfrac{1}{3}$ 时， $[x] + [2x] + [3x] = 6[x]$ ；

②当 $\dfrac{1}{3} \leqslant \{x\} < \dfrac{1}{2}$ 时， $[x] + [2x] + [3x] = 6[x] + 1$ ；

③当 $\dfrac{1}{2} \leqslant \{x\} < \dfrac{2}{3}$ 时， $[x] + [2x] + [3x] = 6[x] + 2$ ；

④当 $\dfrac{2}{3} \leqslant \{x\} < 1$ 时， $[x] + [2x] + [3x] = 6[x] + 3$ ；

综上， $\{x \mid x \in Z, x \equiv 0, 1, 2, 3 (\bmod 6)\}$.

2.(2021北大语言类) 记 $[x]$ 表示不超过 x 的最大整数，记 $a_n = [\log_2 n]$ ， $n \in N_+$ ，则 $\sum\limits_{n=1}^{2021} a_n$ 等于(　　).

A. 18154　　　　B. 18164　　　　C. 18174　　　　D. 前三个选项都不对

【答案】C

【解析】当 $2^m \leqslant n \leqslant 2^{m+1} - 1 (m \in \mathbf{N}_+)$ 时，有 $[\log_2 n] = m$.

又 $1024 = 2^{10} < 2021 < 2^{11} = 2048$ ，

所以 $\displaystyle\sum_{n=1}^{2021} a_n = \sum_{m=1}^{9}\sum_{n=2^m}^{2^{m+1}-1}[\log_2 n] + 10\times(2021-1024+1)$

$\displaystyle = \sum_{m=1}^{9} m\cdot 2^m + 9980$

$= 18174.$

其中差比数列和式 $\displaystyle\sum_{m=1}^{9} m\cdot 2^m$ 可利用错位相减计算得到.

3.（2021 复旦）若 $g(x)=\dfrac{x+[x]+2-[x+|x|-2]}{4}$，$f(x)=\log_2 x$，解不等式 $0<g(f(x))<1$.

【答案】$x\in\left(\dfrac{1}{4},1\right)\cup[2^{k+\frac{1}{2}},2^{k+1})\ (k\in\mathbf{N})$

由题意 $g(x)=\dfrac{1}{4}(x+[x]+2-[x+|x|-2])$

$\qquad\qquad =\dfrac{1}{4}(x+[x]-[x+|x|])+1.$

下解不等式 $0<g(x)<1$.

(1) 若 $x\leqslant 0$，则 $g(x)=\dfrac{1}{4}(x+[x])+1$，

当 $x=0$ 时，$g(x)=1$，原不等式无解；

当 $-1\leqslant x\leqslant 0$ 时，$0<g(x)=\dfrac{1}{4}(x-1)+1<1$，则 $x\in(-3,1)$，

即 $x\in[-1,0)$；

当 $-2\leqslant x<-1$ 时，$0<g(x)=\dfrac{1}{4}(x-2)+1<1$，则 $x\in(-2,2)$，

即 $x\in(-2,-1)$；

当 $x<-2$ 时，$g(x)<\dfrac{1}{4}(-2-2)+1<0$，原不等式无解；

(2) 若 $x>0$，则 $g(x)=\dfrac{1}{4}(x+[x]-[2x])+1$，

设 $x=k+\alpha$，其中 $k\in\mathbf{N}^*$，$\alpha\in(0,1)$，

则 $g(x)=\dfrac{1}{4}(k+\alpha+k-[2k+2\alpha])+1=\dfrac{1}{4}(\alpha-[2\alpha])+1$，

当 $\dfrac{1}{2}\leqslant\alpha<1$ 时，$0<g(x)=\dfrac{1}{4}(\alpha-1)+1<1$，则 $\alpha\in(-3,1)$，即

$$\alpha \in \left[\frac{1}{2},\ 1\right);$$

当 $0 \leqslant \alpha < \frac{1}{2}$ 时，$0 < g(x) = \frac{1}{4}\alpha + 1 < 1$，则 $\alpha \in (-4,\ 0)$，此时原不等式无解；

综上所述，不等式 $0 < g(x) < 1$ 的解集为 $(-2,\ 0) \cup \left[k + \frac{1}{2},\ k+1\right)$ $(k \in \mathbf{N})$，

因此不等式 $0 < g(f(x)) < 1$ 的解集满足 $f(x) = \log_2 x \in (-2,\ 0) \cup \left[k + \frac{1}{2},\ k+1\right)$ $(k \in \mathbf{N})$，

解得 $x \in \left(\frac{1}{4},\ 1\right) \cup \left[2^{k+\frac{1}{2}},\ 2^{k+1}\right)$ $(k \in \mathbf{N})$.

---

4. (2023 北大) 设 $S = \dfrac{1^2}{1 \cdot 3} + \dfrac{2^2}{3 \cdot 5} + \cdots + \dfrac{1011^2}{2021 \cdot 2023}$，则 $[S]$ 的值为( ).

A. 251   B. 252   C. 253   D. 其他三个选项均不对

【答案】B

【解析】由题

$$S = \sum_{k=1}^{1011} \frac{k^2}{(2k-1)(2k+1)} = \frac{1}{4} \sum_{k=1}^{1011} \frac{4k^2 - 1 + 1}{(2k-1)(2k+1)}$$

$$= \frac{1}{4} \sum_{k=1}^{1011} \left[1 + \frac{1}{2}\left(\frac{1}{2k-1} - \frac{1}{2k+1}\right)\right],$$

所以 $[S] = \left[\dfrac{1011}{4} + \dfrac{1}{8}\left(1 - \dfrac{1}{2023}\right)\right] = 252$.

---

5. (2024 厦大) $[x]$ 表示不超过 x 的最大整数，则 $\displaystyle\sum_{k=1}^{2024} [\lg k] + \sum_{k=1}^{2024} \left[\lg \frac{1}{k}\right] = $ _____.

【答案】-2020

【解析】若 x 是整数，则 $[x] + [-x] = x + (-x) = 0$；

若 x 不是整数，则 $x - [x] \in (0,\ 1)$，故 $1 - x + [x] \in (0,\ 1)$.

而 $-[x] - 1$ 是整数，$-x = -[x] - 1 + (1 - x + [x])$，故由 $1 - x + [x] \in (0,\ 1)$ 知 $[-x] = -[x] - 1$，所以 $[x] + [-x] = -1$.

记 $a_k = [\lg k] + \left[\lg \dfrac{1}{k}\right]$，则 $a_k = [\lg k] + \left[\lg \dfrac{1}{k}\right] = [\lg k] + [-\lg k]$.

对 $1 \leqslant k \leqslant 2024$：

当 $k \in \{1, 10, 100, 1000\}$ 时，$\lg k$ 是整数，所以 $a_k = [\lg k] + [-\lg k] = 0$；

当 $k \notin \{1, 10, 100, 1000\}$ 时，$\lg k$ 不是整数，所以 $a_k = [\lg k] + [-\lg k] = -1$.

故 $\displaystyle\sum_{k=1}^{2024} [\lg k] + \sum_{k=1}^{2024} \left[\lg \dfrac{1}{k}\right] = \sum_{k=1}^{2024} ([\lg k] + [-\lg k]) = \sum_{k=1}^{2024} a_k = (-1) \times$

$(2024 - 4) = -2020$.

故答案为：-2020.

6.（2024 北大）求 $\displaystyle\sum_{i=1}^{2024} \left[\dfrac{19^i}{20}\right]$ 模 7 的余数.

【答案】1

【解析】因为 $19^i \equiv (-1)^i \pmod{20}$，所以

$$\sum_{i=1}^{2024} \left[\dfrac{19^i}{20}\right] \equiv -1012 + \sum_{i=1}^{2024} \dfrac{19^i}{20}$$

$$\equiv \dfrac{19}{20} \cdot \dfrac{19^{2024} - 1}{18} - 4$$

$$\equiv \dfrac{19(19^2(19^{2022} - 1) + 19^2 - 1)}{20 \cdot 18} - 4 \equiv 1 \pmod 7,$$

上述过程中由 $19^6 \equiv 1 \pmod 7$，$19^2 - 1 = 20 \times 18$，

所以 $20 \times 18 \times 7 \mid 19^{2022} - 1$.

---

7. 求方程 $x^2 - 13[x] + 11 = 0$ 的解的个数.

【答案】4

【解析】由 $x^2 - 13[x] + 11 = 0$ 得 $x^2 = 13[x] - 11 \in \mathbf{N}$，所以 $x > 1$，

因为 $x - 1 < [x] \leqslant x$，所以 $\begin{cases} x^2 - 13(x - 1) + 11 > 0 \\ x^2 - 13x + 11 \leqslant 0 \end{cases}$，

得 $-24 < x^2 - 13x \leqslant -11$，

解得 $x \in (1, \dfrac{13 - \sqrt{73}}{2}) \bigcup (\dfrac{13 + \sqrt{73}}{2}, \dfrac{13 + 5\sqrt{5}}{2}]$，

此时 $[x]$ 可能取值为 1，2，10，11，12，

分别代入计算可得 $x = \sqrt{2}$，$\sqrt{15}$，$\sqrt{119}$，$\sqrt{132}$，$\sqrt{145}$，

经检验 $\sqrt{15}$ 不符合题意，故方程的解只有 4 个.

8. $x \in \mathbf{R}$，用 $[x]$ 表示不超过 x 的最大整数，并用 $\{x\} = x - [x]$ 表示小数部分，已知：$a_1 = \sqrt{2}$，$a_{n+1} = [a_n] + \dfrac{1}{\{a_n\}}$，求 $\displaystyle\sum_{k=1}^{2024} a_k$.

【答案】$2024(\sqrt{2} + 2023)$

【解析】

因为 $a_1 = \sqrt{2}$，$a_{n+1} = [a_n] + \dfrac{1}{\{a_n\}}$，

所以 $a_2 = [a_1] + \dfrac{1}{\{a_1\}} = [a_1] + \dfrac{1}{a_1 - [a_1]} = 1 + \dfrac{1}{\sqrt{2} - 1} = 2 + \sqrt{2}$，

同理 $a_3 = 3 + \dfrac{1}{\sqrt{2} - 1} = 4 + \sqrt{2}$，

猜想：$a_n = 2(n-1) + \sqrt{2} \ (n \in \mathbf{N}^*)$，

①当 $n = 1$ 时，$a_1 = \sqrt{2}$ 成立；

②假设 $n = k$ 时成立，即 $a_k = 2(k-1) + \sqrt{2} \ (k \in \mathbf{N}^*)$，

则 $n = k+1$ 时，$a_{k+1} = [a_k] + \dfrac{1}{\{a_k\}} = [a_k] + \dfrac{1}{a_k - [a_k]}$

$= 2k - 1 + \dfrac{1}{2(k-1) + \sqrt{2} - (2k-1)}$

$= 2k - 1 + \dfrac{1}{\sqrt{2} - 1} = 2k + \sqrt{2} = 2[(k+1) - 1] + \sqrt{2}$，

所以 $n = k+1$，猜想成立，

综上可得：对 $\forall n \in \mathbf{N}^*$，都有 $a_n = 2(n-1) + \sqrt{2}$ 成立；

故数列 $\{a_n\}$ 为公差为 2，首项为 $\sqrt{2}$ 的等差数列，

则 $\displaystyle\sum_{k=1}^{2024} a_k = 2024\sqrt{2} + \dfrac{2024 \times 2023}{2} \times 2 = 2024(\sqrt{2} + 2023)$.

第五讲　三角恒等变换

一、知识导航

1. 积化和差公式

$$\sin\alpha\cos\beta = \frac{1}{2}\left[\sin(\alpha+\beta)+\sin(\alpha-\beta)\right]$$

$$\cos\alpha\sin\beta = \frac{1}{2}\left[\sin(\alpha+\beta)-\sin(\alpha-\beta)\right]$$

$$\cos\alpha\cos\beta = \frac{1}{2}\left[\cos(\alpha+\beta)+\cos(\alpha-\beta)\right]$$

$$\sin\alpha\sin\beta = -\frac{1}{2}\left[\cos(\alpha+\beta)-\cos(\alpha-\beta)\right]$$

2. 和差化积公式

$$\sin\alpha + \sin\beta = 2\sin\frac{\alpha+\beta}{2}\cos\frac{\alpha-\beta}{2}$$

$$\sin\alpha - \sin\beta = 2\cos\frac{\alpha+\beta}{2}\sin\frac{\alpha-\beta}{2}$$

$$\cos\alpha + \cos\beta = 2\cos\frac{\alpha+\beta}{2}\cos\frac{\alpha-\beta}{2}$$

$$\cos\alpha - \cos\beta = -2\sin\frac{\alpha+\beta}{2}\sin\frac{\alpha-\beta}{2}$$

3. 半角公式

$$\cos\frac{\alpha}{2} = \pm\sqrt{\frac{1+\cos\alpha}{2}}$$

$$\sin\frac{\alpha}{2} = \pm\sqrt{\frac{1-\cos\alpha}{2}}$$

$$\tan\frac{\alpha}{2} = \pm\sqrt{\frac{1-\cos\alpha}{1+\cos\alpha}} = \frac{\sin\alpha}{1+\cos\alpha} = \frac{1-\cos\alpha}{\sin\alpha}$$

4. 万能公式

$$\sin\alpha = \frac{2\tan\frac{\alpha}{2}}{1+\tan^2\frac{\alpha}{2}}; \quad \cos\alpha = \frac{1-\tan^2\frac{\alpha}{2}}{1+\tan^2\frac{\alpha}{2}} \quad ; \quad \tan\alpha = \frac{2\tan\frac{\alpha}{2}}{1-\tan^2\frac{\alpha}{2}}$$

5. 三倍角公式

$$\sin3\alpha = 3\sin\alpha - 4\sin^3\alpha$$

$$\cos3\alpha = 4\cos^3\alpha - 3\cos\alpha$$

$$\tan3\alpha = \frac{3\tan\alpha - \tan^3\alpha}{1-3\tan^2\alpha}$$

二、经典例题

例 1. (2013 华约) 已知 $\sin x + \sin y = \frac{1}{3}$，$\cos x - \cos y = \frac{1}{5}$，求 $\sin(x-y)$，$\cos(x+y)$ 的值.

【答案】$\sin(x-y) = -\dfrac{15}{17}$，$\cos(x+y) = \dfrac{208}{225}$

【解析】

由 $\sin x + \sin y = \dfrac{1}{3}$ ①，$\cos x - \cos y = \dfrac{1}{5}$ ②.

平方相加得 $\cos(x+y) = \dfrac{208}{225}$.

下面求 $\sin(x-y)$.

解法 1：①×②得：

$$\frac{1}{15} = (\sin x + \sin y)(\cos x - \cos y)$$

$$= (\sin x\cos x - \sin y\cos y) - (\sin x\cos y - \cos x\sin y)$$

$$= \frac{1}{2}(\sin2x - \sin2y) - \sin(x-y)$$

$$= \cos(x+y)\sin(x-y) - \sin(x-y)$$

$$= [\cos(x+y) - 1]\sin(x-y),$$

所以 $\sin(x-y) = \dfrac{1}{15[\cos(x+y)-1]}$.

又因为 $\cos(x+y) = \dfrac{208}{225}$，

所以 $\sin(x-y) = \dfrac{1}{15\left(\dfrac{208}{225}-1\right)} = -\dfrac{15}{17}$.

解法 2：由①得 $2\sin\left(\dfrac{x+y}{2}\right)\cos\left(\dfrac{x-y}{2}\right) = \dfrac{1}{3}$ ③，

由②得 $2\sin\left(\dfrac{x+y}{2}\right)\sin\left(\dfrac{x-y}{2}\right) = -\dfrac{1}{5}$ ④，

④除以③得 $\tan\dfrac{x-y}{2} = -\dfrac{3}{5}$，

由万能公式知，$\sin(x-y) = \dfrac{2\tan\dfrac{x-y}{2}}{1+\tan^2\dfrac{x-y}{2}} = -\dfrac{15}{17}$.

例 2. 计算：$\cos 32°\cos 41° - \cos 35°\cos 38° + \sin 6°\sin 3°$.

【答案】0

【解析】

原式 $= \dfrac{\cos 73° + \cos(-9°)}{2} - \dfrac{\cos 73° + \cos(-3°)}{2} + \dfrac{-\cos 9° + \cos 3°}{2}$

$= \dfrac{\cos 73°}{2} + \dfrac{\cos 9°}{2} - \dfrac{\cos 73°}{2} - \dfrac{\cos 3°}{2} - \dfrac{\cos 9°}{2} + \dfrac{\cos 3°}{2}$

$= 0$.

例 3.（2019 年清华领军）下列等式中成立的有（　　　）.

A. $\sin\dfrac{2\pi}{7} + \sin\dfrac{4\pi}{7} + \sin\dfrac{6\pi}{7} = 1$　　B. $\cos\dfrac{2\pi}{7} + \cos\dfrac{4\pi}{7} + \cos\dfrac{6\pi}{7} = -\dfrac{1}{2}$

C. $\sin 6°\sin 42°\sin 66°\sin 78° = \dfrac{1}{16}$　　D. $\cos 6°\cos 42°\cos 66°\cos 78° = \dfrac{1}{16}$

【答案】BCD

【解析】A 项：$\sin\dfrac{2\pi}{7} + \sin\dfrac{4\pi}{7} + \sin\dfrac{6\pi}{7}$

$= \dfrac{\sin\dfrac{\pi}{7}\cdot\left(\sin\dfrac{2\pi}{7} + \sin\dfrac{4\pi}{7} + \sin\dfrac{6\pi}{7}\right)}{\sin\dfrac{\pi}{7}}$

$$= \frac{\cos\frac{\pi}{7} - \cos\frac{3\pi}{7} + \cos\frac{3\pi}{7} - \cos\frac{5\pi}{7} + \cos\frac{5\pi}{7} - \cos\frac{7\pi}{7}}{2\sin\frac{\pi}{7}}$$

$$= \frac{\cos\frac{\pi}{7} + 1}{2\sin\frac{\pi}{7}} = \frac{2\cos^2\frac{\pi}{14}}{4\sin\frac{\pi}{14}\cos\frac{\pi}{14}} = \frac{1}{2\tan\frac{\pi}{14}} \neq 1.$$

所以 A 错误.

B 项：$\cos\frac{2\pi}{7} + \cos\frac{4\pi}{7} + \cos\frac{6\pi}{7}$

$$= \frac{\sin\frac{\pi}{7} \cdot \left(\cos\frac{2\pi}{7} + \cos\frac{4\pi}{7} + \cos\frac{6\pi}{7}\right)}{\sin\frac{\pi}{7}}$$

$$= \frac{\sin\frac{3\pi}{7} + \sin\left(-\frac{\pi}{7}\right) + \sin\frac{5\pi}{7} + \sin\left(-\frac{3\pi}{7}\right) + \sin\frac{7\pi}{7} + \sin\left(-\frac{5\pi}{7}\right)}{2\sin\frac{\pi}{7}}$$

$$= -\frac{1}{2}.$$

所以 B 正确.

C 项：原式左边

$$= \frac{-\cos96°\cos48°\cos24°\cos12°\sin12°}{\sin12°}$$

$$= \frac{-\frac{1}{16}\sin192°}{\sin12°} = \frac{1}{16}, \quad \text{所以 C 正确.}$$

D 项：$\cos6°\cos42°\cos66°\cos78°$

$$= \cos6°\cos66° \cdot \cos42°\cos78°$$

$$= \frac{\cos72° + \cos60°}{2} \cdot \frac{\cos120° + \cos36°}{2}$$

$$= \frac{1}{4}\left(\cos72° + \frac{1}{2}\right)\left(\cos36° - \frac{1}{2}\right)$$

$$= \frac{1}{4}\left(\cos72°\cos36° + \frac{\cos36° - \cos72°}{2} - \frac{1}{4}\right)$$

$$= \frac{1}{4}\left(\cos72°\cos36° + \sin54°\sin18° - \frac{1}{4}\right)$$

$$= \frac{1}{4}\left(2 \cdot \frac{\sin36°\cos36°\cos72°}{\sin36°} - \frac{1}{4}\right)$$

$$= \frac{1}{4}\left(2 \cdot \frac{\frac{1}{4}\sin144°}{\sin36°} - \frac{1}{4}\right) = \frac{1}{16},$$

所以 D 正确.

综上可知, 选 BCD.

例 4.(等差角求和公式)化简:

(1) $\sin2x + \sin4x + \cdots + \sin2nx$

(2) $\cos2x + \cos4x + \cdots + \cos2nx$

解析:(1) 原式

$$= \frac{2\sin x\sin2x + 2\sin x\sin4x + \cdots + 2\sin x\sin2nx}{2\sin x}$$

$$= \frac{(\cos x - \cos3x) + (\cos3x - \cos5x) + \cdots + [\cos(2n-1)x - \cos(2n+1)x]}{2\sin x}$$

$$= \frac{\cos x - \cos(2n+1)x}{2\sin x}$$

$$= \frac{\sin(n+1)x\sin nx}{\sin x}.$$

(2) 原式

$$= \frac{2\sin x\cos2x + 2\sin x\cos4x + \cdots + 2\sin x\cos2nx}{2\sin x}$$

$$= \frac{(\sin3x - \sin x) + (\sin5x - \sin3x) + \cdots + [\sin(2n+1)x - \sin(2n-1)x]}{2\sin x}$$

$$= \frac{\sin(2n+1)x - \sin x}{2\sin x}$$

$$= \frac{\sin(2n+1)x}{2\sin x} - \frac{1}{2}.$$

例 5.(2013 年北约)对于任意的 θ, 求 $32\cos^6\theta - \cos6\theta - 6\cos4\theta - 15\cos2\theta$ 的值.

【解析】根据二倍角和三倍角公式知:

$32\cos^6\theta - \cos6\theta - 6\cos4\theta - 15\cos2\theta$

$= 32\cos^6\theta - (2\cos^2 3\theta - 1) - 6(2\cos^2 2\theta - 1) - 15(2\cos^2\theta - 1)$

$$= 32\cos^6\theta - [2(4\cos^3\theta - 3\cos\theta)^2 - 1] - 6[2(2\cos^2\theta - 1)^2 - 1] -$$
$$15(2\cos^2\theta - 1)$$
$$= 10.$$

例 6.（2024 北大强基）求 $\sin^3 6° - \sin^3 114° + \sin^3 126°$ 的值．

【答案】$\dfrac{3 - 3\sqrt{5}}{16}$

【解析】

因为 $\sin 3\theta = 3\sin\theta - 4\sin^3\theta$，

所以 $\sin^3\theta = \dfrac{3}{4}\sin\theta - \dfrac{1}{4}\sin 3\theta$．

故 $\sin^3 6° - \sin^3 114° + \sin^3 126°$

$= \dfrac{3}{4}(\sin 6° - \sin 114° + \sin 126°) - \dfrac{1}{4}(\sin 18° - \sin 342° + \sin 378°)$．

由于 $\sin 6° - \sin 114° + \sin 126° = \sin 6° - \sin(120° - 6°) + \sin(120° + 6°) = \sin 6° - \sin 6° = 0$，

$\sin 18° - \sin 342° + \sin 378° = \sin 18° - \sin(360° - 18°) + \sin(360° + 18°) = 3\sin 18°$，

所以 $\sin^3 6° - \sin^3 114° + \sin^3 126° = -\dfrac{3}{4}\sin 18°$．

因为 $\cos 3\theta = 4\cos^3\theta - 3\cos\theta$，$\sin 36° = \cos 54°$，

所以 $2\sin 18°\cos 18° = 4\cos^3 18° - 3\cos 18°$，

即 $4\sin^2 18° + 2\sin 18° - 1 = 0$．

解得 $\sin 18° = \dfrac{\sqrt{5} - 1}{4}$ 或 $\sin 18° = \dfrac{-\sqrt{5} - 1}{4}$（舍去）．

所以 $\sin^3 6° - \sin^3 114° + \sin^3 126° = -\dfrac{3}{4} \times \dfrac{\sqrt{5} - 1}{4} = \dfrac{3 - 3\sqrt{5}}{16}$．

例 7.（2011 年卓越自主招生试题第 2 题）若 $\sin 2(\alpha + r) = n\sin 2\beta$，$\sin(\alpha - \beta + \gamma)\cos(\alpha - \beta + \gamma)\cos(\alpha + \beta + \gamma) \neq 0$，则 $\dfrac{\tan(\alpha + \beta + \gamma)}{\tan(\alpha - \beta + \gamma)} = ($ 　 $)$．

A. $\dfrac{n - 1}{n + 1}$ 　　 B. $\dfrac{n}{n + 1}$ 　　 C. $\dfrac{n}{n - 1}$ 　　 D. $\dfrac{n + 1}{n - 1}$

【答案】D

【解析】解法 1：积化和差

$$\frac{\tan(\alpha+\beta+r)}{\tan(\alpha-\beta+r)}=\frac{\sin(\alpha+\beta+r)\cos(\alpha-\beta+r)}{\cos(\alpha+\beta+r)\sin(\alpha-\beta+r)}$$

$$=\frac{\dfrac{1}{2}\big[\sin2(\alpha+r)+\sin2\beta\big]}{\dfrac{1}{2}\big[\sin2(\alpha+\gamma)-\sin2\beta\big]}$$

$$=\frac{n+1}{n-1}.$$

解法 2：和差角公式

$\sin2(\alpha+\gamma)=\sin(\alpha+\gamma+\beta)\cos(\alpha+\gamma-\beta)+\cos(\alpha+\gamma+\beta)\sin(\alpha+\gamma-\beta)$①.

$\sin2\beta=\sin(\alpha+\gamma+\beta)\cos(\alpha+\gamma-\beta)-\cos(\alpha+\gamma+\beta)\sin(\alpha+\gamma-\beta)$②.

将①②代入 $\sin2(\alpha+\gamma)=n\sin2\beta$ 得：

$(n-1)\sin(\alpha+\gamma+\beta)\cos(\alpha+\gamma-\beta)=(n+1)\cos(\alpha+\gamma+\beta)\sin(\alpha+\gamma-\beta)$.

从而有

$$\tan(\alpha+\gamma+\beta)=\frac{n+1}{n-1}\tan(\alpha+\gamma-\beta)，\quad 即\ \frac{\tan(\alpha+\beta+\gamma)}{\tan(\alpha-\beta+\gamma)}=\frac{n+1}{n-1}.$$

三、巩固练习

1. 已知 $\sin\alpha+\cos\beta=\dfrac{\sqrt3}{2}$，$\cos\alpha+\sin\beta=\sqrt2$，求 $\tan\alpha\cot\beta$ 的值.

【答案】$-\dfrac{7}{73}$

【解析】记 $\sin\alpha+\cos\beta=\dfrac{\sqrt3}{2}$ ①，

$\cos\alpha+\sin\beta=\sqrt2$ ②.

①^2＋②^2 得 $2+2\sin(\alpha+\beta)=\dfrac{3}{4}+2$，

即 $\sin(\alpha+\beta)=\dfrac{3}{8}$.

又 ①^2－②^2 得

$\cos^2\beta-\sin^2\beta+\sin^2\alpha-\cos^2\alpha+2\sin\alpha\cos\beta-2\cos\alpha\sin\beta=-\dfrac{5}{4}$，

即 $\cos2\beta-\cos2\alpha+2\sin(\alpha-\beta)=-\dfrac{5}{4}$，

即 $2\sin(\alpha+\beta)\sin(\alpha-\beta)+2\sin(\alpha-\beta)=-\dfrac{5}{4}$.

所以 $\sin(\alpha-\beta)=-\dfrac{5}{11}$.

所以 $\tan\alpha\cot\beta=\dfrac{\sin\alpha\cos\beta}{\cos\alpha\sin\beta}$

$\qquad\qquad\quad=\dfrac{\sin(\alpha+\beta)+\sin(\alpha-\beta)}{\sin(\alpha+\beta)-\sin(\alpha-\beta)}$

$\qquad\qquad\quad=-\dfrac{7}{73}$.

2. (2016 清华) 若 $x=\dfrac{\pi}{24}$，则 $\dfrac{\sin 4x}{\cos 8x\cos 4x}+\dfrac{\sin 2x}{\cos 4x\cos 2x}+\dfrac{\sin x}{\cos 2x\cos x}+$ $\dfrac{\sin x}{\cos x}=$ _____.

【答案】$\sqrt{3}$

【解析】$\dfrac{\sin 4x}{\cos 8x\cos 4x}+\dfrac{\sin 2x}{\cos 4x\cos 2x}+\dfrac{\sin x}{\cos 2x\cos x}+\dfrac{\sin x}{\cos x}$

$=(\tan 8x-\tan 4x)+(\tan 4x-\tan 2x)+(\tan 2x-\tan x)+\tan x=\tan 8x=\sqrt{3}$.

3. 化简：$\displaystyle\sum_{k=0}^{59}\dfrac{\sin 1^\circ}{\cos k^\circ\cos(k+1)^\circ}=$ _____.

【答案】$\sqrt{3}$

【解析】

因为 $\sin 1^\circ=\sin\left[(k+1)^\circ-k^\circ\right]=\sin(k+1)^\circ\cos k^\circ-\cos(k+1)^\circ\sin k^\circ$，

所以 $\dfrac{\sin 1^\circ}{\cos k^\circ\cos(k+1)^\circ}=\tan(k+1)^\circ-\tan k^\circ=-\tan k^\circ+\tan(k+1)^\circ$.

原式 $=-\tan 0^\circ+\tan 1^\circ-\tan 1^\circ+\tan 2^\circ-\cdots-\tan 59^\circ+\tan 60^\circ$

$\qquad=\sqrt{3}$.

4. (2021 中科大·广东) 化简 $\displaystyle\sum_{k=1}^{2020}\sin\dfrac{k\pi}{2021}=$ _____.

【答案】$\cot\dfrac{\pi}{4042}$

【解析】$\displaystyle\sum_{k=1}^{2020}\sin\dfrac{k\pi}{2021}=\dfrac{\cos\dfrac{\pi}{4042}-\cos\dfrac{4041\pi}{4042}}{2\sin\dfrac{\pi}{4042}}=\cot\dfrac{\pi}{4042}$.

5. (2017 北大自招) $\left(1+\cos\dfrac{\pi}{7}\right)\left(1+\cos\dfrac{3\pi}{7}\right)\left(1+\cos\dfrac{5\pi}{7}\right)$ 的值为( ).

A. $\dfrac{9}{8}$ B. $\dfrac{7}{8}$ C. $\dfrac{3}{4}$ D. 前三个答案都不对

【答案】B

【解析】$\left(1+\cos\dfrac{\pi}{7}\right)\left(1+\cos\dfrac{3\pi}{7}\right)\left(1+\cos\dfrac{5\pi}{7}\right)$

$=1+\cos\dfrac{\pi}{7}+\cos\dfrac{3\pi}{7}+\cos\dfrac{5\pi}{7}+\cos\dfrac{\pi}{7}\cos\dfrac{3\pi}{7}+\cos\dfrac{\pi}{7}\cos\dfrac{5\pi}{7}$

$+\cos\dfrac{3\pi}{7}\cos\dfrac{5\pi}{7}+\cos\dfrac{\pi}{7}\cos\dfrac{3\pi}{7}\cos\dfrac{5\pi}{7}$

$=1+\cos\dfrac{\pi}{7}+\cos\dfrac{3\pi}{7}+\cos\dfrac{5\pi}{7}$

$+\dfrac{\cos\dfrac{4\pi}{7}+\cos\dfrac{2\pi}{7}+\cos\dfrac{6\pi}{7}+\cos\dfrac{4\pi}{7}+\cos\dfrac{8\pi}{7}+\cos\dfrac{2\pi}{7}}{2}+\cos\dfrac{\pi}{7}\cos\dfrac{3\pi}{7}\cos\dfrac{5\pi}{7}$

$=1+\cos\dfrac{\pi}{7}+\cos\dfrac{2\pi}{7}+\cos\dfrac{3\pi}{7}+\cos\dfrac{4\pi}{7}+\cos\dfrac{5\pi}{7}+\cos\dfrac{6\pi}{7}+\cos\dfrac{\pi}{7}\cos\dfrac{2\pi}{7}\cos\dfrac{4\pi}{7}$

$=1+\cos\dfrac{\pi}{7}\cos\dfrac{2\pi}{7}\cos\dfrac{4\pi}{7}$

$=1+\dfrac{\sin\dfrac{\pi}{7}\cos\dfrac{\pi}{7}\cos\dfrac{2\pi}{7}\cos\dfrac{4\pi}{7}}{\sin\dfrac{\pi}{7}}$

$=1+\dfrac{1}{8}\times\dfrac{\sin\dfrac{8\pi}{7}}{\sin\dfrac{\pi}{7}}=\dfrac{7}{8}$.

6. 设 $x=\cos\dfrac{\pi}{13}+\cos\dfrac{3\pi}{13}+\cos\dfrac{9\pi}{13}$，$y=\cos\dfrac{5\pi}{13}+\cos\dfrac{7\pi}{13}+\cos\dfrac{11\pi}{13}$.

(1) 求 $x+y$ 的值；(2) 求 xy 的值；(3) 求 x，y.

【解析】令 $\dfrac{\pi}{13}=a$，即 $\pi=13a$

则 $x=\cos a+\cos 3a+\cos 9a$，$y=\cos 5a+\cos 7a+\cos 11a$.

$x=(\cos a-\cos 4a)+\cos 3a>0$，$y=(\cos 5a-\cos 2a)+\cos 7a<0$.

（1）$x + y = \cos a + \cos 3a + \cos 9a + \cos 5a + \cos 7a + \cos 11a$

$$= \frac{1}{2\sin a}(2\sin a \cos a + 2\sin a \cos 3a + 2\sin a \cos 9a$$

$$+ 2\sin a \cos 5a + 2\sin a \cos 7a + 2\sin a \cos 11a)$$

$$= \frac{1}{2\sin a}[\sin 2a + (\sin 4a - \sin 2a) + (\sin 6a - \sin 4a) + (\sin 8a$$

$$- \sin 6a) + (\sin 10a - \sin 8a) + (\sin 12a - \sin 10a)]$$

$$= \frac{1}{2\sin a} \cdot \sin 12a$$

$$= \frac{1}{2\sin \frac{\pi}{13}} \cdot \sin \frac{12\pi}{13}$$

$$= \frac{1}{2}.$$

（2）$xy = (\cos a + \cos 3a + \cos 9a)(\cos 5a + \cos 7a + \cos 11a)$

$$= \cos a \cos 5a + \cos a \cos 7a + \cos a \cos 11a + \cos 3a \cos 5a + \cos 3a \cos 7a$$

$$+ \cos 3a \cos 11a + \cos 9a \cos 5a + \cos 9a \cos 7a + \cos 9a \cos 11a$$

$$= \frac{1}{2}[(\cos 6a + \cos 4a) + (\cos 8a + \cos 6a) + (\cos 12a + \cos 10a)$$

$$+ (\cos 8a + \cos 2a) + (\cos 10a + \cos 4a) + (\cos 14a + \cos 8a)$$

$$+ (\cos 14a + \cos 4a) + (\cos 16a + \cos 2a) + (\cos 20a + \cos 2a)]$$

$$= \frac{3}{2}(\cos 2a + \cos 4a + \cos 6a + \cos 8a + \cos 10a + \cos 12a)$$

$$= \frac{3}{4} \times \frac{1}{\sin a}[(\sin 3a - \sin a) + (\sin 5a - \sin 3a) + (\sin 7a - \sin 5a)$$

$$+ (\sin 9a - \sin 7a) + (\sin 11a - \sin 9a) + (\sin 13a - \sin 11a)]$$

$$= \frac{3}{4} \times \frac{-\sin a}{\sin a}$$

$$= -\frac{3}{4}.$$

（3）由第（1）、（2）问得 $\begin{cases} x + y = \dfrac{1}{2} \\ xy = -\dfrac{3}{4} \end{cases}$，且 $x > y$，解得 $x = \dfrac{1 + \sqrt{13}}{4}$，

$y = \dfrac{1 - \sqrt{13}}{4}$.

7. (2017 清华自招) 设 α，β，γ 分别为 $1°$，$61°$，$121°$，则 (　　).

A. $\dfrac{\tan\alpha + \tan\beta + \tan\gamma}{\tan\alpha\tan\beta\tan\gamma} = -3$

B. $\tan\alpha\tan\beta + \tan\beta\tan\gamma + \tan\gamma\tan\alpha = -3$

C. $\dfrac{\tan\alpha + \tan\beta + \tan\gamma}{\tan\alpha\tan\beta\tan\gamma} = 3$

D. $\tan\alpha\tan\beta + \tan\beta\tan\gamma + \tan\gamma\tan\alpha = 3$

【答案】AB

【解析】令 $x = \tan\alpha$，$y = \tan\beta$，$z = \tan\gamma$.

因为 $\tan(\beta - \alpha) = \dfrac{y - x}{1 + xy} = \sqrt{3}$，

$\tan(\gamma - \beta) = \dfrac{z - y}{1 + yz} = \sqrt{3}$，

$\tan(\alpha - \gamma) = \dfrac{x - z}{1 + zx} = \sqrt{3}$，

所以 $y - x = \sqrt{3}(1 + xy)$，

$z - y = \sqrt{3}(1 + yz)$，

$x - z = \sqrt{3}(1 + zx)$.

以上三式相加，即有 $\tan\alpha\tan\beta + \tan\beta\tan\gamma + \tan\gamma\tan\alpha = -3$. 所以 B 选项正确.

令 $a = \cot\alpha$，$b = \cot\beta$，$c = \cot\gamma$.

因为 $\tan(\beta - \alpha) = \dfrac{a - b}{1 + ab} = \sqrt{3}$，

$\tan(\gamma - \beta) = \dfrac{b - c}{1 + bc} = \sqrt{3}$，

$\tan(\alpha - \gamma) = \dfrac{c - a}{1 + ca} = \sqrt{3}$，

所以

$a - b = \sqrt{3}(1 + ab)$，

$b - c = \sqrt{3}(1 + bc)$，

$c - a = \sqrt{3}(1 + ca)$.

以上三式相加，即有 $\dfrac{\tan\alpha + \tan\beta + \tan\gamma}{\tan\alpha\tan\beta\tan\gamma} = -3$. 所以 A 选项正确.

第六讲　解三角形

一、知识导航

1. 射影定理

定理：如果△ABC 三边长为 a，b，c，那么 $a = b\cos C + c\cos B$，$b = c\cos A + a\cos C$，$c = a\cos B + b\cos A$.

2. 常用恒等式

① $\tan A + \tan B + \tan C = \tan A\tan B\tan C$；

② $\tan \dfrac{A}{2}\tan \dfrac{B}{2} + \tan \dfrac{B}{2}\tan \dfrac{C}{2} + \tan \dfrac{A}{2}\tan \dfrac{C}{2} = 1$；

③ $\sin A + \sin B + \sin C = 4\cos \dfrac{A}{2}\cos \dfrac{B}{2}\cos \dfrac{C}{2}$；

④ $\cos A + \cos B + \cos C = 1 + 4\sin \dfrac{A}{2}\sin \dfrac{B}{2}\sin \dfrac{C}{2}$；

⑤ $\sin 2A + \sin 2B + \sin 2C = 4\sin A\sin B\sin C$；

⑥ $\cos 2A + \cos 2B + \cos 2C = -1 - 4\cos A\cos B\cos C$；

⑦ $\sin^2 A + \sin^2 B + \sin^2 C = 2 + 2\cos A\cos B\cos C$；

⑧ $\cos^2 A + \cos^2 B + \cos^2 C + 2\cos A\cos B\cos C = 1$；

⑨ $\sin^2 \dfrac{A}{2} + \sin^2 \dfrac{B}{2} + \sin^2 \dfrac{C}{2} = 1 - 2\sin \dfrac{A}{2}\sin \dfrac{B}{2}\sin \dfrac{C}{2}$；

⑩ $\cos^2 \dfrac{A}{2} + \cos^2 \dfrac{B}{2} + \cos^2 \dfrac{C}{2} = 2 + 2\sin \dfrac{A}{2}\sin \dfrac{B}{2}\sin \dfrac{C}{2}$；

⑪ $S = \dfrac{1}{4}\sqrt{(a+b+c)(a+b-c)(a+c-b)(b+c-a)}$.

3. 与面积有关的结论

① $S = \dfrac{1}{2}ab\sin C = \dfrac{1}{2}bc\sin A = \dfrac{1}{2}ac\sin B = \dfrac{abc}{4R}$.

② $r = \dfrac{2S}{a+b+c} = \dfrac{abc}{2R(a+b+c)}$.

③（海伦公式）$S = \dfrac{1}{4}\sqrt{(a+b+c)(a+b-c)(a+c-b)(b+c-a)}$.

二、经典例题

例1.（2020北大）在 $\triangle ABC$ 中，$\angle A = 150°$，D_1，D_2，$\cdots$，D_{2020} 依次为边 BC 上的点，且 $BD_1 = D_1D_2 = D_2D_3 = \cdots = D_{2019}D_{2020} = D_{2020}C$，设 $\angle BAD_1 = \alpha_1$，$\angle D_1AD_2 = \alpha_2$，$\cdots$，$\angle D_{2019}AD_{2020} = \alpha_{2020}$，$\angle D_{2020}AC = \alpha_{2021}$，则 $\dfrac{\sin\alpha_1\sin\alpha_3\cdots\sin\alpha_{2021}}{\sin\alpha_2\sin\alpha_4\cdots\sin\alpha_{2020}}$ 的值为（ ）．

A. $\dfrac{1}{1010}$ B. $\dfrac{1}{2020}$ C. $\dfrac{1}{2021}$ D. 前三个答案都不对

【答案】D

【解析】如图，

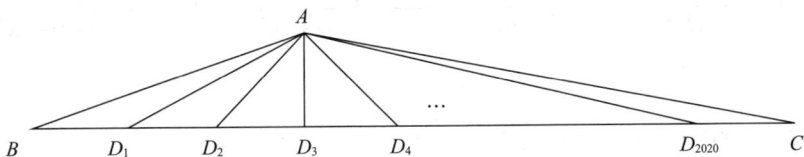

因为 $\dfrac{BD_1}{D_1D_2} = \dfrac{S_{\triangle ABD_1}}{S_{\triangle D_1BD_2}} = \dfrac{\frac{1}{2}AB \cdot AD_1\sin\alpha_1}{\frac{1}{2}AD_1 \cdot AD_2\sin\alpha_2} = \dfrac{AB\sin\alpha_1}{AD_2\sin\alpha_2} = 1$，

所以 $\dfrac{\sin\alpha_1}{\sin\alpha_2} = \dfrac{AD_2}{AB}$．

同理可得 $\dfrac{\sin\alpha_3}{\sin\alpha_4} = \dfrac{AD_4}{AD_2}$，$\cdots$，$\dfrac{\sin\alpha_{2019}}{\sin\alpha_{2020}} = \dfrac{AD_{2020}}{AD_{2018}}$，又 $\sin\alpha_{2021} = \dfrac{CD_{2020}\sin C}{AD_{2020}}$．

所以 $\dfrac{\sin\alpha_1\sin\alpha_3\cdots\sin\alpha_{2021}}{\sin\alpha_2\sin\alpha_4\cdots\sin\alpha_{2020}} = \dfrac{AD_2}{AB} \cdot \dfrac{AD_4}{AD_2} \cdot \cdots \cdot \dfrac{AD_{2020}}{AD_{2018}} \cdot \dfrac{CD_{2020}\sin C}{AD_{2020}} = \dfrac{AC}{AB} =$

$\dfrac{CD_{2020}\sin C}{AB} = \dfrac{CD_{2020}\sin\angle BAC}{BC} = \dfrac{\sin 150°}{2021} = \dfrac{1}{4042}$．

例2. 在 $\triangle ABC$ 中，若 $a = 2$，$b = \sqrt{2}$，$c = 2\sqrt{2}$，D 在 BC 上，比较 AD^2 与 $2DC \times DB$ 的大小．

【答案】$AD^2 > 2DC \times DB$

【解析】

由余弦定理可得

$$\cos\angle BAC = \frac{b^2 + c^2 - a^2}{2bc} = \frac{3}{4}.$$

同理 $\cos B = \frac{5\sqrt{2}}{8}$，$\cos C = -\frac{\sqrt{2}}{4}$.

在 $\triangle ABC$ 中，$B \in (0,\pi)$，$C \in (0,\pi)$，

所以 $\sin B = \frac{\sqrt{14}}{8}$，$\sin C = \frac{\sqrt{14}}{4}$.

设 $\angle BAD = \alpha$，$\angle CAD = \beta$，则 $\alpha + \beta = \angle BAC$，

在 $\triangle ABD$，由正弦定理可得 $\frac{AD}{\sin B} = \frac{BD}{\sin \angle BAD}$.

同理在 $\triangle ADC$，$\frac{AD}{\sin C} = \frac{DC}{\sin \angle CAD}$.

所以 $\frac{2DC \times DB}{AD^2} = \frac{2\sin\alpha\sin\beta}{\sin B \sin C} = \frac{\cos(\alpha - \beta) - \cos(\alpha + \beta)}{\sin B \sin C} \leqslant \frac{1 - \cos\angle BAC}{\sin B \sin C} = \frac{4}{7} < 1.$

所以 $AD^2 > 2DC \times DB$.

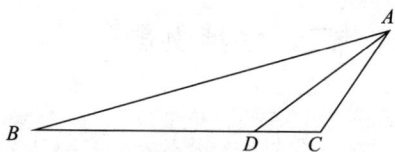

例 3. (2017 清华自招) 设 A，B，C 是 $\triangle ABC$ 的三个内角，则 $\sin A + \sin B \sin C$ 的最大值(　　).

A. $\frac{3}{2}$　　　　B. $\frac{3 + 2\sqrt{2}}{4}$　　　C. $\frac{1 + \sqrt{5}}{2}$　　　D. 不存在

【答案】C

【解析】根据题意，$\sin A + \sin B \sin C = \sin A - \frac{1}{2}\left[\cos(B + C) - \cos(B - C)\right]$

$= \sin A + \frac{1}{2}\cos A + \frac{1}{2}\cos(B - C) \leqslant \sqrt{1^2 + \left(\frac{1}{2}\right)^2} + \frac{1}{2} = \frac{\sqrt{5} + 1}{2}$，

等号当 $\tan A = 2$，$\angle B = \angle C$ 时取得，因此所求的最大值为 $\frac{\sqrt{5} + 1}{2}$.

例 4. 在 $\triangle ABC$ 中，若角 A，B，C 成等差数列，外接圆直径为 1，若三个角所对的边分别为 a，b，c，求 $a^2 + c^2$ 的取值范围.

【答案】$\left(\frac{3}{4}, \frac{3}{2}\right]$

【解析】

解法 1：由条件得 $2B = A + C$，故有 $B = 60°$，$A + C = 120°$.

由正弦定理得 $a^2 + c^2 = (2R\sin A)^2 + (2R\sin C)^2 = \sin^2 A + \sin^2 C$，

$$= \frac{1 - \cos 2A + 1 - \cos 2C}{2}$$

$$= 1 - \cos(A + C)\cos(A - C)$$

$$= 1 + \frac{1}{2}\cos(A - C).$$

因为 $-120° < A - C < 120°$，所以 $-\dfrac{1}{2} < \cos(A - C) \leqslant 1$，从而 $a^2 + c^2$

$\in \left(\dfrac{3}{4}, \dfrac{3}{2} \right]$.

解法 2：同解法一得 $B = 60°$，于是由正弦定理得 $b = 2R\sin B = \dfrac{\sqrt{3}}{2}$.

由余弦定理得 $b^2 = \dfrac{3}{4} = a^2 + c^2 - 2ac\cos 60°$.

因为 $a^2 + c^2 \geqslant 2ac$，所以 $a^2 + c^2 = \dfrac{3}{4} + 2ac\cos 60° \leqslant \dfrac{3}{4} + \dfrac{1}{2}(a^2 + c^2)$，

从而 $a^2 + c^2 \leqslant \dfrac{3}{2}$.

显然 $a^2 + c^2 = \dfrac{3}{4} + 2ac\cos 60° > \dfrac{3}{4}$，故 $a^2 + c^2 \in \left(\dfrac{3}{4}, \dfrac{3}{2} \right]$.

例 5. 对于 $\triangle ABC$，记其外接圆、内切圆半径分别为 R，r，若 $A - B = \dfrac{2\pi}{3}$，且 $R = 8r$，则 $8\cos C = $ _____.

【答案】7

【解析】因为 $S_{\triangle ABC} = \dfrac{1}{2}ab\sin C = Ra\sin B\sin C = \dfrac{1}{2}(a + b + c)r$，

所以 $\dfrac{R}{r} = \dfrac{\sin A + \sin B + \sin C}{2\sin A \cdot \sin B \cdot \sin C} = \dfrac{2\sin\dfrac{A + B}{2}\cos\dfrac{A - B}{2} + \sin C}{(\cos(A - B) - \cos(A + B))\sin C}$

$$= \dfrac{\cos\dfrac{C}{2} + \sin C}{\left(\cos C - \dfrac{1}{2}\right)\sin C} = \dfrac{1 + 2\sin\dfrac{C}{2}}{\left(1 - 4\sin^2\dfrac{C}{2}\right)\sin\dfrac{C}{2}} = \dfrac{1}{\left(1 - 2\sin\dfrac{C}{2}\right)\sin\dfrac{C}{2}}.$$

所以 $\dfrac{1}{\left(1-2\sin\dfrac{C}{2}\right)\sin\dfrac{C}{2}}=8$，即 $\sin\dfrac{C}{2}=\dfrac{1}{4}$.

所以 $8\cos C=8\left(1-2\sin^2\dfrac{C}{2}\right)=7$.

例 6.（2021 上海交大）已知 $\triangle ABC$ 中，$\tan C=-3\tan A$，求 $\tan B$ 的最大值.

【答案】$\dfrac{\sqrt{3}}{3}$

【解析】因为 $\tan C=-3\tan A$，$\tan A+\tan B+\tan C=\tan A\tan B\tan C$，

所以 $\tan A+\tan B-3\tan A=-3\tan^2 A\tan B$，

所以 $\tan B=\dfrac{2\tan A}{1+3\tan^2 A}$.

若 $\tan A<0$，则 $\tan B<0$，A，$B\in\left(\dfrac{\pi}{2},\pi\right)$. 与 $\triangle ABC$ 矛盾.

所以 $\tan A>0$.

所以 $\tan B=\dfrac{2\tan A}{1+3\tan^2 A}\leqslant\dfrac{2\tan A}{2\sqrt{3\tan^2 A}}=\dfrac{\sqrt{3}}{3}$.

例 7. 在 $\triangle ABC$ 中，已知 $(a^2+b^2)\sin(A-B)=(a^2-b^2)\sin(A+B)$，试判断 $\triangle ABC$ 的形状.

【答案】等腰或直角三角形

【解析】因为 $(a^2+b^2)\sin(A-B)=(a^2-b^2)\sin(A+B)$，

所以 $b^2[\sin(A+B)+\sin(A-B)]=a^2[\sin(A+B)-\sin(A-B)]$，

所以 $2\sin A\cos B\cdot b^2=2\cos A\sin B\cdot a^2$，

即 $a^2\cos A\sin B=b^2\sin A\cos B$.

解法 1：由正弦定理知 $a=2R\sin A$，$b=2R\sin B$，

所以 $\sin^2 A\cos A\sin B=\sin^2 B\sin A\cos B$.

又 $\sin A\sin B\neq 0$，所以 $\sin A\cos A=\sin B\cos B$，所以 $\sin 2A=\sin 2B$.

在 $\triangle ABC$ 中，$0<2A<2\pi$，$0<2B<2\pi$，所以 $2A=2B$ 或 $2A=\pi-2B$，即 $A=B$ 或 $A+B=\dfrac{\pi}{2}$.

所以 $\triangle ABC$ 为等腰或直角三角形.

解法 2：由正弦定理、余弦定理得 $a^2 b\cdot\dfrac{b^2+c^2-a^2}{2bc}=b^2 a\cdot$

$\dfrac{a^2+c^2-b^2}{2ac}$，即 $a^2(b^2+c^2-a^2)=b^2(a^2+c^2-b^2)$．

所以 $(a^2-b^2)(a^2+b^2-c^2)=0$．

所以 $a^2-b^2=0$ 或 $a^2+b^2-c^2=0$，即 $a=b$ 或 $a^2+b^2=c^2$．

所以 $\triangle ABC$ 为等腰三角形或直角三角形．

例 8. 已知 $\triangle ABC$ 中，$a^3\sin(B-C)+b^3\sin(C-A)+c^3\sin(A-B)=$ _____．

【答案】0

【解析】证明：首先证明一个引理．

引理：在 $\triangle ABC$ 中，有 $\dfrac{a^2-b^2}{c^2}=\dfrac{\sin(A-B)}{\sin C}$，$\dfrac{c^2-a^2}{b^2}=\dfrac{\sin(C-A)}{\sin B}$，

$\dfrac{b^2-c^2}{a^2}=\dfrac{\sin(B-C)}{\sin A}$．

事实上，只需要证明其中一个即可，不妨证 $\dfrac{a^2-b^2}{c^2}=\dfrac{\sin(A-B)}{\sin C}$．

$\dfrac{a^2-b^2}{c^2}=\dfrac{\sin^2 A-\sin^2 B}{\sin^2 C}=\dfrac{(\sin A-\sin B)(\sin A+\sin B)}{\sin^2 C}=\dfrac{\sin(A-B)}{\sin C}$．

现回到原题，由于 $\dfrac{a^2-b^2}{c^2}=\dfrac{\sin(A-B)}{\sin C}$，

故 $c^3\sin(A-B)=c(a^2-b^2)\sin C=\dfrac{c^2(a^2-b^2)}{2R}$．

同理 $b^3\sin(C-A)=\dfrac{b^2(c^2-a^2)}{2R}$，$a^3\sin(B-C)=\dfrac{a^2(b^2-c^2)}{2R}$．

三式相加，得 $a^3\sin(B-C)+b^3\sin(C-A)+c^3\sin(A-B)=0$．

例 9.（2024 北大）在 $\triangle ABC$ 中，求 $2\sin A+\sin B+\sin C$ 的最大值的取等条件．

【答案】$A=2\arcsin\dfrac{\sqrt{33}-1}{8}$，$B=C$

【解析】要使 $2\sin A+\sin B+\sin C$ 取最大值，显然 $\sin A\geqslant\sin B$，$\sin A\geqslant\sin C$．

所以 B，C 都为锐角，$A\in\left[\dfrac{\pi}{3},\pi\right)$，$B-C\in\left(-\dfrac{\pi}{2},\dfrac{\pi}{2}\right)$．

由于 $\sin B + \sin C = \sin(\dfrac{B+C}{2} + \dfrac{B-C}{2}) + \sin(\dfrac{B+C}{2} - \dfrac{B-C}{2})$

$$= 2\sin\dfrac{B+C}{2}\cos\dfrac{B-C}{2},$$

所以 $2\sin A + \sin B + \sin C = 2\sin A + 2\sin\dfrac{B+C}{2}\cos\dfrac{B-C}{2}$.

所以 $2\sin A + \sin B + \sin C \leqslant 2\sin A + 2\cos\dfrac{A}{2}$，当 $B = C$ 时，等号成立.

令 $A = 2x$，$x \in \left[\dfrac{\pi}{6}, \dfrac{\pi}{2}\right)$.

构造函数 $f(x) = 2\sin 2x + 2\cos x$，$x \in \left[\dfrac{\pi}{6}, \dfrac{\pi}{2}\right)$.

$f'(x) = 4\cos 2x - 2\sin x = -8\sin^2 x - 2\sin x + 4$.

令 $f'(x) = -8\sin^2 x - 2\sin x + 4 = 0$，解得 $\sin x_1 = \dfrac{\sqrt{33}-1}{8}$ 或 $\sin x_2 =$

$\dfrac{-\sqrt{33}-1}{8}$(舍去).

因为 $\sin\dfrac{\pi}{6} < \sin x_1 = \dfrac{\sqrt{33}-1}{8} < 1$，

所以 $x_1 \in \left(\dfrac{\pi}{6}, \dfrac{\pi}{2}\right)$，且 $x_1 = \arcsin\dfrac{\sqrt{33}-1}{8}$.

当 $x \in (\dfrac{\pi}{6}, x_1)$ 时，$f'(x) > 0$，$f(x)$ 在 $(0, x_1)$ 单调递增；

$x \in (x_1, \dfrac{\pi}{2})$ 时，$f'(x) < 0$，$f(x)$ 在 $(0, x_1)$ 单调递减.

所以当 $\sin x_1 = \dfrac{\sqrt{33}-1}{8}$ 时，即 $x_1 = \arcsin\dfrac{\sqrt{33}-1}{8}$ 时，$f(x)_{\max} = f(x_1)$

$= 2\sin 2x_1 + 2\cos x_1$.

所以当 $A = 2\arcsin\dfrac{\sqrt{33}-1}{8}$，$B = C$ 时，$2\sin A + \sin B + \sin C$ 取得最大值.

三、巩固练习

1. 在 $\triangle ABC$ 中，$\angle A = 60°$，$\angle BAP = \angle CAP$，P 在 $\triangle ABC$ 内部，延长 BP 交 AC 于 Q，且 $\dfrac{1}{|BP|} + \dfrac{1}{|CP|} = \dfrac{1}{|PQ|}$，则 $\angle BPC = ($　　$)$.

　A. $140°$ 　　　　B. $130°$ 　　　　C. $110°$ 　　　　D. $120°$

【答案】D

【解析】如下图，

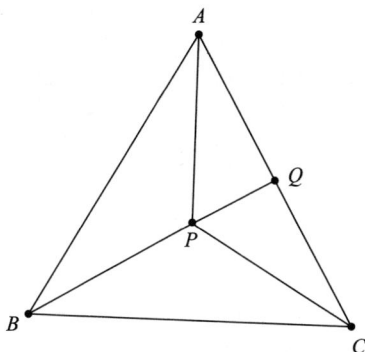

由题可知 AP 为 $\angle BAC$ 的平分线，故 $\dfrac{PQ}{PB} = \dfrac{AQ}{AB} = \dfrac{\sin\angle ABQ}{\sin\angle AQB}$；$\dfrac{PQ}{PC} = \dfrac{\sin\angle PCQ}{\sin\angle PQC}$.

于是

$$1 = \frac{PQ}{PB} + \frac{PQ}{PC} = \frac{\sin\angle ABQ}{\sin\angle AQB} + \frac{\sin\angle PCQ}{\sin\angle PQC}$$

$$= \frac{\sin\angle ABQ + \sin\angle PCQ}{\sin\angle PQC}$$

$$= \frac{\sin\angle ABQ + \sin\angle PCQ}{\sin\left(\dfrac{\pi}{3} + \angle ABQ\right)},$$

化简可得 $\sin\angle PCQ = \sin\left(\dfrac{\pi}{3} - \angle ABQ\right)$.

于是 $\angle PCQ = \dfrac{\pi}{3} - \angle ABQ$ 或 $\angle PCQ + \dfrac{\pi}{3} - \angle ABQ = \pi$（舍）.

故 $\angle BPC = \angle PCQ + \angle ABQ + \angle BAC = \dfrac{2\pi}{3}$.

2. (2017 北大优秀中学生夏令营) 在 $\triangle ABC$ 中，证明：$\cos A + \cos B + \cos C > 1$.

【解析】由常用恒等式④，$\cos A + \cos B + \cos C = 1 + 4\sin\dfrac{A}{2}\sin\dfrac{B}{2}\sin\dfrac{C}{2}$.

因为 A，B，$C \in (0, \pi)$，所以 $\dfrac{A}{2}$，$\dfrac{B}{2}$，$\dfrac{C}{2} \in \left(0, \dfrac{\pi}{2}\right)$，所以 $\sin\dfrac{A}{2}$，

$\sin\dfrac{B}{2}$，$\sin\dfrac{C}{2}$ 均大于 0.

因此，$\cos A + \cos B + \cos C > 1$.

---

3. (2017 北大) 在 $\triangle ABC$ 中，$\cos A + \sqrt{2}\cos B + \sqrt{2}\cos C$ 的最大值为（ ）.

A. $\sqrt{2} + \dfrac{1}{2}$ B. $2\sqrt{2} - 1$ C. 2 D. $2\sqrt{2}$

【答案】C

【解析】在 $\triangle ABC$ 中，

$\cos A + \sqrt{2}\cos B + \sqrt{2}\cos C$

$= \cos A + \sqrt{2}(\cos B + \cos C)$

$= \cos A + 2\sqrt{2}\cos\dfrac{B+C}{2}\cos\dfrac{B-C}{2}$

$\leqslant \cos A + 2\sqrt{2}\cos\dfrac{B+C}{2}$

$= \cos A + 2\sqrt{2}\sin\dfrac{A}{2}$

$= -2\sin^2\dfrac{A}{2} + 2\sqrt{2}\sin\dfrac{A}{2} + 1$

$= -2\left(\sin\dfrac{A}{2} - \dfrac{\sqrt{2}}{2}\right)^2 + 2 \leqslant 2.$

当且仅当 $\sin\dfrac{A}{2} = \dfrac{\sqrt{2}}{2}$，即 $A = \dfrac{\pi}{2}$，$B = C = \dfrac{\pi}{4}$ 时取得最大值.

---

4. 已知 $\triangle ABC$ 中有：$\sin C = \dfrac{\sin A + \sin B}{\cos A + \cos B}$，试判断 $\triangle ABC$ 的形状.

【答案】直角三角形

解法 1：

因为 $\sin C = \dfrac{\sin A + \sin B}{\cos A + \cos B}$，由正弦定理得 $c(\cos A + \cos B) = a + b$，再由

余弦定理得 $c \cdot \dfrac{c^2 + b^2 - a^2}{2bc} + c \cdot \dfrac{a^2 + c^2 - b^2}{2ac} = a + b$，

所以 $a^3 + a^2 b - ac^2 - bc^2 + b^3 + ab^2 = 0$，

所以 $(a+b)(c^2 - a^2 - b^2) = 0$，

所以 $c^2 = a^2 + b^2$，

所以 $\triangle ABC$ 为直角三角形.

解法 2:

证明:在 $\triangle ABC$ 中,

$$\sin C = \frac{\sin A + \sin B}{\cos A + \cos B}.$$

所以 $\sin(A+B) = \dfrac{2\sin\dfrac{A+B}{2} \times \cos\dfrac{A-B}{2}}{2\cos\dfrac{A+B}{2}\cos\dfrac{A-B}{2}}.$

所以 $2\sin\dfrac{A+B}{2}\cos\dfrac{A+B}{2} = \dfrac{\sin\dfrac{A+B}{2}}{\cos\dfrac{A+B}{2}}.$

所以 $2\cos^2\dfrac{A+B}{2} - 1 = 0.$

所以 $\cos(A+B) = 0.$

所以 $A+B = \dfrac{\pi}{2},$

即 $C = \dfrac{\pi}{2}.$

所以 $\triangle ABC$ 为直角三角形.

5.（2022 上海交通大学强基）在 $\triangle ABC$ 中,$A = 3B = 9C$,则 $\cos A\cos B + \cos B\cos C + \cos C\cos A = ($　　$).$

A. $\dfrac{1}{4}$　　　　B. $-\dfrac{1}{4}$　　　　C. $\dfrac{1}{3}$　　　　D. $-\dfrac{1}{3}$

【答案】B

【解析】因为 $A = 3B = 9C$,$A+B+C = \pi$,所以 $A = \dfrac{9\pi}{13}$,$B = \dfrac{3\pi}{13}$,$C = \dfrac{\pi}{13}.$

所以 $\cos A\cos B + \cos B\cos C + \cos C\cos A$

$= \cos\dfrac{9\pi}{13}\cos\dfrac{3\pi}{13} + \cos\dfrac{3\pi}{13}\cos\dfrac{\pi}{13} + \cos\dfrac{\pi}{13}\cos\dfrac{9\pi}{13}$

$= \dfrac{1}{2}\left(\cos\dfrac{12\pi}{13} + \cos\dfrac{6\pi}{13} + \cos\dfrac{2\pi}{13} + \cos\dfrac{4\pi}{13} + \cos\dfrac{8\pi}{13} + \cos\dfrac{10\pi}{13}\right)$

$= \dfrac{1}{2}\left(\cos\dfrac{2\pi}{13} + \cos\dfrac{4\pi}{13} + \cdots + \cos\dfrac{12\pi}{13}\right)$

$$= \frac{1}{4\sin\frac{\pi}{13}}\left(\sin\pi - \sin\frac{\pi}{13}\right)$$

$$= -\frac{1}{4}.$$

6. (2022 北大强基) 在 $\triangle ABC$ 中，$S = \frac{c(a-b)}{2}$，则 $\sin\frac{A-B}{2} + \sin\frac{C}{2}$

$= \underline{\quad\quad\quad}$.

【答案】1

【解析】$S_{\triangle ABC} = \frac{1}{2}c(a-b) = \frac{1}{2}ac\sin B$，所以 $a-b = a\sin B$.

所以 $\sin A - \sin B = \sin A \sin B$.

所以 $2\cos\frac{A+B}{2}\sin\frac{A-B}{2} = \frac{\cos(A-B)-\cos(A+B)}{2} = 1 - \sin^2\frac{A-B}{2} - \cos^2\frac{A+B}{2}$.

所以 $\left(\sin\frac{A-B}{2} + \cos\frac{A+B}{2}\right)^2 = 1$.

又 $\cos\frac{A+B}{2} = \cos\frac{\pi-C}{2} = \cos\left(\frac{\pi}{2}-\frac{C}{2}\right) = \sin\frac{C}{2}$，

所以 $\left(\sin\frac{A-B}{2} + \cos\frac{C}{2}\right)^2 = 1$.

因为 $S_{\triangle ABC} = \frac{1}{2}c(a-b) > 0$，所以 $a > b$，所以 $A > B$.

所以 $0 < \frac{A-B}{2} < \frac{\pi}{2}$，$\sin\frac{A-B}{2} > 0$.

又 $0 < \frac{C}{2} < \frac{\pi}{2}$，

所以 $\sin\frac{C}{2} > 0$.

所以 $\sin\frac{A-B}{2} + \sin\frac{C}{2} > 0$.

所以 $\sin\frac{A-B}{2} + \sin\frac{C}{2} = 1$.

第七讲　三角函数与反三角函数

一、知识导航

1. 反三角函数的定义、图象与性质

名称	$y = \arcsin x$	$y = \arccos x$	$y = \arctan x$	$y = \text{arccot} x$
定义	$y = \sin x$，$x \in \left[-\dfrac{\pi}{2}, \dfrac{\pi}{2}\right]$ 的反函数，叫做反正弦函数．	$y = \cos x$，$x \in [0, \pi]$ 的反函数，叫做反余弦函数．	$y = \tan x$，$x \in \left(-\dfrac{\pi}{2}, \dfrac{\pi}{2}\right)$ 的反函数，叫做反正切函数．	$y = \cot x$，$x \in (0, \pi)$ 的反函数，叫做反余切函数．
性质　图像				
定义域	$[-1, 1]$	$[-1, 1]$	$(-\infty, +\infty)$	$(-\infty, +\infty)$
值域	$\left[-\dfrac{\pi}{2}, \dfrac{\pi}{2}\right]$	$[0, \pi]$	$\left(-\dfrac{\pi}{2}, \dfrac{\pi}{2}\right)$	$(0, \pi)$
单调性	$[-1, 1]$ 增函数	$[-1, 1]$ 减函数	$(-\infty, +\infty)$ 增函数	$(-\infty, +\infty)$ 减函数
对称性	$\arcsin(-\theta) = -\arcsin\theta$	$\arccos(-\theta) = \pi - \arccos\theta$	$\arctan(-\theta) = -\arctan\theta$	$\text{arccot}(-\theta) = \pi - \text{arccot}\theta$
周期性	非周期函数	非周期函数	非周期函数	非周期函数

二、经典例题

例 1. 求下列各式的值：（1）$\arcsin\left(\sin\dfrac{11}{4}\pi\right)$；（2）$\arccos\left(\sin\dfrac{11}{6}\pi\right)$；（3）$\arccos(\cos 200°)$.

【答案】（1）$\dfrac{\pi}{4}$；（2）$\dfrac{2}{3}\pi$；（3）$160°$

【解析】

(1) $\arcsin(\sin\dfrac{11}{4}\pi) = \arcsin\dfrac{\sqrt{2}}{2} = \dfrac{\pi}{4}$.

(2) $\arccos(\sin\dfrac{11}{6}\pi) = \arccos\left(-\dfrac{1}{2}\right) = \dfrac{2}{3}\pi$.

(3) $\arccos(\cos 200°) = \arccos(\cos(360° - 200°)) = \arccos(\cos 160°) = 160°$.

例2. 求下列函数的反函数：$(1) y = \sin x$，$x \in \left[\dfrac{\pi}{2}, \pi\right]$；$(2) y = \arcsin x$，$x \in [0, 1]$.

【答案】$(1) f^{-1}(x) = \pi - \arcsin x$，$x \in [0, 1]$；$(2) f^{-1}(x) = \sin x$，$x \in \left[0, \dfrac{\pi}{2}\right]$

【解析】

(1) $y \in [0, 1]$，$x - \pi \in \left[-\dfrac{\pi}{2}, 0\right]$，且 $\sin(x - \pi) = -\sin x = -y$，则 $x - \pi = \arcsin(-y)$，

则 $x = \pi - \arcsin y$，则反函数是 $f^{-1}(x) = \pi - \arcsin x$，$x \in [0, 1]$.

(2) $y \in \left[0, \dfrac{\pi}{2}\right]$，$x = \sin y$，则反函数是 $f^{-1}(x) = \sin x$，$x \in \left[0, \dfrac{\pi}{2}\right]$.

例3. 设函数 $f(x) = x^2 - \pi x$，$a = \arcsin\dfrac{1}{3}$，$b = \arctan\dfrac{5}{4}$，$c = \arccos\left(-\dfrac{1}{3}\right)$，$d = \operatorname{arccot}\left(-\dfrac{5}{4}\right)$，则 $f(a)$，$f(b)$，$f(c)$，$f(d)$ 的大小关系为（　　）.

A. $f(a) > f(b) > f(c) > f(d)$　　B. $f(a) > f(d) > f(c) > f(b)$

C. $f(a) > f(d) > f(b) > f(c)$　　D. $f(d) > f(b) > f(c) > f(a)$

【答案】C

【解析】因为 $\arcsin\dfrac{1}{3} < \arcsin\dfrac{1}{2} = \dfrac{\pi}{6}$，$\arctan 1 = \dfrac{\pi}{4} < \arctan\dfrac{5}{4} < \arctan\sqrt{3} = \dfrac{\pi}{3}$，

所以 $a < \dfrac{\pi}{6} < \dfrac{\pi}{4} < b < \dfrac{\pi}{3}$.

又因为 $\arccos\left(-\dfrac{1}{3}\right) < \arccos\left(-\dfrac{1}{2}\right) = \dfrac{2\pi}{3}$，$\dfrac{3\pi}{4} = \operatorname{arccot}(-1) < \operatorname{arccot}\left(-\dfrac{5}{4}\right) <$

$$\text{arccot}(-\sqrt{3})=\frac{5\pi}{6},$$

所以 $c<\dfrac{2\pi}{3}<\dfrac{3\pi}{4}<d<\dfrac{5\pi}{6}.$

因为 $f(x)=x^2-\pi x,$

所以 $f(x)$ 的图象是抛物线，其对称轴为 $x=\dfrac{\pi}{2}.$

因为抛物线开口向上，所以与对称轴 $x=\dfrac{\pi}{2}$ 距离越近的自变量对应的函数值越小.

因为 $\left|c-\dfrac{\pi}{2}\right|<\dfrac{\pi}{6}<\left|b-\dfrac{\pi}{2}\right|<\dfrac{\pi}{4}<\left|d-\dfrac{\pi}{2}\right|<\dfrac{\pi}{3}<\left|a-\dfrac{\pi}{2}\right|,$

所以函数值从大到小依次是 $f(a)>f(d)>f(b)>f(c)$，故选 C.

例 4.（2020 复旦）$\arcsin\dfrac{\sqrt{14}+3\sqrt{2}}{8}+\arcsin\dfrac{3}{4}=$ _____.

【答案】$\dfrac{3\pi}{4}$

【解析】

设 $\alpha=\arcsin\dfrac{\sqrt{14}+3\sqrt{2}}{8}$，$\beta=\arcsin\dfrac{3}{4}$，则 $\alpha,\beta\in\left(0,\dfrac{\pi}{2}\right)$，$\sin\alpha=$

$\dfrac{\sqrt{14}+3\sqrt{2}}{8}$，$\sin\beta=\dfrac{3}{4}.$

所以 $\cos\alpha=\sqrt{1-\left(\dfrac{\sqrt{14}+3\sqrt{2}}{8}\right)^2}=\dfrac{3\sqrt{2}-\sqrt{14}}{8}$，$\cos\beta=\sqrt{1-\left(\dfrac{3}{4}\right)^2}=\dfrac{\sqrt{7}}{4}.$

所以 $\cos(\alpha+\beta)=\dfrac{3\sqrt{2}-\sqrt{14}}{8}\times\dfrac{\sqrt{7}}{4}-\dfrac{3\sqrt{2}+\sqrt{14}}{8}\times\dfrac{3}{4}=-\dfrac{\sqrt{2}}{2}.$

又 $\alpha+\beta\in(0,\pi)$，所以 $\alpha+\beta=\dfrac{3\pi}{4}.$

例 5.（2020 清华）求值：$\sin\left(\arctan1+\arccos\dfrac{3}{\sqrt{10}}+\arcsin\dfrac{1}{\sqrt{5}}\right)=$（　　　）.

A. 0 　　　　　B. $\dfrac{1}{2}$ 　　　　　C. $\dfrac{\sqrt{2}}{2}$ 　　　　　D. 1

【答案】D

【解析】

解法 1：由于 $\arctan x + \arctan y = \arctan \dfrac{x+y}{1-xy}(xy<1)$，

且 $\arccos \dfrac{3}{\sqrt{10}} = \arctan \dfrac{1}{3}$，$\arcsin \dfrac{1}{\sqrt{5}} = \arctan \dfrac{1}{2}$，

则 $\sin\left(\arctan 1 + \arccos \dfrac{3}{\sqrt{10}} + \arcsin \dfrac{1}{\sqrt{5}}\right) = \sin\left(\arctan 1 + \arctan \dfrac{1}{2} + \arctan \dfrac{1}{3}\right)$

$= \sin(\arctan 1 + \arctan 1) = \sin\left(\dfrac{\pi}{4} + \dfrac{\pi}{4}\right) = \sin \dfrac{\pi}{2} = 1$，故选 D.

解法 2：设复数 $z_1 = 1+i$，$z_2 = 2+i$，$z_3 = 3+i$，

可得 $\arg z_1 = \arctan 1$，$\arg z_2 = \arcsin \dfrac{1}{\sqrt{5}}$，$\arg z_3 = \arccos \dfrac{3}{\sqrt{10}}$。

所以 $z_1 z_2 z_3 = (1+i)(5+5i) = 10i$，$\arg(z_1 z_2 z_3) = \dfrac{\pi}{2}$。

所以 $\sin\left(\arctan 1 + \arccos \dfrac{3}{\sqrt{10}} + \arcsin \dfrac{1}{\sqrt{5}}\right) = \sin \dfrac{\pi}{2} = 1$。

例 6.（2020 清华）$\lim\limits_{n \to \infty} \sum\limits_{k=1}^{n} \arctan \dfrac{2}{k^2} = ($ $)$.

A. $\dfrac{3\pi}{4}$ B. π C. $\dfrac{3\pi}{2}$ D. $\dfrac{7\pi}{3}$

【答案】A

【解析】先证明 $\arctan \dfrac{2}{k^2} = \arctan(k+1) - \arctan(k-1)(k \in \mathbf{N}^*)$ 成立。

因为 $\tan[\arctan(k+1) - \arctan(k-1)] = \dfrac{(k+1) - (k-1)}{1 + (k+1)(k-1)} = \dfrac{2}{k^2}$，

$\arctan(k+1)$，$\arctan(k-1) \in \left[0, \dfrac{\pi}{2}\right)(k \in \mathbf{N}^*)$，

$\arctan(k+1) > \arctan(k-1)$，

所以 $\arctan \dfrac{2}{k^2}$，$\arctan(k+1) - \arctan(k-1) \in \left(0, \dfrac{\pi}{2}\right)$。

$\lim\limits_{n \to \infty} \sum\limits_{k=1}^{n} \arctan \dfrac{2}{k^2}$

$= \lim\limits_{n \to \infty} [\arctan(n+1) + \arctan n - \arctan 1 - \arctan 0]$

$= \lim\limits_{n \to \infty} [\arctan(n+1) + \arctan n] - \dfrac{\pi}{4}$

$$=\lim_{n\to\infty}\left[\pi-\arctan\frac{2n+1}{n^2+n-1}\right]-\frac{\pi}{4}$$

$$=\frac{3\pi}{4}.$$

例 7.(2022 北大强基)方程 $\sqrt{1-x^2}=4x^3-3x$ 的实根个数除以其所有实根之积的结果为( ).

A. 3   B. $3\sqrt{2}$ C. $3\sqrt{3}$ D. 以上都不对

【答案】D

【解析】设 $x=\cos\theta$，$\theta\in[0,\pi]$，所以 $\sqrt{1-x^2}=\sin\theta$，$4x^3-3x=\cos3\theta$.

所以 $\cos3\theta-\sin\theta=\cos3\theta+\cos\left(\theta+\frac{\pi}{2}\right)=2\cos\left(2\theta+\frac{\pi}{4}\right)\cos\left(\theta-\frac{\pi}{4}\right)=0.$

所以 $\cos\left(2\theta+\frac{\pi}{4}\right)=0$ 或者 $\cos\left(\theta-\frac{\pi}{4}\right)=0.$

若 $\cos\left(2\theta+\frac{\pi}{4}\right)=0$，因为 $2\theta+\frac{\pi}{4}\in\left[\frac{\pi}{4},\frac{9\pi}{4}\right]$，所以 $2\theta+\frac{\pi}{4}=\frac{\pi}{2}$ 或 $\frac{3\pi}{2}$，所以 $\theta=\frac{\pi}{8}$ 或 $\frac{5\pi}{8}$.

若 $\cos\left(\theta-\frac{\pi}{4}\right)=0$，因为 $\theta-\frac{\pi}{4}\in\left[-\frac{\pi}{4},\frac{3\pi}{4}\right]$，所以 $\theta-\frac{\pi}{4}=\frac{\pi}{2}$，所以 $\theta=\frac{3\pi}{4}.$

所以 $x=\cos\frac{\pi}{8}$，$\cos\frac{5\pi}{8}$ 或 $\cos\frac{3\pi}{4}.$

三个解的积为 $\cos\frac{\pi}{8}\cos\frac{5\pi}{8}\cos\frac{3\pi}{4}=\cos\frac{\pi}{8}\sin\frac{\pi}{8}\sin\frac{\pi}{4}=\frac{1}{2}\sin^2\frac{\pi}{4}=\frac{1}{4}$，

所以实根个数除以其所有实根之积的结果为 $3\div\frac{1}{4}=12.$

例 8.(2020 中科大)已知 $x\in\left[0,\frac{\pi}{2}\right]$，求 $y=3\sin^2x-2\sin2x+2\sin x-\cos x$ 的取值范围.

【答案】$\left[-\frac{5}{4},5\right]$

【解析】

设 $t = 2\sin x - \cos x$，当 $x \in \left[0, \dfrac{\pi}{2}\right]$ 时，$2\sin x - \cos x$ 是增函数，所以 $t \in [-1, 2]$.

则 $t^2 = 4\sin^2 x - 4\sin x \cos x + \cos^2 x = 3\sin^2 x - 2\sin 2x + 1$.

所以 $y = t^2 + t - 1 = \left(t + \dfrac{1}{2}\right)^2 - \dfrac{5}{4} \in \left[-\dfrac{5}{4},\ 5\right]$.

三、巩固练习

1. 求下列函数的反函数.

(1) $y = \sin\left(2x - \dfrac{\pi}{3}\right)$，$x \in \left[\dfrac{\pi}{4},\ \dfrac{\pi}{3}\right]$.

(2) $y = \dfrac{\pi}{2} + \arcsin x$，$x \in [-1,\ 1]$.

【答案】

(1) $y = \dfrac{1}{2}\left(\arcsin x + \dfrac{\pi}{3}\right)$，$x \in \left[\dfrac{1}{2},\ \dfrac{\sqrt{3}}{2}\right]$

(2) $y = -\cos x$，$x \in [0,\ \pi]$

2. (2024 清华强基) $\tan\left(\arctan 2 + \arctan \dfrac{2}{2^2} + \cdots + \arctan \dfrac{2}{12^2}\right) = \underline{\qquad}$.

【答案】$-\dfrac{18}{13}$

【解析】

因为 $\arctan \dfrac{2}{n^2} = \arctan(n+1) - \arctan(n-1)$，

所以 $\arctan 2 + \arctan \dfrac{2}{2^2} + \cdots + \arctan \dfrac{2}{12^2} = \arctan 13 + \arctan 12 - \arctan 1$.

所以 $\tan\left(\arctan 2 + \arctan \dfrac{2}{2^2} + \cdots + \arctan \dfrac{2}{12^2}\right) = -\dfrac{18}{13}$.

3. (2021 上海交大) 数列 $a_n = \arctan \dfrac{1}{2n^2}$，$S_n$ 表示 $\{a_n\}$ 的前 n 项和，求 $\lim\limits_{n \to \infty} S_n$.

【答案】$\dfrac{\pi}{4}$

【解析】

$$a_n = \arctan \frac{1}{2n^2} = \arctan \frac{(2n+1)-(2n-1)}{1+(2n+1)(2n-1)} = \arctan(2n+1) -$$

$$\arctan(2n-1).$$

所以 $\lim\limits_{n\to\infty} S_n = \lim\limits_{n\to\infty} \sum\limits_{n=1}^{\infty} [\arctan(2n+1) - \arctan(2n-1)] = \lim\limits_{n\to\infty} [\arctan(2n+1) -$

$$\arctan 1] = \frac{\pi}{2} - \frac{\pi}{4} = \frac{\pi}{4}.$$

4. (2020 清华) 已知 $x^2 + y^2 \leqslant 1$, 求 $x^2 + xy - y^2$ 的最值.

【答案】见解析

【解析】

设 $x = r\cos\theta$, $y = r\sin\theta$, $\theta \in [0, 2\pi]$, $r \in [0, 1]$.

则 $x^2 + xy - y^2 = r^2\cos 2\theta + \frac{1}{2}r^2\sin 2\theta = \frac{\sqrt{5}}{2}r^2\sin(2\theta + \varphi)$, 其中 $\sin\varphi = $

$\frac{2\sqrt{5}}{5}$, $\cos\varphi = \frac{\sqrt{5}}{5}$.

所以 $x^2 + xy - y^2 \geqslant -\frac{\sqrt{5}}{2}r^2 \geqslant -\frac{\sqrt{5}}{2}$, 且 $x^2 + xy - y^2 \leqslant \frac{\sqrt{5}}{2}r^2 \leqslant \frac{\sqrt{5}}{2}$.

所以, $x^2 + xy - y^2$ 的最小值为 $-\frac{\sqrt{5}}{2}$, 最大值为 $\frac{\sqrt{5}}{2}$.

5. (2022 清华强基) $\begin{cases} \sqrt{x(1-y)} + \sqrt{y(1-x)} = \dfrac{1}{2} \\ \sqrt{x(1-x)} + \sqrt{y(1-y)} = \dfrac{\sqrt{3}}{4} \end{cases}$, 则 x, y 解的组数

是( ).

A. 0   B. 2   C. 4   D. 6

【答案】C

【解析】

由 $\sqrt{x(1-x)} + \sqrt{y(1-y)} = \frac{\sqrt{3}}{4}$ 知 $x(1-x) \geqslant 0$, $y(1-y) \geqslant 0$, 所以

$0 \leqslant x \leqslant 1$, $0 \leqslant y \leqslant 1$.

设 $x = \cos^2\alpha$, $y = \cos^2\beta$, $\beta \in \left[0, \dfrac{\pi}{2}\right]$,

所以 $\begin{cases} \cos\alpha\sin\beta + \cos\beta\sin\alpha = \dfrac{1}{2} \text{①} \\ \cos\alpha\sin\alpha + \cos\beta\sin\beta = \dfrac{\sqrt{3}}{4} \text{②} \end{cases}$.

由①知 $\sin(\alpha+\beta) = \dfrac{1}{2}$，$\alpha+\beta = \dfrac{\pi}{6}$ 或者 $\alpha+\beta = \dfrac{5\pi}{6}$，由②知 $\sin2\alpha + \sin2\beta$

$= \dfrac{\sqrt{3}}{2}$.

所以 $2\sin(\alpha+\beta)\cos(\alpha-\beta) = \dfrac{\sqrt{3}}{2}$，所以 $\cos(\alpha-\beta) = \dfrac{\sqrt{3}}{2}$，所以 $\alpha-\beta = \pm\dfrac{\pi}{6}$.

所以 $\begin{cases} \alpha+\beta = \dfrac{\pi}{6} \\ \alpha-\beta = \dfrac{\pi}{6} \end{cases}$，$\begin{cases} \alpha+\beta = \dfrac{\pi}{6} \\ \alpha-\beta = -\dfrac{\pi}{6} \end{cases}$，$\begin{cases} \alpha+\beta = \dfrac{5\pi}{6} \\ \alpha-\beta = \dfrac{\pi}{6} \end{cases}$ 或 $\begin{cases} \alpha+\beta = \dfrac{5\pi}{6} \\ \alpha-\beta = -\dfrac{\pi}{6} \end{cases}$.

所以 $\begin{cases} \alpha = \dfrac{\pi}{6} \\ \beta = 0 \end{cases}$，$\begin{cases} \alpha = 0 \\ \beta = \dfrac{\pi}{6} \end{cases}$，$\begin{cases} \alpha = \dfrac{\pi}{2} \\ \beta = \dfrac{\pi}{3} \end{cases}$ 或 $\begin{cases} \alpha = \dfrac{\pi}{3} \\ \beta = \dfrac{\pi}{2} \end{cases}$.

所以 $\begin{cases} x = \dfrac{3}{4} \\ y = 1 \end{cases}$，$\begin{cases} x = 1 \\ y = \dfrac{3}{4} \end{cases}$，$\begin{cases} x = 0 \\ y = \dfrac{1}{4} \end{cases}$，或 $\begin{cases} x = \dfrac{1}{4} \\ y = 0 \end{cases}$，因此有 4 组解.

6.（2020 北大）函数 $\sqrt{3 + 2\sqrt{3}\cos\theta + \cos^2\theta} + \sqrt{5 - 2\sqrt{3}\cos\theta + \cos^2\theta + 4\sin^2\theta}$ 的最大值为（ ）.

A. $\sqrt{2} + \sqrt{3}$　　B. $2\sqrt{2} + \sqrt{3}$　　C. $\sqrt{2} + 2\sqrt{3}$　　D. 前三个答案都不对

【答案】D

【解析】

原式即为 $\sqrt{3} + \cos\theta + \sqrt{9 - 2\sqrt{3}\cos\theta - 3\cos^2\theta}$.

令 $x = \cos\theta \in [-1, 1]$，则转化为求函数 $f(x) = \sqrt{3} + x + \sqrt{9 - 2\sqrt{3}x - 3x^2}$ 的最大值.

因为 $f'(x) = 1 - \dfrac{\sqrt{3} + 3x}{\sqrt{9 - 2\sqrt{3}x - 3x^2}}$，令 $f'(x) = 0$，得 $6x^2 + 4\sqrt{3}x - 3 = 0$,

解得 $x_0 = \dfrac{\sqrt{30} - 2\sqrt{3}}{6} < 1$，且 $2\sqrt{3}x_0 + 3x_0^2 = \dfrac{3}{2}$.

当 $x = x_0$ 时，$f(x)$ 取最大值为 $\sqrt{3} + \dfrac{\sqrt{30} - 2\sqrt{3}}{6} + \sqrt{9 - \dfrac{3}{2}} = \dfrac{2\sqrt{3} + 2\sqrt{30}}{3}$ ，故选 D.

7.（2020 上海交大）函数 $y = \dfrac{4\sin x \cos x + 3}{\sin x + \cos x}$，$x \in \left(-\dfrac{\pi}{4},\ \dfrac{3\pi}{4}\right)$ 的最小值是 _____ .

【答案】$2\sqrt{2}$

【解析】

设 $t = \sin x + \cos x = \sqrt{2}\sin\left(x + \dfrac{\pi}{4}\right)$，因为 $x \in \left(-\dfrac{\pi}{4},\ \dfrac{3\pi}{4}\right)$，所以 $t \in (0,\ \sqrt{2}]$.

所以 $y = \dfrac{2(t^2 - 1) + 3}{t} = \dfrac{2t^2 + 1}{t} \geqslant \dfrac{2\sqrt{2t^2 \cdot 1}}{t} = 2\sqrt{2}$，当且仅当 $t = \dfrac{\sqrt{2}}{2}$ 时可以取等号.

8.（2021 清华）已知 $f(x) = \sin x \cos x + \sin x + \dfrac{2}{5}\cos x$，$x \in \left[0,\ \dfrac{\pi}{2}\right]$，设 $f(x)$ 的最大值为 M，最小值为 m，则（　　）.

A. $M = \dfrac{23}{8}$　　　B. $m = \dfrac{2}{5}$　　　C. $M = \dfrac{38}{25}$　　　D. $m = \dfrac{1}{5}$

【答案】BC

【解析】

$f(x) = \dfrac{1}{2}\sin 2x + \sin x + \dfrac{2}{5}\cos x$，则 $f'(x) = \cos 2x + \cos x - \dfrac{2}{5}\sin x$ 在 $\left[0,\ \dfrac{\pi}{2}\right]$ 是单调递减的函数. 当 $\cos x = \dfrac{3}{5}$，$\sin x = \dfrac{4}{5}$ 时，$f'(x) = 0$. 所以当 $x \in \left(0,\ \arccos\dfrac{3}{5}\right)$ 时，$f'(x) > 0$，$f(x)$ 单调递增；当 $x \in \left(\arccos\dfrac{3}{5},\ \dfrac{\pi}{2}\right)$ 时，$f'(x) < 0$，$f(x)$ 单调递减.

由 $f\left(\arccos\dfrac{3}{5}\right) = \dfrac{38}{25}$，$f(0) = \dfrac{2}{5}$，$f\left(\dfrac{\pi}{2}\right) = 1$，所以 $f(x)$ 的最大值为 $M = \dfrac{38}{25}$，最小值为 $m = \dfrac{2}{5}$.

第八讲 立体几何（1）

一、知识导航

1. 空间中的点线面

（1）欧拉公式

记多面体的顶点数为 V，面数为 F，边数为 E，则有：

①欧拉公式 1：$V + F - E = 2$，其中 $V + F - E$ 称为欧拉示性数；

②欧拉公式 2：延展一个多面体各个面把空间分隔成的部分数 $f = V + F + E + 1$.

（2）空间划分

①2 个平面把空间划分成的部分数可以是 3 或 4，最多是 4；

②3 个平面把空间划分成的部分数可以是 4、6、7、8，最多是 8；

③n 个平面把空间最多分隔成的部分数是 $f(n) = \dfrac{(n+1)(n^2 - n + 6)}{6}$，$n \in N^*$；

④n 个圆最多把平面分成的部分数是 $n^2 - n + 2$；

⑤n 个球面最多把空间分成的部分数是 $\dfrac{1}{3} n(n^2 - 3n + 8)$.

2. 空间中与角、垂直有关的结论

（1）三余弦公式：如下图 1，平面 α 的斜线 PA 与平面 α 所成角是 θ_1，$PO \perp \alpha$ 于点 O，$AE \subset \alpha$，且 $\angle OAE = \theta_2$，$\angle PAE = \theta_3$，则 $\cos\theta_3 = \cos\theta_1 \cos\theta_2$.

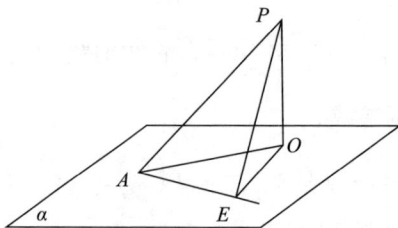

图 1

（2）射影面积公式：如下图 1，记平面 PAE 与平面 α 的夹角为 θ，则 $S_{\triangle OAE} = S_{\triangle PAE} \cdot \cos\theta$.

（3）空间余弦定理（三面角）：如下图 2，在二面角 $M-l-N$ 内，点 $D \in l$，射线 DB，DC 分别在半平面 M，N 内，已知 $\angle BDC = \alpha$，$\angle BDA = \beta$，$\angle ADC = \gamma$，且 α，β，γ 都是锐角，φ 是二面角 $M-l-N$ 的平面角，则有：

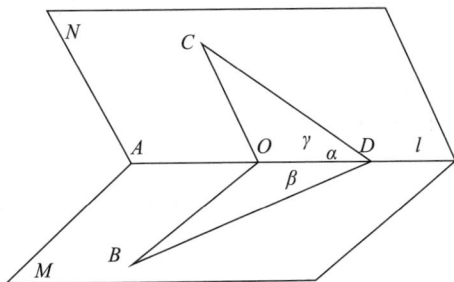

图 2

$$\cos\varphi = \frac{\cos\alpha - \cos\beta\cos\gamma}{\sin\beta\sin\gamma}.$$

（4）空间四边形 $ABCD$ 对边垂直条件：
$$AB^2 + CD^2 = AD^2 + BC^2.$$

二、经典例题

例 1.（2022 上海交大强基）正四面体装水到高度的 $\frac{1}{2}$ 处，问倒置后高度至 _____ 处.

【答案】$\dfrac{\sqrt[3]{7}}{2}$

【解析】设正四面体的底面积为 S，高为 h，体积为 $V = \frac{1}{3}Sh$. 正四面体装水到高度的 $\frac{1}{2}$，则上面无水部分也为正四面体，底面积为 $\frac{1}{4}S$，高为 $\frac{1}{2}h$，体积为 $\frac{1}{3} \cdot \frac{1}{4}S \cdot \frac{1}{2}h = \frac{1}{8}V$，有水部分的体积为 $\frac{7}{8}V$，倒置后，下面正四面体的体积是 $\frac{7}{8}V$，即有水部分的体积与原正四面体的体积比 $\dfrac{\frac{7}{8}V}{V} = \frac{7}{8}$. 所

以倒置后高度至原正四面体高的 $\dfrac{\sqrt[3]{7}}{2}$ 处.

例 2. (2021 清华强基) 已知矩形 $ABCD$ 中, $AB=2$, $BC=1$, 折叠使点 A, C 重合, 折痕为 MN, 打开平面 $ADMN$, 使二面角 $A-MN-C$ 为 $\dfrac{\pi}{3}$, 求直线 MN 与直线 AC 的距离.

【答案】$\dfrac{\sqrt{15}}{4}$

【解析】如下图, 设 $DM=t$,

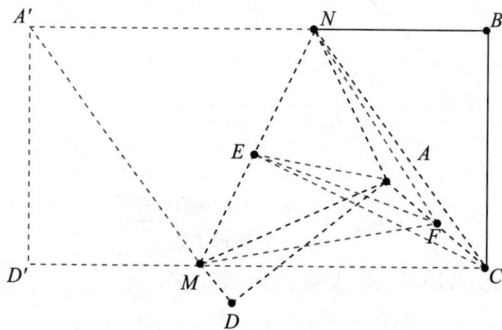

则有 $(2-t)^2=1+t^2$, 得 $t=\dfrac{3}{4}$,

所以 $AN=AM=CM=CN=\dfrac{5}{4}$,

取 MN, AC 的中点分别为 E、F,

连接 AE、EF、CE、FN、FM,

则有 $AE \perp MN$, $CE \perp MN$,

所以 $\angle AEC=\dfrac{\pi}{3}$,

又易知 $AE=CE$, $FN=FM$,

所以有 $EF \perp AC$, $EF \perp MN$, 由 $AE=CE=\dfrac{\sqrt{5}}{2}$, 则有 $EF=\dfrac{\sqrt{15}}{4}$, 所以直线 MN 与直线 AC 的距离为 $\dfrac{\sqrt{15}}{4}$.

例3.（2020 清华强基）已知正四棱锥中，相邻两侧面构成的二面角为 α，侧棱和底面夹角为 β，则（ ）．

A. $\cos\alpha + \tan^2\beta = 1$

B. $\sec\alpha + \tan^2\beta = -1$

C. $\cos\alpha + 2\tan^2\beta = 1$

D. $\sec\alpha + 2\tan^2\beta = -1$

【答案】D

【解析】如下图，不妨设底面边长 $AB = 2$，高 $PO = h$，

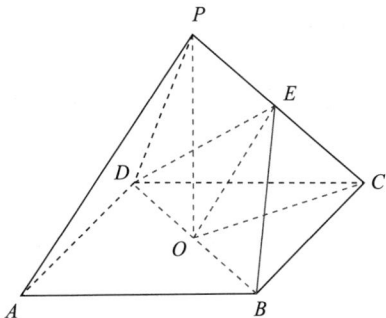

于是 $\tan\beta = \dfrac{PO}{OC} = \dfrac{h}{\sqrt{2}}$，

作 $DE \perp PC$，则 $BE \perp PC$，则平面 $DEB \perp PC \Rightarrow OE \perp PC$，

则 $OE = \dfrac{OC \cdot OP}{CP} = \dfrac{\sqrt{2}\,h}{\sqrt{h^2 + 2}}$，记 $\alpha = 2\theta$，$\theta = \angle OEB$，$\tan\theta = \dfrac{OB}{OE} = $

$\dfrac{\sqrt{h^2 + 2}}{h}$，

则 $\cos\alpha = \cos 2\theta = \dfrac{\cos^2\theta - \sin^2\theta}{\cos^2\theta + \sin^2\theta} = \dfrac{1 - \tan^2\theta}{1 + \tan^2\theta} = -\dfrac{1}{h^2 + 1}$，

故 $\sec\alpha = -h^2 - 1 = -2\tan^2\beta - 1 \Rightarrow \sec\alpha + 2\tan^2\beta = -1$．

故答案为：D．

例4.（2021 清华强基）已知四棱锥 $P-ABCD$ 中，$\angle APB = \angle APD = \angle PBC = \angle PDC = 90°$，$AP = PB = PD = BC = CD = 2$，求四棱锥 $P-ABCD$ 的高．

【答案】$\sqrt{5} - 1$

【解析】方法一：设 $A(m, 0, 0)$，$B(0, n, 0)$，$C(s, 0, 0)$，$D(0, -n, 0)$，

m，$n < 0$，$s > 0$，

$P(x, y, z)$，$z > 0$，

则有 $m^2 + n^2 = 8$，$s^2 + n^2 = 4$，

又 $\overrightarrow{AP} = (x-m, y, z)$，$\overrightarrow{BP} = (x, y-n, z)$，$\overrightarrow{DP} = (x, y+n, z)$，

则有 $\begin{cases} \overrightarrow{AP} \cdot \overrightarrow{BP} = x^2 + y^2 + z^2 - mx - ny = 0 \\ \overrightarrow{AP} \cdot \overrightarrow{DP} = x^2 + y^2 + z^2 - mx + ny = 0 \end{cases}$，

可得 $y = 0$，则 $x^2 + z^2 = mx$，

又有 $PA^2 = x^2 + z^2 - 2mx + m^2 = 4$，

则可知 $m^2 - mx - 4 = 0$，

由 $\begin{cases} PB^2 = x^2 + z^2 + n^2 = 4 \\ PC^2 = x^2 + z^2 - 2sx + s^2 = 8 \end{cases}$，

可得 $s^2 - 2sx - n^2 = 4$，

所以 $s^2 - 2sx - (4-s)^2 = 4$，

可得 $s^2 - sx - 4 = 0$，

则有 s，m 是关于 t 的方程 $t^2 - xt - 4 = 0$ 的两根，

有 $s + m = x$，$sm = -4$，

则 $n^2 = 4 - s^2 = 4 - \dfrac{16}{m^2} = 8 - m^2$，

解得 $m = -\sqrt{2 + 2\sqrt{5}}$，

所以 $z^2 = x(m-x) = \dfrac{4(m^2 - 4)}{m^2} = 6 - 2\sqrt{5}$，

则 $z = \sqrt{5} - 1$，

故可知四棱锥 $P-ABCD$ 的高为 $\sqrt{5} - 1$.

方法二：如下图所示，连接 AC，BD，$AC \bigcap BD = G$，作 $PH \perp AC$ 于 H 点，

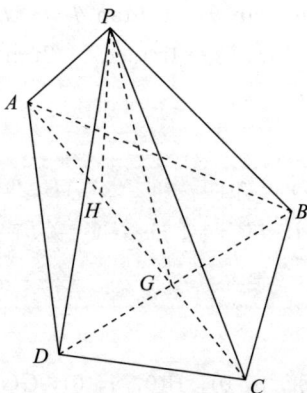

易知 $AB=AD=2\sqrt{2}$，由筝形的性质，可知 $AC \perp BD$，G 为 BD 中点，
所以 $PG \perp BD$，又 $PG \bigcap AC=G$，

则 $BD \perp$ 平面 PAC，

所以 $BD \perp PH$，

则可知 $PH \perp$ 平面 $ABCD$，

又 $AP \perp PB$，$AP \perp PD$，$PB \bigcap PD=P$，

则 $AP \perp$ 平面 PBD，

则 $AP \perp PG$，

易知 $PG=GC$，设 $PG=GC=t$，

由余弦定理有 $\cos\angle PGC=\dfrac{t^2-4}{t^2}=-\cos\angle PGA=\dfrac{t}{\sqrt{t^2+4}}$，

解得 $t=\sqrt{2\sqrt{5}-2}$，

所以 $PH=\dfrac{2(4-t^2)}{t^2}=\sqrt{5}-1$.

例 5.（2020 上海交大强基）空间三条直线 a，b，c 两两异面，则与三条直线都相交的直线有 _____ 条.

【答案】无穷多

【解析】

在 a，b，c 上取三条线段 AB、CC_1、A_1D_1，作一个平行六面体 $ABCD-A_1B_1C_1D_1$ 如下图所示，在 c 上，即在直线 A_1D_1 上取一点 P，过 a、P 作一个平面 β，平面 β 与 DD_1 交于 Q、与 CC_1 交于 R，则由面面平行的性质定理，得 $QR//a$，于是 PR 不与 a 平行，但 PR 与 a 共面. 故 PR 与 a 相交，得直线 PR 是与 a，b，c 都相交的一条直线. 根据点 P 的任意性，得与 a，b，c 都相交的直线有无穷多条.

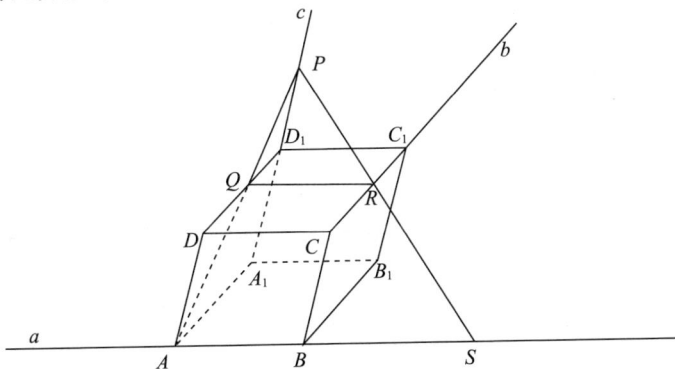

三、巩固练习

1.（2021 清华强基）已知四面体 $D-ABC$ 中，$AC=BC=AD=BD=1$，则 $D-ABC$ 体积的最大值（　　）.

A. $\dfrac{4\sqrt{2}}{27}$　　　B. $\dfrac{3\sqrt{2}}{8}$　　　C. $\dfrac{2\sqrt{3}}{27}$　　　D. $\dfrac{\sqrt{3}}{18}$

【答案】C

【解析】如下图所示，取 CD 中点 M 连接 AM，BM，设 $A-BCD$ 的高为 h，则 $h\leqslant AM$.

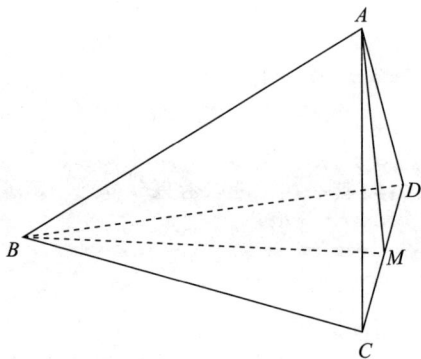

显然 $\triangle ACD\cong\triangle BCD$，设 $\angle ACD=\angle BCD=\alpha$.

则 $AM=BM=BC\sin\alpha=\sin\alpha$，$CD=2CM=2BC\cos\alpha=2\cos a$.

于是 $V_{D-ABC}=\dfrac{1}{3}S_{\triangle BCD}\cdot h\leqslant\dfrac{1}{6}CD\cdot BM\cdot AM=\dfrac{1}{3}\cos\alpha\sin^2\alpha$

$=\dfrac{1}{3\sqrt{2}}\sqrt{2\cos^2\alpha\cdot\sin^2\alpha\cdot\sin^2\alpha}$

$\leqslant\dfrac{1}{3\sqrt{2}}\sqrt{\left(\dfrac{2\cos^2\alpha+\sin^2\alpha+\sin^2\alpha}{3}\right)^3}$

$=\dfrac{2\sqrt{3}}{27}$.

等号成立条件，当且仅当平面 ACD 与平面 BCD 垂直，且 $\alpha=\arctan\sqrt{2}$. 故选 C.

2. （2020 上海交大强基）矩形 $ABCD$（图1）的边 $AB = \sqrt{2}$，过 B，D 作 AC 的垂线，垂足分别为 E，F，且 E，F 分别是 AC 的三等分点，沿 AC 将矩形翻折（图2），使得二面角 $B-AC-D$ 为直二面角，则 DB 的长度为 _____.

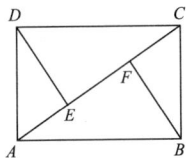
图 1

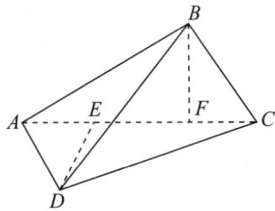
图 2

【答案】$\dfrac{\sqrt{15}}{3}$

【解析】解：设 $AC = 3x$，则 $AD = BC = \sqrt{9x^2 - 2}$，由 $\triangle ABC \sim \triangle BFC$，

得 $\dfrac{\sqrt{9x^2 - 2}}{x} = \dfrac{3x}{\sqrt{9x^2 - 2}}$，解得 $x = \dfrac{\sqrt{3}}{3}$，

所以 $AC = \sqrt{3}$，$AD = 1$，

所以 $BF = DE = \sqrt{1 - \dfrac{1}{3}} = \sqrt{\dfrac{2}{3}}$，$BD = \sqrt{\dfrac{1}{3} + \dfrac{2}{3} + \dfrac{2}{3}} = \dfrac{\sqrt{15}}{3}$.

3. （2020 复旦强基）如下图已知三棱锥 $P-ABC$ 的体积为 $\dfrac{21}{2}$，

且 $AB = 6$，$AC = BC = 4$，$AP = BP = 10$，则 $CP = $ _____.

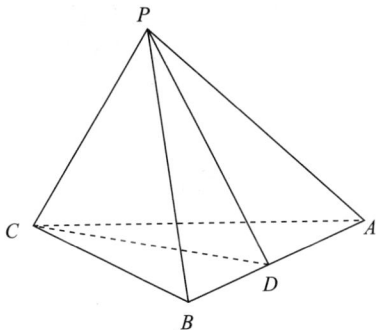

【答案】$\sqrt{98 \pm 7\sqrt{43}}$

【解析】取 AB 中点 D，连接 CD、PD，

由 $AC = BC = 4$，$AP = BP = 10$，$AB = 6$，得 $CD \perp AB$，

$PD \perp AB$，所以 $AB \perp$ 平面 PCD，

所以 $V_{P-ABC} = V_{A-CDP} + V_{B-CDP} = \dfrac{1}{3} S_{\triangle CDP} \times AB = \dfrac{21}{2}$，

即 $S_{\triangle CDP} = \dfrac{21}{4}$，

由题意知 $CD = \sqrt{4^2 - 3^2} = \sqrt{7}$，$PD = \sqrt{10^2 - 3^2} = \sqrt{91}$，

所以 $\dfrac{1}{2} \times \sqrt{7} \times \sqrt{91} \times \sin\angle CDP = \dfrac{21}{4}$，得 $\sin\angle CDP = \dfrac{3}{2\sqrt{13}}$，

所以 $\cos\angle CDP = \pm\dfrac{\sqrt{43}}{2\sqrt{13}}$，

由余弦定理得 $CP = \sqrt{7 + 91 - 2\sqrt{7} \times \sqrt{91} \times \dfrac{\sqrt{43}}{2\sqrt{13}}} = \sqrt{98 \pm 7\sqrt{43}}$.

4. （2020 清华强基）在 $\triangle ABC$ 中，$AC = 1$，$BC = \sqrt{3}$，$AB = 2$，M 为 AB 的中点，将 $\triangle BCM$ 沿 CM 折起，使得三棱锥 $B - ACM$ 的体积为 $\dfrac{\sqrt{2}}{12}$，则折起后 AB 的长可以为（　　）.

A. 1 　　　　 B. $\sqrt{2}$ 　　　　 C. $\sqrt{3}$ 　　　　 D. 2

【答案】BC

【解析】如下图 $\triangle BCM$，沿 CM 折起形成了一个三棱锥，

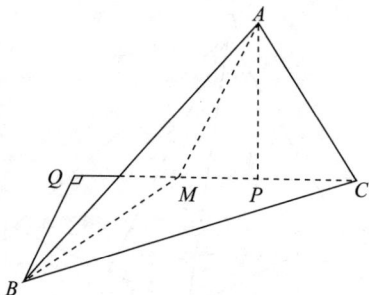

设 A、B 在 CM 上的射影分别为 P、Q. 再设 A 到面 BM 的距离为 h，则

由体积 $V_{A-BMC} = \dfrac{1}{3} S_{\triangle BCM} \cdot h$ 得 $\dfrac{\sqrt{2}}{12} = \dfrac{1}{3} \cdot \dfrac{\sqrt{3}}{4} \cdot h$，即 $h = \sqrt{\dfrac{2}{3}}$，

则等边 $\triangle AMC$（据题意可得）斜高 AP 与底面所成角的余弦值为：

$\sqrt{1 - \left(\dfrac{h}{AP}\right)^2} = \dfrac{1}{3}$. 所以 $\overrightarrow{AP}$ 与 $\overrightarrow{QB}$ 的角的余数值为 $\dfrac{1}{3}$ 或 $-\dfrac{1}{3}$.

则 $|\overrightarrow{AB}|^2 = |\overrightarrow{AP} + \overrightarrow{PQ} + \overrightarrow{QB}|^2 = \dfrac{3}{4} + \dfrac{3}{4} + 1 \pm 2 \cdot \dfrac{3}{4} \cdot \dfrac{1}{3} = 2$ 或 3.

所以 $|AB| = \sqrt{2}$ 或 $\sqrt{3}$.

故选：B、C.

5. （2024 清华强基）四面体 $V-ABC$ 中，$VA = VB = 2\sqrt{2}$，$VC = 3$，$CA = CB = 4$，求 CA 与 VB 所成角余弦值的取值范围 _____.

【答案】$\left[0, \dfrac{19\sqrt{2}}{36}\right)$

【解析】如下图，取 P，Q 分别为 VC，AB 的中点. 由中线长公式可知

$PB = PA = \dfrac{\sqrt{39}}{2}$.

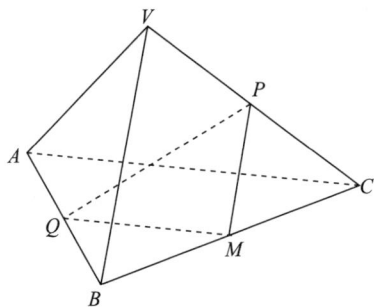

在 $\triangle ABP$ 中，$PQ < PA = \dfrac{\sqrt{39}}{2}$，当 A，B 重合时取等.

过 B 作 $BH \perp VC$ 于 H，设 $HP = x$，则 $BC^2 - BV^2 = HC^2 - HV^2$，即 $8 = 6x$，得 $x = \dfrac{4}{3}$.

所以 $PQ > x$. 当 A，B，V，C 共面时取等.

取 BC 中点 M，则 $PM /\!/ BV$，$QM /\!/ AC$，所以所求的角即为 $\angle PMQ$，于是

$$\cos\angle PMQ = \frac{PM^2 + MQ^2 - PQ^2}{2PM \cdot MQ} = \frac{2 + 4 - PQ^2}{4\sqrt{2}} = \frac{6 - PQ^2}{4\sqrt{2}}.$$

由 $\dfrac{4}{3} < PQ < \dfrac{\sqrt{39}}{2}$ 知 $\dfrac{16}{9} < PQ^2 < \dfrac{39}{4}$，于是 $-\dfrac{15}{16\sqrt{2}} < \cos\angle PMQ < \dfrac{19}{18\sqrt{2}}$，

所以两直线所成角余弦值的取值范围 $\left[0, \dfrac{19\sqrt{2}}{36}\right)$.

第九讲 立体几何（2）

一、经典例题

例 1.（2020 上海交大强基）若四面体的各个顶点到平面 α 的距离都相同，则称平面 α 为该四面体的中位面，则一个四面体的中位面的个数为 _____.

【答案】7

【解析】由题意，与四个表面分别平行的面有 4 个，与两条对棱分别平行的平面有 3 个，共 7 个，因此答案为 7.

例 2.（2024 清华强基）从棱长为 1 个单位长度的正方体的底面一顶点 A 出发，每次均随机沿一条棱行走一个单位长度，下列选项中正确的有（　　）.

A. 进行 4 次这样的操作回到 A 的概率为 $\dfrac{1}{2} \cdot (1 + \dfrac{1}{3^4})$

B. 进行 2 次这样的操作回到 A 的概率为 $\dfrac{5}{9}$

C. 进行 4 次这样的操作回到 A 的概率为 $\dfrac{1}{2} \cdot (1 - \dfrac{1}{3^4})$

D. 进行 2 次这样的操作回到 A 的概率为 $\dfrac{1}{3}$

【答案】D

【解析】每次操作有 3 种不同的路线，2 次操作，有 $3^2 = 9$ 种路线，其中有 3 条可以回到 A 点，因此进行 2 次这样的操作回到 A 点的概率为 $\dfrac{1}{3}$，选项 B 错误，D 正确；

4 次操作，有 3^4 种路线，如下图所示，设第 n 次操作后恰好走到 A 点的方法数为 a_n，由对称性可知第 n 次操作后恰好走到 B，C，D 三点的方法数相同，设为 b_n，恰好走到 E，F，G 三点的方法数也相同，设为 c_n，设第 n

次操作后恰好走到 H 点的方法数为 d_n,

则 $\begin{cases} a_{n+1}=3b_n \\ b_{n+1}=a_n+2c_n \\ c_{n+1}=2b_n+d_n \\ d_{n+1}=3c_n \end{cases}$ 且 $\begin{cases} a_1=0 \\ b_1=1 \\ c_1=0 \\ d_1=0 \end{cases}$,

由此算出 $\begin{cases} a_2=3 \\ b_2=0 \\ c_2=2 \\ d_2=0 \end{cases}$ 且 $\begin{cases} a_3=0 \\ b_3=7 \\ c_3=0 \\ d_3=6 \end{cases}$,

所以 $a_4=21$,

所以进行 4 次这样的操作回到 A 点的概率为 $\dfrac{21}{3^4}=\dfrac{7}{27}$, AC 选项都错.

综上答案为 D.

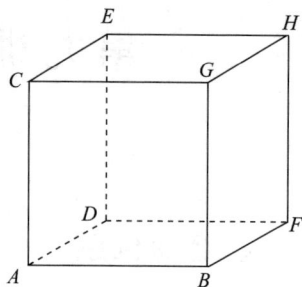

例 3.(2024 清华强基)已知一个正四面体 $ABCD$ 边长为 $2\sqrt{2}$,P 点满足 $|\overrightarrow{PA}+\overrightarrow{PB}|=2$,考虑 $\overrightarrow{AP}\cdot\overrightarrow{AD}$,下列说法正确的有(　　).

A. 最小值为 $4-2\sqrt{2}$ 　　　　 B. 最大值为 $2+2\sqrt{2}$

C. 最小值为 $2-2\sqrt{2}$ 　　　　 D. 最大值为 $4+2\sqrt{2}$

【答案】BC

【解析】设 AB 中点为 M,则由 $|\overrightarrow{PA}+\overrightarrow{PB}|=2$,知 $|\overrightarrow{PM}|=1$,且 $\overrightarrow{AM}\perp\overrightarrow{MD}$. 设 $\overrightarrow{MP}$ 和 $\overrightarrow{AD}$ 的夹角为 θ,有:

$\overrightarrow{AP}\cdot\overrightarrow{AD}=(\overrightarrow{AM}+\overrightarrow{MP})\cdot(\overrightarrow{AM}+\overrightarrow{MD})=|\overrightarrow{AM}|^2+\overrightarrow{MP}\cdot\overrightarrow{AD}=2+2\sqrt{2}\cos\theta$.

所以最大值为 $2+2\sqrt{2}$,最小值为 $2-2\sqrt{2}$. 选 BC.

例 4.(2024 厦门大学强基)用九种颜色给一个正四面体涂色,使相邻两个面颜色不同(若两种涂色方法可以通过旋转使得每个面的颜色相对应,则算作一种涂色方法)共有多少种涂色情况.(　　)

A. 121 　　　　 B. 454 　　　　 C. 621 　　　　 D. 以上答案均不对

【答案】D

【解析】若不考虑旋转的情况,共有 $A_9^4=3024$ 种,而四面体共有 $4\times 3=12$ 种旋转方式,故共有 $\dfrac{3024}{12}=252$ 种.

故选 D.

例 5. (2024 北大强基) 在体积为 1 的正方体内取一个点，过这个点作三个平行于正方体面的平面，将正方体分为 8 个长方体，求这些小长方体中体积不大于 $\frac{1}{8}$ 的长方体个数的最小值.

【答案】3

【解析】不妨设这些小长方体的长，宽，高分别为 a，$1-a$，b，$1-b$，c，$1-c$，其中 a，b，$c \leqslant \frac{1}{2}$. 考虑以 c 为高的小长方体，由均值不等式可得：

$$(1-a)bc + a(1-b)c = c(a+b-2ab) = c\left[\frac{1}{2} - \frac{1}{2}(1-2a)(1-2b)\right] \leqslant \frac{1}{4}$$，故 $(1-a)bc$ 和 $a(1-b)c$ 中至少有一个不超过 $\frac{1}{8}$；

同理，$a(1-b)c$ 和 $ab(1-c)$ 中至少有一个不超过 $\frac{1}{8}$；$ab(1-c)$ 和 $(1-a)bc$ 中至少有一个不超过 $\frac{1}{8}$；故 $(1-a)bc$，$a(1-b)c$，$ab(1-c)$ 中至少有两个不超过 $\frac{1}{8}$. 结合 $abc \leqslant \frac{1}{8}$，知体积不大于 $\frac{1}{8}$ 的长方体的个数的最小值为 3.

二、巩固练习

1. (2024 中科大强基) 投掷一个质地均匀的正方体(各面标有 1，2，3，4，5，6)，当各次所得数字之和为 6 的整数倍时停止，则投掷次数的数学期望是 _____.

【答案】6

【解析】因为第一次数字为 1，2，3，4，5，6 的概率均为 $\frac{1}{6}$，

不论第一次所得是多少，其与下一次数字之和为 6 的整数倍是唯一的且概率均为 $\frac{1}{6}$，依次类推，所以每次所得数字之和为 6 的整数倍的概率均为 $\frac{1}{6}$，

可知投掷次数服从参数 $p = \frac{1}{6}$ 的几何分布，其数学期望为 $\frac{1}{p} = 6$.

故答案为：6.

2．（2024 南京大学强基）如下图所示，四面体棱长为 4，7，20，22，28，t，$t \in \mathbb{Z}$，求 t 的最小值是 _____．

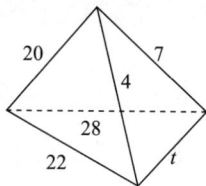

【答案】9

【解析】由 $28-4=24>22>20>7$，得长为 4 和 28 的棱不能为四面体的同一个表面三角形的边，则长为 4 和 28 的棱必为四面体的相对棱，又 $4+7=11<20<22$，则四面体与长为 7 的棱相对的棱长为 20 或 22，

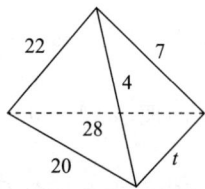

因此 $8<t<11$，而 $t \in \mathbb{Z}$，所以 t 的最小值是 9．

故答案为：9．

3．（2020 上海交大强基）立方体 8 个顶点任意两个顶点所在的直线中，异面直线共有 _____ 对．

【答案】174

【解析】立方体中有 8 个顶点，不在同一面上的 4 个点（构成三棱锥）的情况有 $C_8^4-12=58$ 种，每个三棱锥中异面直线有 3 对，所以异面直线共有：$58 \times 3=174$ 对．

4．（2021 北大强基）有三个给定的经过原点的平面，过原点作第四个平面 α，使之与给定的三个平面形成的三个二面角均相等．则这样的平面 α 的个数是 _____．

【答案】1 或 4

【解析】若三个平面法向量共面（记为平面 β），则只有一个和它们均垂直的平面满足要求，这是因为平面 α 的法向量在平面 β 上的投影必须在这三个平面法向量两两形成的角的角平分线上，因此投影只能是零向量，也就是平面 α 的法向量与平面 β 垂直．

若三个平面法向量不共面，则任意两个法向量所在基线均有两个角分面，我们考虑第一个平面和第二个平面的两个角分面，以及第二个平面和第三个平面的两个角分面，一共可以产生四条交线，这四条交线即为第四个平面法向量的基线．极特殊情况，前三个平面如果两两垂直，即可以考虑空间直角坐标系中 xOy，yOz，xOz，与它们三个夹角一样的第四个平面法向量的方向，即为每个挂限的中分线，一共四条，对应四个平面．

5. （2020 上海交大强基）用一个平面截一个棱长为 1 的正方体，若截面是六边形，则此六边形的周长最小值为 _____．

【答案】$3\sqrt{2}$

【解析】如下图对正方体进行表面展开，可以发现，六边形的周长最短，即六个顶点在同一直线上，即 $H'H''$ 为所求最短周长，此时 $H'D_1 = C_1H''$．并且 $\triangle HD_1I \cong \triangle JAE \cong \triangle GC_1H \cong \triangle GCF \cong \triangle EFB$，故 E，F，G，H，I，J 均为中点，所以这是正六边形，此时周长最小值为 $6 \times \sqrt{\left(\dfrac{1}{2}\right)^2 + \left(\dfrac{1}{2}\right)^2}$ $= 3\sqrt{2}$．

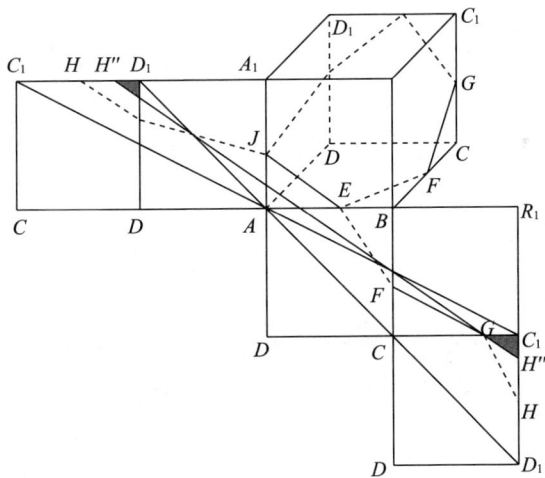

第十讲 解析几何——直线与圆

一、知识导航

1. 直线（曲线）系方程

（1）交点直线系方程：$\lambda(a_1 x + b_1 y + c_1) + \mu(a_2 x + b_2 y + c_2) = 0$，（$\lambda$，$\mu$ 不全为 0）

（2）交点曲线系方程：$\lambda F_1(x, y) + \mu F_2(x, y) = 0$，（$\lambda$，$\mu$ 不全为 0）

2. 线性（非线性）规划

线性规划问题：目标函数和约束条件皆为线性的最优化问题.

3. 切线方程

二次曲线 $Ax^2 + By^2 + Cxy + Dx + Ey + F = 0$ 在点 (x_0, y_0) 处的切线方程：

$$Ax_0 x + By_0 y + C \frac{x_0 + x}{2} \cdot \frac{y_0 + y}{2} + D \frac{x_0 + x}{2} + E \frac{y_0 + y}{2} + F = 0$$

4. 圆的参数方程： $\begin{cases} x = a + r\cos\theta \\ y = b + r\sin\theta \end{cases}$，$\theta \in [0, 2\pi)$

二、经典例题

例1. 已知定点 $P(-2, -1)$ 和直线 l：$(1+3\lambda)x + (1+2\lambda)y - (2+5\lambda) = 0$，$(\lambda \in R)$，则点 P 到直线 l 距离的最大值为 _____.

【答案】$\sqrt{13}$

【解析】因为 $\lambda(3x + 2y - 5) + (x + y - 2) = 0$

所以 $\begin{cases} 3x + 2y - 5 = 0 \\ x + y - 2 = 0 \end{cases} \Rightarrow \begin{cases} x = 1 \\ y = 1 \end{cases}$，

即直线 l 恒过点 $Q(1, 1)$.

则点 P 到直线 l 距离 $d \leqslant |PQ| = \sqrt{13}$.

例 2. 求过抛物线 $y = 2x^2 - 2x - 1$，$y = -5x^2 + 2x + 3$ 的两个交点的直线方程.

【答案】$y = -\dfrac{6}{7}x + \dfrac{1}{7}$

【解析】过两抛物线两个交点的曲线系方程为：$(2x^2 - 2x - 1 - y) + \lambda(5x^2 - 2x - 3 + y) = 0$

当 $2 + 5\lambda = 0$ 时，即 $\lambda = -\dfrac{2}{5}$，此曲线系方程为直线方程.

所以过两抛物线的两个交点的直线方程为：$y = -\dfrac{6}{7}x + \dfrac{1}{7}$.

例 3. $m \in R$，若 $\left\{ (x, y) \left| \begin{array}{l} x - 2y + 5 \geqslant 0 \\ 3 - x \geqslant 0 \\ mx + y \geqslant 0 \end{array} \right. \right\} \subseteq \{(x, y) \mid x^2 + y^2 \leqslant 25\}$，则 m 的取值范围是 _____.

【答案】$\left[0, \dfrac{4}{3}\right]$

【解析】如下图所示：

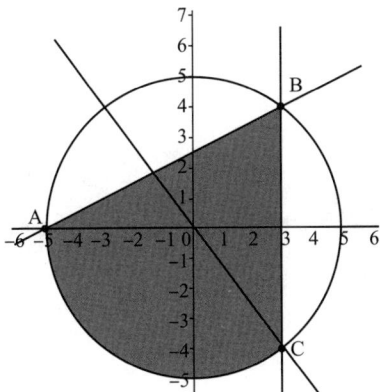

因为 $\begin{cases} x^2 + y^2 = 25 \\ x - 2y + 5 = 0 \end{cases} \Rightarrow A(-5, 0)$，$B(3, 4)$

$\begin{cases} x^2 + y^2 = 25 \\ x = 3 \end{cases} \Rightarrow B(3, 4)$，$C(3, -4)$

所以 $m \in \left[0, \dfrac{4}{3}\right]$.

例 4. (2015 清华) 设不等式组 $\begin{cases} |x|+|y| \leqslant 2 \\ y+2 \leqslant k(x+1) \end{cases}$ 所表示的区域为 D, 其面积为 S, 则 ( ).

A. 若 $S=4$, 则 k 的值唯一

B. 若 $S=\dfrac{1}{2}$, 则 k 的值有 2 个

C. 若 D 为三角形, 则 $0 < k \leqslant \dfrac{2}{3}$

D. 若 D 为五边形, 则 $k > 4$

【答案】ABD

【解析】$|x|+|y| \leqslant 2$ 表示为 $A(2, 0)$, $B(0, 2)$, $C(-2, 0)$, $D(0, -2)$ 四点围成的正方形区域 $y+2=k(x+1)$ 表示直线过定点 $(-1, -2)$, $y+2=k(x+1)$ 表示在过定点 $(-1, -2)$ 的直线 $y+2=k(x+1)$ 下方, 如图:

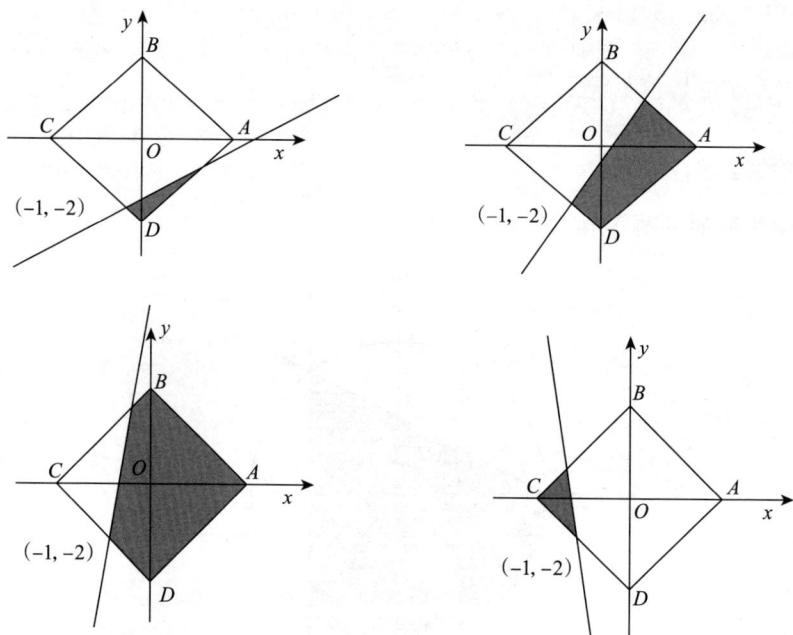

注意到当斜率小于 0 时, 区域的变化.

整个正方形区域的面积为 8, 只有当直线过正方形中心原点 O 时, 区域为 D 的面积为 4. 所以 A 正确;

当斜率大于 0 和小于 0 有两种情况使得 $S=\dfrac{1}{2}$, 所以 B 正确;

当 $0 < k \leqslant \dfrac{2}{3}$ 时，D 为三角形，而当 $k < -1$ 时，D 为三角形，所以 C 错误；

从上图中可以得出 $k > 4$，D 为五边形，所以 D 正确.

例 5. 设实数 x，y 满足 $\dfrac{x^2}{5} + \dfrac{y^2}{4} = 1$，则 $\sqrt{x^2 + y^2 - 2y + 1}$ + $\sqrt{x^2 + y^2 - 2x + 1}$ 的最小值为 _____.

【答案】$2\sqrt{5} - \sqrt{2}$

【解析】

因为 $\sqrt{x^2 + y^2 - 2y + 1} + \sqrt{x^2 + y^2 - 2x + 1}$

$= \sqrt{x^2 + (y-1)^2} + \sqrt{(x-1)^2 + y^2}$，

所以上式表示椭圆上一点到两定点 $(0，1)$，$(1，0)$ 的距离之和.

由椭圆定义，距离之和的最小值为 $2\sqrt{5} - \sqrt{2}$.

例 6.（2017 年北大）正方形 $ABCD$ 与点 P 在同一平面内，已知该正方形的边长为 1，且 $|PA|^2 + |PB|^2 = |PC|^2$，则 $|PD|$ 的最大值是（   ）.

A. $2 + \sqrt{2}$　　　　B. $2\sqrt{2}$　　　　C. $1 + \sqrt{2}$　　　　D. 前三个答案都不对

【答案】A

【解析】设 $P(x，y)$，$A(0，0)$，$B(1，0)$，$C(1，1)$，$D(0，1)$；

由 $|PA|^2 + |PB|^2 = |PC|^2$，

可得 $x^2 + (y+1)^2 = 2$，

所以点 P 的轨迹是以 $(0，-1)$ 为圆心半径为 $\sqrt{2}$ 的圆.

所以 $|PD|$ 的最大值为 $2 + \sqrt{2}$，选 A.

例 7.（2018 浙大）已知集合 $A = \{(x，y) \,|\, (x-1)^2 + (y-2)^2 \leqslant \dfrac{4}{5}\}$，$B = \{(x，y) \,|\, |x-1| + 2|y-2| \leqslant a\}$ 且 $A \subseteq B$，则实数 a 的取值范围是 _____.

【答案】$a \geqslant 2$

【解析】如下图所示，将圆和菱形中心平移到原点，即求圆上 $x^2 + y^2 = \dfrac{4}{5}$

任一点满足 $a \geqslant |x| + 2|y|$.

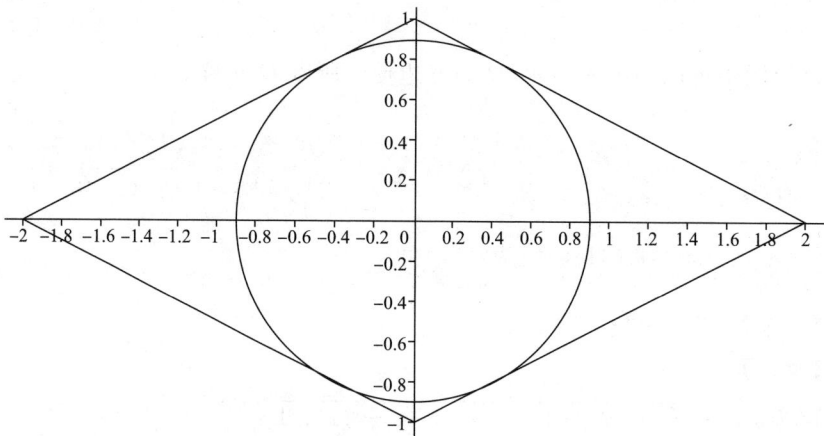

设圆上一点为 $(\dfrac{2\cos\theta}{\sqrt{5}}, \dfrac{2\sin\theta}{\sqrt{5}})$.

则 $a \geqslant \dfrac{2\cos\theta}{\sqrt{5}} + \dfrac{4\sin\theta}{\sqrt{5}} = 2\sin(\theta + \varphi)$

所以 $a \geqslant 2$.

例8. 在三角形 ABP 中，A 为原点，点 $B(2, 0)$，P 是以 A 为圆心的单位圆上的动点，$\angle PAB$ 的角平分线交 PB 于点 Q，求点 Q 的轨迹方程.

【答案】$(x - \dfrac{2}{3})^2 + y^2 = \dfrac{4}{9}$，$y \neq 0$

【解析】设 $P(a, b)$，$Q(x, y)$.

由角平分线定理可知，$\dfrac{BQ}{PQ} = \dfrac{AB}{AP} = 2$

即 $\begin{cases} x = \dfrac{2 + 2a}{3} \\ y = \dfrac{2b}{3} \end{cases} \Rightarrow \begin{cases} a = \dfrac{3x - 2}{2} \\ b = \dfrac{3y}{2} \end{cases}$

因为 $a^2 + b^2 = 1$

所以 $(x - \dfrac{2}{3})^2 + y^2 = \dfrac{4}{9}$

又因为 P，A，B 三点不共线，因为 $y \neq 0$

所以 $(x - \dfrac{2}{3})^2 + y^2 = \dfrac{4}{9}$，$y \neq 0$.

例 9.（2017 北大）已知圆 C_1，C_2 均过点 $(3，4)$，且其半径之积 $r_1 r_2 =$ 80. 若 x 轴是 C_1，C_2 的公切线，且 C_1，C_2 的另一条公切线 l 通过原点，则直线 l 的斜率为（ ）.

A. $\pm \dfrac{8\sqrt{5}}{11}$ B. $-\dfrac{8\sqrt{5}}{11}$ C. $\pm \dfrac{8\sqrt{3}}{11}$ D. $-\dfrac{8\sqrt{3}}{11}$

【答案】B

【解析】设圆心连线的倾斜角为 θ，即所求斜率为 $\tan 2\theta$，

则圆的方程为 $(x - r\cot\theta)^2 + (y - r)^2 = r^2$，

将 $(3，4)$ 代入，整理可得：$r^2 - (6\tan\theta + 8\tan^2\theta)r + 25\tan^2\theta = 0$，

由韦达定理 $r_1 r_2 = 25\tan^2\theta = 80$，

即 $\tan\theta = \dfrac{4}{\sqrt{5}}$，

所以 $k = \tan 2\theta = \dfrac{2\tan\theta}{1 - \tan^2\theta} = -\dfrac{8\sqrt{5}}{11}$.

三、巩固练习

1. 对任意实数 k，方程 $x^2 + y^2 - 2kx - (6 + 2k)y - 2k - 31 = 0$ 恒过定点 _____.

【答案】$(-6，5)$，$(2，-3)$

【解析】原方程变形为：$(-2x - 2y - 2)k + (x^2 + y^2 - 6y - 31) = 0$

所以 $\begin{cases} -2x - 2y - 2 = 0 \\ x^2 + y^2 - 6y - 31 = 0 \end{cases} \Rightarrow \begin{cases} x = -6 \\ y = 5 \end{cases}$，$\begin{cases} x = 2 \\ y = -3 \end{cases}$，

所以方程恒过定点 $(-6，5)$，$(2，-3)$.

2.（2020 复旦）若 $k > 4$，直线 $kx - 2y - 2k + 8 = 0$ 与 $2x + k^2 y - 4k^2 - 4 = 0$ 和坐标轴围成的四边形的取值范围为 _____.

【答案】$\left(\dfrac{17}{4}，8 \right)$

【解析】两直线交点为 $(2，4)$，所以 $S = 4\left(\dfrac{1}{k} - 2 \right)^2 - 8 \in \left(\dfrac{17}{4}，8 \right)$.

3. (2018 清华) 已知 $\begin{cases} x+y \leqslant 6 \\ x \geqslant 2 \\ ax+by+c \geqslant 0 \end{cases}$, $z=2x+y$ 的最大值为 11, 最小

值为 3, 则 $\dfrac{b+c}{a}=$ _____.

【答案】-5

【解析】$\begin{cases} y=-2x+11 \\ x+y=6 \end{cases} \Rightarrow (5, 1) \Rightarrow 5a+b+c=0 \Rightarrow \dfrac{b+c}{a}=-5.$

---

4. $\sqrt{(x-9)^2+4}+\sqrt{x^2+y^2}+\sqrt{(y-3)^2+9}$ 的最小值为 _____.

【答案】13

【解析】上式表示的是 $(x, 0)$ 与 $(9, 2)$ 距离加上, $(x, 0)$ 与 $(0, -y)$ 的
距离再加上 $(-3, -3)$ 与 $(0, -y)$ 的距离.

当且仅当四点共线时, 上式最小值为 $\sqrt{(12)^2+(5)^2}=13.$

---

5. 已知点 M 在正方体 $ABCD-A_1B_1C_1D_1$ 的棱 BB_1 上, 且 $BB_1=3BM$, 点 P 在底面 $ABCD$ 内, 若 $\angle APA_1=\angle BPM$, 则点 P 的轨迹是 _____ 的一部分.

【答案】圆

【解析】在底面 $ABCD$ 建系可得, 点 P 的轨迹是圆的一部分.

---

6. 过直线 l: $x=5$ 上的动点 M 作圆 O: $x^2+y^2=16$ 的两条切线, 切点分别为 A, B, 设线段 AB 的中点为 Q

(1) 点 Q 的轨迹方程为 _____.

(2) $\triangle MAB$ 的垂心 H 的轨迹方程为 _____.

【答案】(1) $5x^2+5y^2-16x=0$, $x \neq 0$ (2) $5x^2+5y^2-32x=0$, $x \neq 0$

【解析】(1) 设点 $M(5, m)$, 点 $Q(x, y)$,

切点弦 AB 的直线方程为: $5x+my=16$;

直线 OM 为: $y=\dfrac{m}{5}x$;

消掉 m, 可得点 Q 的轨迹方程为 $5x^2+5y^2-16x=0$, $x \neq 0.$

（2）由几何性质可得，四边形 $OABH$ 为平行四边形，且对角线交点为 Q.
点 H 的轨迹方程为 $5x^2 + 5y^2 - 32x = 0$，$x \neq 0$.

7. 设直线系 M：$x\cos\theta + (y-2)\sin\theta = 1$，$(0 \leqslant \theta \leqslant 2\pi)$，以下说法中正确的是（　）.

A. M 中所有直线均经过一个定点.

B. 存在定点 P 不在 M 中的任一条直线上

C. 对于任意整数 $n(n \geqslant 3)$，存在正 n 边形，其所有边均在 M 中的直线上

D. M 中的直线所能围成的正三角形面积都相等

【答案】BC

【解析】直线系表示圆 $x^2 + (y-2)^2 = 1$ 的切线系方程.

选项 A：圆的切线不经过一定点，所以 A 错误.

选项 B：圆的切线不过圆内任何一点，所以 B 正确.

选项 C：圆的外切正 $n(n \geqslant 3)$ 边形所有边都是圆的切线，所以 C 正确.

选项 D：圆可能是正三角形的内切圆，也可能是旁切圆，所以 D 错误.

8. 已知两点 $A(1, 10)$，$B(8, 6)$，动点 P 在圆 C：$(x-3)^2 + (y-2)^2 = 5$ 上，求 $|PA|^2 + |PB|^2$ 的取值范围.

【答案】$[56, 176]$

【解析】设点 $P(3+\sqrt{5}\cos\theta, 2+\sqrt{5}\sin\theta)$，

$|PA|^2 + |PB|^2$

$= (3+\sqrt{5}\cos\theta - 1)^2 + (2+\sqrt{5}\cos\theta - 10)^2$

$= (3+\sqrt{5}\cos\theta - 8)^2 + (2+\sqrt{5}\cos\theta - 6)^2$

$= 116 - 60\sin(\theta + \varphi)$.

所以 $|PA|^2 + |PB|^2 \in [56, 176]$.

第十一讲　解析几何
——椭圆双曲线抛物线

一、知识导航

1. 圆锥曲线的光学性质

（1）椭圆的光学性质：从椭圆的某一焦点发射一束光线，经椭圆反射后，反射光线会经过椭圆的另一个焦点．

（2）抛物线的光学性质：从抛物线的焦点发出的光线，经过抛物线上的任意一点反射后，反射光线会与抛物线的对称轴平行．反之，平行于抛物线对称轴的光线照射到抛物线上，经反射后会聚焦于焦点．

（3）双曲线的光学性质：从双曲线的一个焦点发出的光线，经过双曲线反射后，反射光线的反向延长线会经过另一个焦点．

2. 圆锥曲线的参数方程

（1）直线：$\begin{cases} x = t\cos\theta \\ y = t\sin\theta \end{cases}$，其中 t 是参数，θ 是倾斜角．

（2）圆：$\begin{cases} x = r\cos\theta \\ y = r\sin\theta \end{cases}$，其中 θ 是参数．

（3）椭圆：$\begin{cases} x = a\cos\theta \\ y = b\sin\theta \end{cases}$，其中 θ 是参数．

（4）双曲线：$\begin{cases} x = a\sec\theta \\ y = b\tan\theta \end{cases}$

（5）抛物线：$\begin{cases} x = 2pt^2 \\ y = 2pt \end{cases}$

3. 极坐标系：$\begin{cases} x = \rho\cos\theta \\ y = \rho\sin\theta \end{cases}$

4. 椭圆的压缩变换

椭圆的标准方程 $\dfrac{x^2}{a^2} + \dfrac{y^2}{b^2} = 1$ 在形式上接近圆的标准方程 $x^2 + y^2 = r^2$，故我们可以通过压缩变换将椭圆变成单位圆，再利用圆的良好几何性质解决问题．

对于椭圆 $\dfrac{x^2}{a^2} + \dfrac{y^2}{b^2} = 1$，我们可以进行伸缩变换 $\begin{cases} x' = \dfrac{x}{a} \\ y' = \dfrac{y}{b} \end{cases}$，从而得到圆的

方程 $(x')^2 + (y')^2 = 1$.

此时椭圆上的点 $P(x_0, y_0)$ 经过压缩变换变成圆上点 $P'\left(\dfrac{x_0}{a}, \dfrac{y_0}{b}\right)$.

压缩变换有如下性质：

（1）保同素：点变为点，直线变为直线.

（2）保平行：平行直线变成平行直线，斜率 k 变为 $k' = \dfrac{a}{b}k$.

（3）保共线线段比：共线三点的线段比不变.

（4）保相交（切）：相交（切）曲线变换后仍相交（切）.

（5）面积比：$S' = \dfrac{S}{ab}$.

（6）不保距离，不保夹角.

二、经典例题

例1. 如下图所示，椭圆 $\dfrac{x^2}{4} + \dfrac{y^2}{3} = 1$，$M$ 为 $\triangle F_1PF_2$ 的内切圆圆心，直线 PM 交 x 轴于 N，求 $\dfrac{PM}{MN} = $ _____.

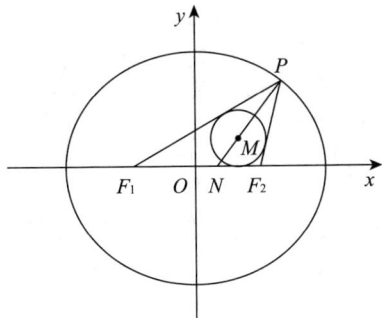

【答案】2

【解析】$\dfrac{PM}{MN} = \dfrac{S_{\triangle PMF_1} + S_{\triangle PMF_2}}{S_{\triangle MF_1F_2}} = \dfrac{PF_1 + PF_2}{F_1F_2} = \dfrac{1}{e} = 2$

例2. 如下图，过椭圆 $\dfrac{x^2}{4}+\dfrac{y^2}{3}=1$ 上一点 P 作椭圆的切线，过左焦点作 $F_1M \perp l$ 于 M，过右焦点作 $F_2N \perp l$ 于 N，当点 P 在椭圆上运动时，求点 M 和点 N 的轨迹.

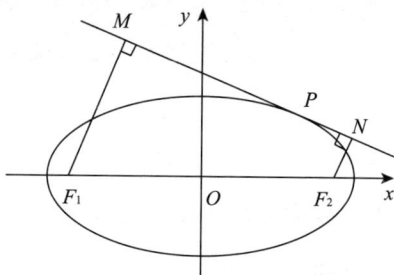

【答案】$x^2+y^2=4$

【解析】延长 F_2P 与 F_1M 交于点 A，由椭圆的光学性质可得点 M 是 F_1A 的中点.

所以 $OM=\dfrac{AF_2}{2}=\dfrac{PF_1+PF_2}{2}=a=2$.

同理 $ON=2$.

所以点 M 和点 N 的轨迹方程为：$x^2+y^2=4$.

例3.（2022北大）如下图所示，内接于椭圆 $\dfrac{x^2}{4}+\dfrac{y^2}{9}=1$ 的菱形的周长的最大值与最小值之和为（　　　）.

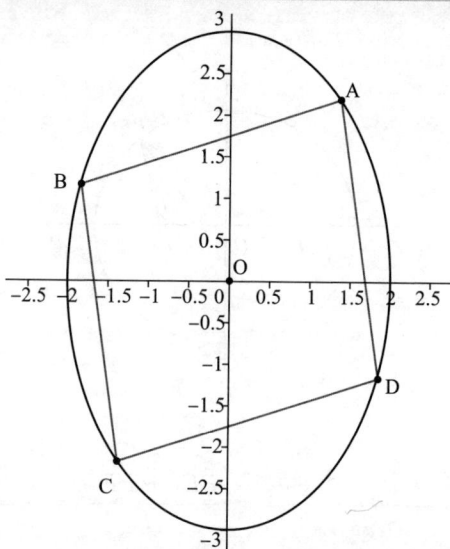

A. $4\sqrt{13}$　　　　　　　　　　B. $14\sqrt{13}$

C. $\dfrac{110\sqrt{13}}{3}$　　　　　　　　D. 前三个答案都不对

【答案】D

【解析】直线参数方程（极坐标）

设 $A(t_1\cos\theta,\ t_1\sin\theta)$，$B\left(t_2\cos\left(\theta+\dfrac{\pi}{2}\right),\ t_2\sin\left(\theta+\dfrac{\pi}{2}\right)\right)$，$\theta\in\left[0,\ \dfrac{\pi}{2}\right]$

因为 A，B 在椭圆上

所以 $\begin{cases}\dfrac{t_1^2\cos^2\theta}{4}+\dfrac{t_1^2\sin^2\theta}{9}=1\\[2mm]\dfrac{t_2^2\sin^2\theta}{4}+\dfrac{t_2^2\cos^2\theta}{9}=1\end{cases}\Rightarrow\begin{cases}t_1^2=\dfrac{36}{4+5\cos^2\theta}\\[2mm]t_2^2=\dfrac{36}{4+5\sin^2\theta}\end{cases}$，

所以 $|AB|^2=t_1^2+t_2^2=\dfrac{36}{4+5\cos^2\theta}+\dfrac{36}{4+5\sin^2\theta}$

$=36\cdot\dfrac{13}{(4+5\cos^2\theta)(4+5\sin^2\theta)}=\dfrac{36\times13}{36+\dfrac{25}{4}\sin^22\theta}$，

因为 $\theta\in\left[0,\ \dfrac{\pi}{2}\right]$，

所以 $|AB|\in\left[\dfrac{12\sqrt{13}}{13},\ \sqrt{13}\right]$，

所以菱形周长的最大值与最小值之和是 $\dfrac{100\sqrt{13}}{13}$.

所以选 D.

例 4.（2018 北大）设实数 x，y 满足 $\dfrac{x^2}{4}+y^2=1$，则 $|3x+4y-12|$ 的取值范围为(　　).

A. $[0,\ +\infty)$　　　　　　　　B. $[12-2\sqrt{13},\ 12+2\sqrt{13}]$

C. $[0,\ 12+2\sqrt{13}]$　　　　　　D. 前三个答案都不对

【答案】B

【解析】由椭圆参数方程，设椭圆上一点 $P(2\cos\theta,\ \sin\theta)$，

因为 $\theta\in[0,\ 2\pi)$

所以 $|3x+4y-12|=|6\cos\theta+4\sin\theta-12|=|2\sqrt{13}\sin(\theta+\varphi)-12|$

所以 $|3x+4y-12|\in[12-2\sqrt{13},\ 12+2\sqrt{13}]$

例 5.（2022 上交）$\rho^2\cos\theta + \rho - 3\rho\cos\theta - 3 = 0$ 表示（　　）.

A. 一个圆

B. 一个圆与一条直线

C. 两个圆

D. 两条线

【答案】B

【解析】因为 $\rho^2\cos\theta + \rho - 3\rho\cos\theta - 3 = 0$，

所以 $(\rho - 3)(\rho\cos\theta + 1) = 0$，

所以 $\rho = 3$ 或 $\rho\cos\theta = -1$，

所以方程表示一个圆与一条直线．

例 6. 椭圆 $\dfrac{x^2}{a^2} + \dfrac{y^2}{b^2} = 1$，$(a > b > 0)$ 的面积为 _____．

【答案】πab

【解析】由压缩变换面积比可得，$S = \pi ab$．

例 7.（2020 北大强基）设直线 $y = 3x + m$ 与椭圆 $\dfrac{x^2}{25} + \dfrac{y^2}{16} = 1$ 交于两点 A，B，则 $S_{\triangle OAB}$ 的最大值为（　　）

A. 8

B. 10

C. 12

D. 前三个答案都不对

【答案】B

【解析】解法 1：直曲联立 + 均值不等式．

解法 2：压缩变换．

对椭圆 $\dfrac{x^2}{25} + \dfrac{y^2}{16} = 1$，我们可以进行伸缩变换 $\begin{cases} x' = \dfrac{x}{5} \\ y' = \dfrac{y}{4} \end{cases}$，从而得到圆的方程 $(x')^2 + (y')^2 = 1$.

此时椭圆上的点 $A(x_1, y_1)$，$B(x_2, y_2)$ 经过压缩变换变成单位圆上点 $A'(\dfrac{x_1}{5}, \dfrac{y_1}{4})$，$B'(\dfrac{x_2}{5}, \dfrac{y_2}{4})$.

因为 $S_{\triangle OA'B'} = \dfrac{1}{2}\sin\theta \leqslant \dfrac{1}{2}$

由压缩变换面积比，所以 $S_{\triangle OAB} = 20 S_{\triangle OA'B'} \leqslant 10$，

故 $S_{\triangle OAB}$ 的最大值为 10，选 B.

例 8. (2017 清华) 如下图，椭圆 $\dfrac{x^2}{8}+\dfrac{y^2}{2}=1$，直线 $y=-\dfrac{x}{2}$ 与椭圆交于 A，B 两点，$P(x_0, y_0)$ 为椭圆上的动点，其中 $-2<x_0<2$，设直线 PA，PB 分别与直线 $y=\dfrac{x}{2}$ 相交于 M，N 两点，则(   ).

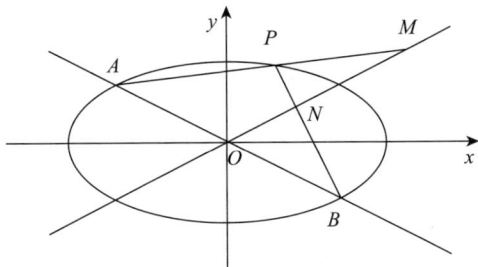

A. 椭圆上满足 $|OQ|^2=|OM|\cdot|ON|$ 的点 Q 恰有 2 个

B. 椭圆上满足 $|OQ|^2=|OM|\cdot|ON|$ 的点 Q 恰有 4 个

C. y 轴上满足 $\angle OQN=\angle OMQ$ 的点恰有 2 个

D. y 轴上满足 $\angle OQN=\angle OMQ$ 的点恰有 4 个

【答案】BC

【解析】压缩变换.

对椭圆 $\dfrac{x^2}{8}+\dfrac{y^2}{2}=1$，我们可以进行伸缩变换 $\begin{cases} x'=\dfrac{x}{2\sqrt{2}} \\ y'=\dfrac{y}{\sqrt{2}} \end{cases}$，从而得到圆的方

程 $(x')^2+(y')^2=1$.

如下图所示，椭圆上点 $A(x_1, y_1)$，$B(x_2, y_2)$，$P(x_0, y_0)$ 经过压缩

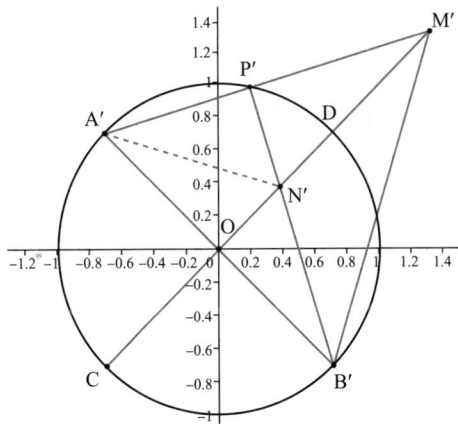

变换变成单位圆上点 $A'(\dfrac{x_1}{2\sqrt{2}}, \dfrac{y_1}{\sqrt{2}})$，$B'(\dfrac{x_2}{2\sqrt{2}}, \dfrac{y_2}{\sqrt{2}})$，$P'(\dfrac{x_0}{2\sqrt{2}}, \dfrac{y_0}{\sqrt{2}})$；

直线 AB：$y = -\dfrac{x}{2}$ 变换成 $A'B'$：$y = -x$；

直线 MN：$y = \dfrac{x}{2}$ 变换成 $M'N'$：$y = x$；

对于选项 A，B

在圆中可得 $\triangle OA'N' \sim \triangle OM'A'$

所以 $|OA'|^2 = |NM'| \cdot |ON'|$

由压缩变换保共线线段比，所以在椭圆中满足 $|OQ|^2 = |OM| \cdot |ON|$

的有 4 个点 A，B，C，D，故选 B.

对于选项 C，D

在椭圆中，欲满足 $\angle OQN = \angle OMQ$，

即满足 $\triangle OQN \sim \triangle OMQ$，

即 $|OQ|^2 = |OM| \cdot |ON|$，

这样的点 Q 在 y 轴上有 2 个，故选 C.

例 9.（2017 东城一模）、椭圆 $\dfrac{x^2}{4} + \dfrac{y^2}{3} = 1$，$A$，$B$ 是椭圆上两点，且直线 OA，OB 的斜率之积为 $-\dfrac{3}{4}$，若射线 OA 上的点 P 满足 $|OP| = 3|OA|$，且 PB 与椭圆交于点 Q，$\dfrac{|BP|}{|BQ|} = $ _____.

【答案】5

【解析】解法 1：设点法.

解法 2：压缩变换.

对椭圆 $\dfrac{x^2}{4} + \dfrac{y^2}{3} = 1$，我们可以进行伸缩变换 $\begin{cases} x' = \dfrac{x}{2} \\ y' = \dfrac{y}{\sqrt{3}} \end{cases}$，从而得到圆的方程 $(x')^2 + (y')^2 = 1$.

椭圆上点 $A(x_1, y_1)$，$B(x_2, y_2)$ 经过压缩变换变成单位圆上点 $A'(\dfrac{x_1}{2}, \dfrac{y_1}{\sqrt{3}})$，$B'(\dfrac{x_2}{2}, \dfrac{y_2}{\sqrt{3}})$.

因为 $k_{OA} \cdot k_{OB} = -\dfrac{3}{4}$，所以 $k_{OA'} \cdot k_{OB'} = -1$

即 $OA' \perp OB'$，且 $OA' = OB' = 1$，$OP' = 3$；

在圆中可得 $B'P' = \sqrt{10}$，$\cos\angle OB'P' = \dfrac{1}{\sqrt{10}}$；

在三角形 $OB'Q'$ 中，$\cos\angle OB'Q' = \dfrac{\frac{B'Q'}{2}}{1} = \dfrac{1}{\sqrt{10}}$，

所以 $B'Q' = \dfrac{2}{\sqrt{10}}$，

所以 $\dfrac{B'P'}{B'Q'} = 5$，

由压缩变换保共线线段比，所以在椭圆中 $\dfrac{BP}{BQ} = 5$.

三、巩固练习

1. 如下图所示，椭圆 $\dfrac{x^2}{a^2} + \dfrac{y^2}{b^2} = 1$，$(a > b > 0)$，$I$ 为 $\triangle F_1PF_2$ 的内切圆圆心，$\triangle F_1PF_2$ 的重心 G 满足 $\overrightarrow{PF_1} + \overrightarrow{PF_2} = 3\overrightarrow{PG}$，且 $\overrightarrow{GI} = \lambda\overrightarrow{F_1F_2}$，则离心率 $e =$ _____.

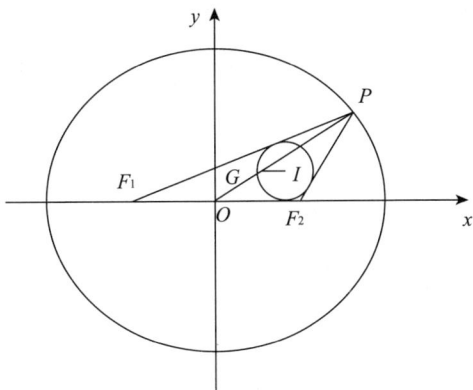

【答案】$\dfrac{1}{2}$

【解析】$2 = \dfrac{PG}{GO} = \dfrac{PI}{IA} = \dfrac{S_{\triangle PIF_1} + S_{\triangle PIF_2}}{S_{\triangle IF_1F_2}} = \dfrac{PF_1 + PF_2}{F_1F_2} = \dfrac{1}{e}$.

2. (2016 北大) 如下图所示，设 l_1，l_2 是该椭圆过椭圆外的一点 P 的两条切线，切点分别为 T_1，T_2，证明：$\angle F_1PT_1 = \angle F_2PT_2$.

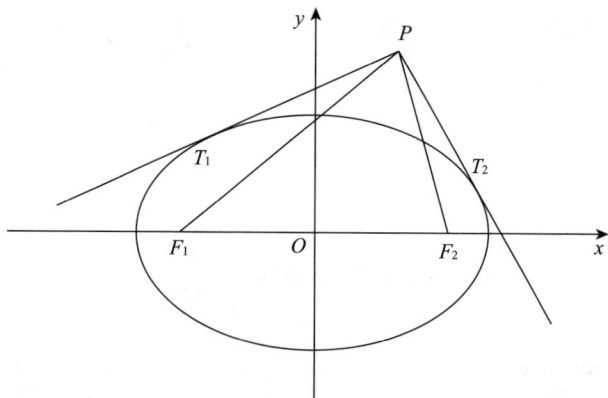

【解析】由椭圆的光学性质，证明全等三角形可得.

3. (2023 北大) 已知直线 l 与双曲线 $\dfrac{x^2}{a^2} - \dfrac{y^2}{b^2} = 1$，$(b > a > 0)$ 两支分别交于点 P，Q 两点，O 为原点，若 $OP \perp OQ$，则 O 到直线 l 的距离为（ ）.

A. $\dfrac{ab}{b-a}$ 　　 B. $\dfrac{2ab}{b-a}$ 　　 C. $\dfrac{ab}{\sqrt{b^2-a^2}}$ 　　 D. 前三个答案都不对

【答案】C

【解析】不妨设 $OP = m$，$OQ = n$ 且 $\angle POx = \theta$，则我们有，

$$\begin{cases} \dfrac{m^2\cos^2\theta}{a^2} - \dfrac{m^2\sin^2\theta}{b^2} = 1 \\ \dfrac{n^2\sin^2\theta}{a^2} - \dfrac{n^2\cos^2\theta}{b^2} = 1 \end{cases} \Rightarrow \dfrac{1}{m^2} + \dfrac{1}{n^2} = \dfrac{1}{a^2} - \dfrac{1}{b^2}$$

所以 $\dfrac{1}{d^2} = \dfrac{1}{OP^2} + \dfrac{1}{OQ^2} = \dfrac{1}{m^2} + \dfrac{1}{n^2} = \dfrac{1}{a^2} - \dfrac{1}{b^2} = \dfrac{b^2-a^2}{a^2b^2}$

所以 $d = \dfrac{ab}{\sqrt{b^2-a^2}}$.

4. 如下图所示，椭圆 $\dfrac{x^2}{9}+\dfrac{y^2}{10}=1$，$F$ 为上焦点，A 为右顶点，P 是上位于第一象限内的动点，则四边形 $OAPF$ 的面积的最大值为 _____.

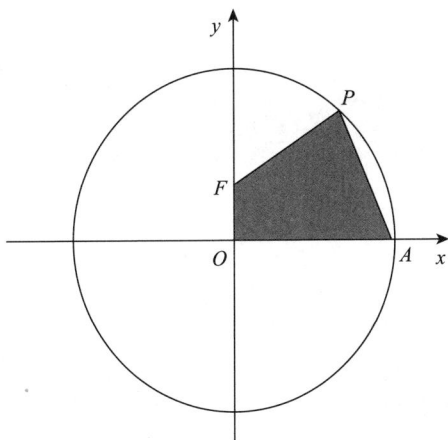

【答案】$\dfrac{3\sqrt{11}}{2}$

【解析】椭圆参数方程设 $P\left(3\cos\theta,\ \sqrt{10}\sin\theta\right)$，

所以 $S_{OAPF}=\dfrac{1}{2}\cdot 3\cdot\cos\theta+\dfrac{1}{2}\cdot 3\sqrt{10}\cdot\sin\theta=\dfrac{3\sqrt{11}}{2}\sin(\theta+\varphi)$

则四边形 $OAPF$ 的面积的最大值为 $\dfrac{3\sqrt{11}}{2}$.

5. (2021 清华) 已知 $y^2=4x$，过 $A(-2,3)$ 做抛物线两条切线，交 y 轴于 B，C 两点，则 $\triangle ABC$ 外接圆方程为（　　）.

A. $(x+1)^2+\left(y-\dfrac{3}{2}\right)^2=\dfrac{13}{4}$　　　B. $(x+1)^2+(y-1)^2=\dfrac{13}{4}$

C. $\left(x+\dfrac{1}{2}\right)^2+\left(y-\dfrac{3}{2}\right)^2=\dfrac{9}{2}$　　　D. $\left(x+\dfrac{3}{2}\right)^2+(y-1)^2=\dfrac{17}{4}$

【答案】C

【解析】由直曲联立易得 BC 中点为 $\left(0,\dfrac{3}{2}\right)$，且 $|BC|=\sqrt{17}$，

所以以 BC 为直径的圆的方程：$x^2+\left(y-\dfrac{3}{2}\right)^2=\dfrac{17}{4}$，

设过 BC 两点的圆系方程为 $x^2 + \left(y - \dfrac{3}{2}\right)^2 + \lambda x - \dfrac{17}{4} = 0$,

将 $A(-2, 3)$ 代入可得 $\lambda = 1$,整理后方程为 $\left(x + \dfrac{1}{2}\right)^2 + \left(y - \dfrac{3}{2}\right)^2 = \dfrac{9}{2}$,

故选 C.

6.(2020 复旦)方程 $5\rho\cos\theta = 4\rho + 3\rho\cos2\theta$ 所表示的曲线的形状是
_____.

【答案】四条射线和极点

【解析】$5\rho\cos\theta = 4\rho + 3\rho\cos2\theta \Rightarrow \rho\left(\cos\theta - \dfrac{1}{2}\right)\left(\cos\theta - \dfrac{1}{3}\right) = 0$,

故曲线形状为四条射线和极点.

7. 如下图所示,椭圆 $x^2 + 2y^2 = 1$,过原点的两条直线 l_1,l_2 分别与椭圆交于点 A,B 和 C,D,记平行四边形 $ACBD$ 的面积为 S,若 l_1 与 l_2 的斜率之积为 $-\dfrac{1}{2}$,求面积 S 的值.

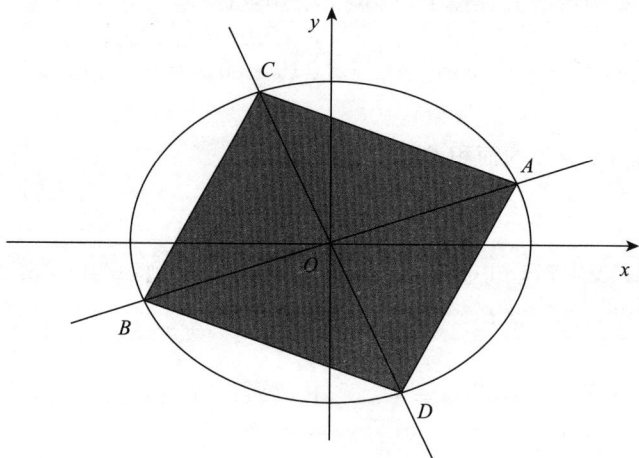

【答案】$\sqrt{2}$

【解析】由椭圆压缩变换,易得在单位圆中 $S' = 2$,

所以 $S = \dfrac{\sqrt{2}}{2}S' = \sqrt{2}$.

8. 如下图所示，A，B 是椭圆 $\dfrac{x^2}{a^2}+\dfrac{y^2}{b^2}=1$ 的左右顶点，P，Q 是椭圆上不同于顶点的两点，且直线 AP 与 QB、PB 与 AQ 分别交于点 M，N.

求证：$MN \perp AB$.

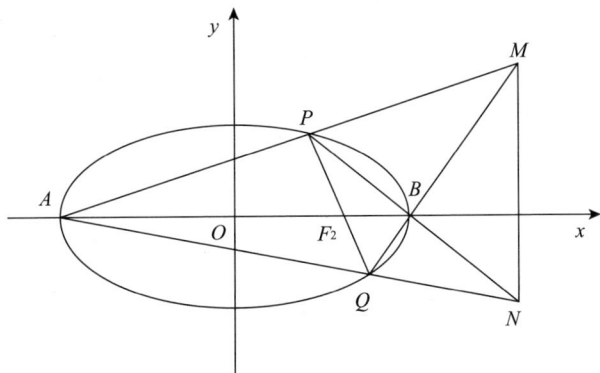

【解析】由椭圆压缩变换，在圆中易得 B' 是 $\triangle A'M'N'$ 的垂心，

所以 $M'N' \perp A'B'$，

所以在椭圆中，$MN \perp AB$.

第十二讲 解析几何——
调和点列与极点极线

一、知识导航

1. 调和点列

定义：对于线段 AB 的内分点 C 和外分点 D 满足 $\dfrac{AC}{CB} = \dfrac{AD}{DB}$，则称 A，B，C，D 成调和点列，或 C，D 调和分割线段 AB．记作：$(ABCD) = -1$．

特别地，当点 D 是无穷远点时，C 是 AB 的中点．记为 $(ABCD) = (ABC) = -1$．

2. 调和线束

定义：一组调和点列 A，B，C，D 在直线 l 上，l 外任一点 P 与这四点的连线 PA、PB、PC、PD 称为调和线束 PA、PB、PC、PD．

记作：$(PA，PB，PC，PD) = -1$．

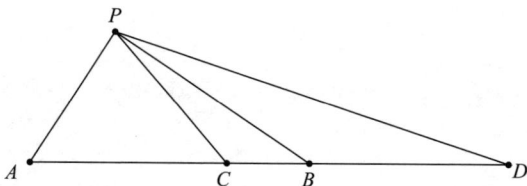

3. 圆锥曲线的极点极线

（1）极点和极线的定义

代数定义：已知二次曲线 $Ax^2 + By^2 + Cxy + Dx + Ey + F = 0$，则称点 $P(x_0，y_0)$ 和直线 $Ax_0x + By_0y + C\dfrac{x_0y + xy_0}{2} + D\dfrac{x_0 + x}{2} + E\dfrac{y_0 + y}{2} + F = 0$ 是二次曲线的一对极点和极线．

几何定义：

当 P 在圆锥曲线上时，其极线是曲线在点 P 处的切线；

如下左图所示，当 P 在圆锥曲线外时，其极线是曲线从点 P 所引两条切线的切点所确定的直线（切点弦）．

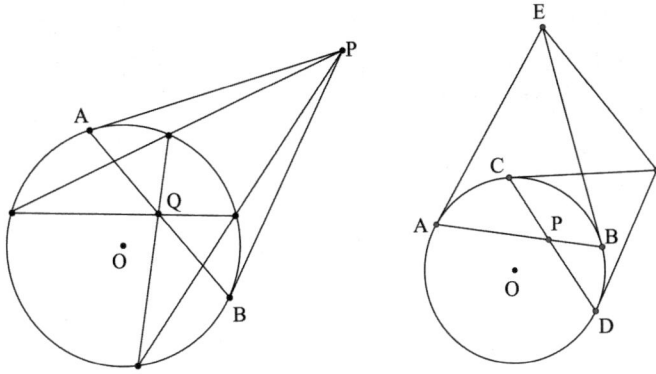

推论：当 P 在圆锥曲线外时，从点 P 引圆的两条割线与圆交于四点，圆内接四边形对角线的交点在点 P 的极线上．

如上右图所示，当 P 在圆锥曲线内时，其极线是曲线过点 P 的任一割线两端点处的切线交点轨迹．

（2）配极对偶性

如下图所示，点 P_1 关于圆锥曲线的极线 l_1 过点 $P_2 \Leftrightarrow$ 点 P_2 关于圆锥曲线的极线 l_2 过点 P_1．

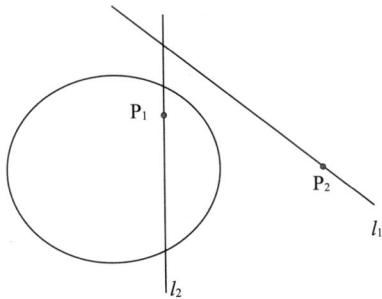

（3）自极三角形

如下图，P 是不在圆锥曲线上的点，过点 P 引两条割线依次交圆锥曲线于

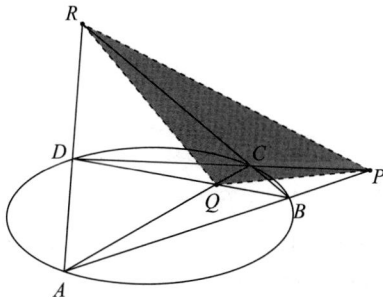

A，B，C，D 四点，连接 AC，BD 交于点 Q，连接并延长 AD，BC 交于点 R，则直线 RQ 为点 P 对应的极线，PQ 为点 R 对应的极线，PR 为点 Q 对应的极线，$\triangle PQR$ 称为自极三角形．

（4）调和点列与极点极线

如下图，设点 P 关于圆锥曲线的极线为 l，过点 P 作一割线交圆锥曲线于 A，B 交 l 于 Q，则 $\dfrac{PA}{PB}=\dfrac{QA}{QB}$，即 P，Q 调和分割线段 AB．

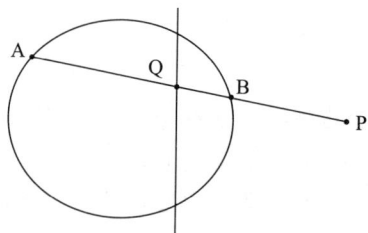

二、经典例题

例 1. 调和点列的性质（定义等价形式）

（1）$\dfrac{1}{AC}+\dfrac{1}{AD}=\dfrac{2}{AB}$

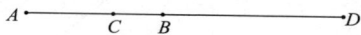

【解析】设 $AB=1$，$AC=a$，$AD=b$，

因为 $(ABCD)=-1$

所以 $\dfrac{AC}{CB}=\dfrac{AD}{DB}\Rightarrow a+b=2ab$

则 $\dfrac{1}{AC}+\dfrac{1}{AD}-\dfrac{2}{AB}=\dfrac{1}{a}+\dfrac{1}{b}-2=\dfrac{a+b}{ab}-2=0$

所以 $\dfrac{1}{AC}+\dfrac{1}{AD}=\dfrac{2}{AB}$．

（2）$AB\cdot CD=2AD\cdot BC=2AC\cdot BD$

【解析】因为 $AB\cdot CD-2AD\cdot BC=1\cdot(b-a)-2b(1-a)=0$

$\qquad\qquad AB\cdot CD-2AC\cdot BD=2b(1-a)-2a(b-1)=0$

所以 $AB\cdot CD=2AD\cdot BC=2AC\cdot BD$

(3) 如下图，若 E 为 AB 中点，则 $EB^2 = EC \cdot ED$.

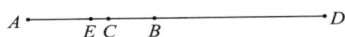

$$A \quad \overset{E \quad C \quad B}{\rule{6cm}{0.4pt}} \quad D$$

【解析】因为 $EB^2 = EC \cdot ED = \left(\dfrac{1}{2}\right)^2 - \left(a - \dfrac{1}{2}\right)\left(b - \dfrac{1}{2}\right) = \dfrac{a+b}{2} - ab = 0$

所以 $EB^2 = EC \cdot ED$

例 2. 调和线束的性质（如下图）

(1) $\dfrac{\sin\angle APC}{\sin\angle CPB} = \dfrac{\sin\angle APD}{\sin\angle DPB}$

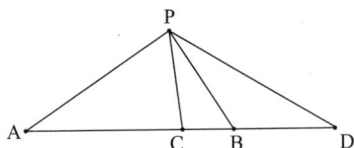

【解析】因为 $(PA,\ PB,\ PC,\ PD) = -1$

所以 $\dfrac{AC}{CB} = \dfrac{AD}{DB} \Leftrightarrow \dfrac{S_{\triangle PAC}}{S_{\triangle PCB}} = \dfrac{S_{\triangle PAD}}{S_{\triangle PDB}} \Leftrightarrow \dfrac{\dfrac{1}{2} PA \cdot PC \cdot \sin\angle APC}{\dfrac{1}{2} PB \cdot PC \cdot \sin\angle BPC}$

$$= \dfrac{\dfrac{1}{2} PA \cdot PD \cdot \sin\angle APD}{\dfrac{1}{2} PD \cdot PB \cdot \sin\angle BPD} \Leftrightarrow \dfrac{\sin\angle APC}{\sin\angle BPC} = \dfrac{\sin\angle APD}{\sin\angle BPD}$$

(2) 若有一组调和线束（共点为点 P），则任一不过点 P 的直线与该组线束的四个交点必成调和点列.（如下图）

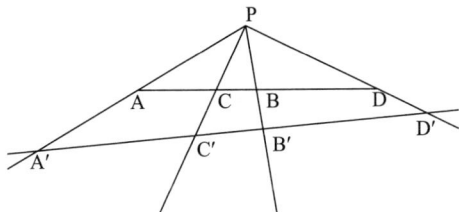

【解析】因为 $(PA,\ PB,\ PC,\ PD) = -1$

所以 $\dfrac{\sin\angle APC}{\sin\angle CPB} = \dfrac{\sin\angle APD}{\sin\angle DPB}$

所以 $\dfrac{\sin\angle A'PC'}{\sin\angle C'PB'}=\dfrac{\sin\angle A'PD'}{\sin\angle D'PB'}$

所以 $(A',\ B',\ C',\ D')=-1$

（3）特殊情况：平行线中点模型，如图．

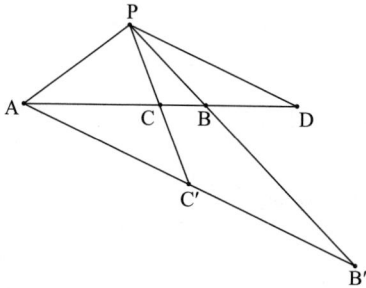

【解析】过点 A 作直线 $l//PD$，与 PC，PB 交于 C'，B'，与 PD 交与无穷远点 D'．

因为 $(A,\ B,\ C,\ D)=-1$

所以 $(A,\ B',\ C',\ D')=-1$

所以 $(A,\ B',\ C')=-1$

所以 C' 为 AB' 中点．

例 3. 只用直尺作出椭圆的切线.

【解析】如下图，过点 P 作椭圆的两条割线 PAB，PCD，

连接 AD，BC 交于点 F，连接 AC，DB 交于点 E，

连接 EF 交椭圆于 MN，直线 MN 为点 P 的极线，

所以 PM，PN 为所求椭圆的切线.

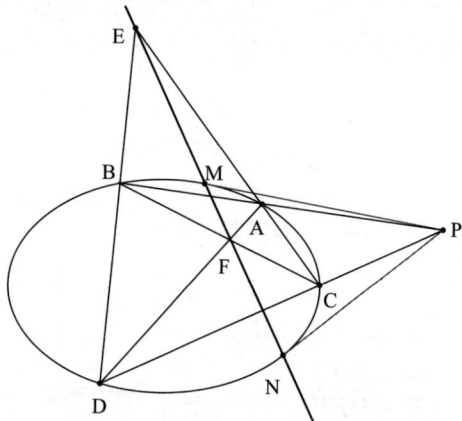

例 4.（2017 北大）如下图，三角形 ABC 的内切圆 I 与三边分别相切于 D，E，F，连接 BE，CF 交于点 P，延长 DE 交直线 BA 于点 M，延长 DF 交直线 CA 于点 N. 求证：$PI \perp MN$.

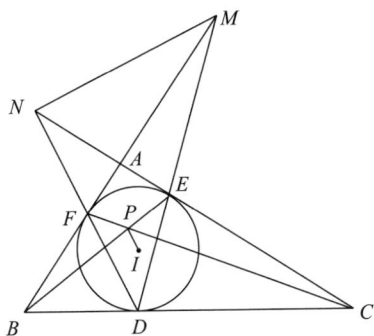

【解析】

因为 点 N 在点 B 的极线上，

所以点 B 在点 N 的极线上，

且点 E 也在点 N 的极线上，

所以点 N 的极线是直线 BE，

所以点 P 在点 N 的极线上，

同理可得，点 P 也在点 M 的极线上，

所以点 P 的极线是直线 MN，

所以 $PI \perp MN$.

例 5.（2020 北京）如下图，已知椭圆 $\dfrac{x^2}{8} + \dfrac{y^2}{2} = 1$，点 $A(-2，-1)$，过点 $B(-4，0)$ 的直线 l 交椭圆于点 M，N，直线 MA，NA 分别交直线 $x = -4$ 于点 P，Q，求 $\left| \dfrac{PB}{BQ} \right|$ 的值.

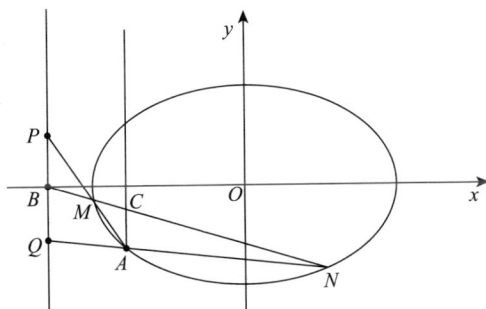

【解析】

解法 1：直曲联立

解法 2：调和线束

因为 点 B 是极线 $x=-2$，即直线 AC，

所以 $(BCMN)=-1$

所以 $(AB，AC，AM，AN)=-1$

因为 $AC//PQ$

所以 B 是 PQ 中点.

三、巩固练习

1.(1) 调和点列 A，B，C，D (2)$AP \perp BP$ (3)PB 平分 $\angle CPD$
(4)PA 平分 $\angle CPD$ 的外角. 以上 4 个条件中，任意选择 2 个作为已知，2 个
作为结论，并证明.

【提示】

利用调和线束性质 $\dfrac{\sin\angle APC}{\sin\angle CPB}=\dfrac{\sin\angle APD}{\sin\angle DPB}$，可证明.

2. 如下图，设椭圆 $\dfrac{x^2}{4}+\dfrac{y^2}{2}=1$，过点 $P(4，1)$ 的动直线 l 与椭圆交于不

同的两点 A，B，在线段 AB 上取一点 Q，满足 $\dfrac{AP}{BP}=\dfrac{AQ}{BQ}$，证明：点 Q 总在

某定直线上.

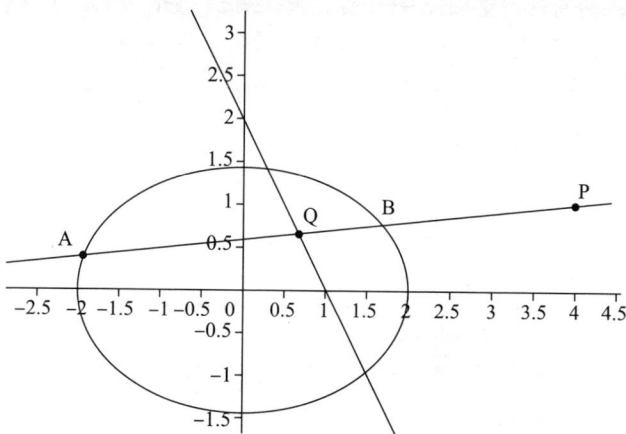

【解析】点 P 的极线是 $x + \dfrac{y}{2} = 1$，

因为 $\dfrac{AP}{BP} = \dfrac{AQ}{BQ}$

所以 $(P, Q, A, B) = -1$

所以点 Q 在点 P 的极线上．

所以点 Q 在直线 $x + \dfrac{y}{2} = 1$ 上．

3. 如下图，设椭圆 $\dfrac{x^2}{3} + y^2 = 1$，斜率为 $k (k > 0)$ 且不过原点的直线 l 交椭圆于不同的两点 A，B，线段 AB 的中点为 E，射线 OE 交椭圆于点 G，交直线 $x = -3$ 于点 D，若 $|OD| \cdot |OE| = |OG|^2$，求证：直线 l 过定点．

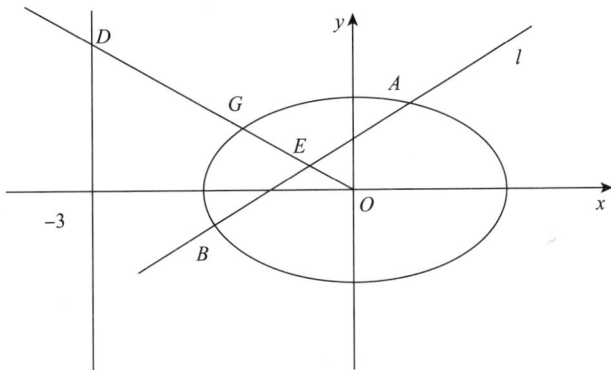

【解析】延长 DO 交椭圆于点 F，

因为 $|OD| \cdot |OE| = |OG|^2$

所以 $(F, G, E, D) = -1$

所以点 E 在点 D 的极线上．

设点 $D(-3, a)$

所以点 D 的极线为 $x - ay + 1 = 0$．

所以直线 l 过定点 $(-1, 0)$．

4. 如下图，已知 A，B 分别为椭圆 $\dfrac{x^2}{9}+y^2=1$ 的左、右顶点，P 为直线 $x=6$ 上的动点，PA 与椭圆的另一交点为 C，PB 与椭圆的另一交点为 D，求证：直线 CD 过定点.

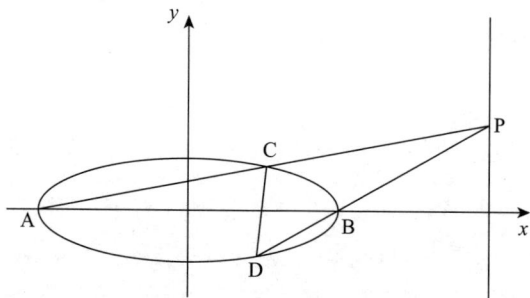

【解析】

设点 $P(6，a)$

所以点 P 的极线为 $2x+3ay-3=0$.

所以直线 CD 恒过定点 $\left(\dfrac{3}{2}，0\right)$.

第十三讲 复数（1）

一、知识导航

1. 复数的基本概念

（1）形如 $a+bi$ 的数叫做复数（其中 a，$b \in R$）；复数的单位为 i，它的平方等于 -1，即 $i^2 = -1$. 其中 a 叫做复数的实部，b 叫做虚部.

（2）两个复数相等的定义

$a+bi=c+di \Leftrightarrow a=c$ 且 $b=d$（其中 a，b，c，$d \in R$），特别地 $a+bi=0 \Leftrightarrow a=b=0$.

（3）共轭复数：$z=a+bi$ 的共轭记作 $\overline{z}=a-bi$.

（4）复数的模长：对于复数 $z=a+bi$，把 $|z|=\sqrt{a^2+b^2}$ 叫做复数 z 的模长.

（5）复数的幅角：设复数 $z=a+bi$（a，$b \in R$）所对应的向量为 $\overrightarrow{OZ}$，我们称始边是 x 轴正半轴，终边是 $\overrightarrow{OZ}$ 的角称为复数 z 的幅角，记为 $Argz$. 在 $[0, 2\pi)$ 内的幅角叫做复数 z 的幅角主值，记作 $argz$. 且有 $Argz = argz + 2k\pi(k \in Z)$.

2. 复数的表示

一个复数 z 可以写成几种不同的形式：

（1）代数形式：$z=a+bi$，a，$b \in R$；

（2）三角形式：$z=r(\cos\theta + i\sin\theta)$，$r > 0$，$\theta \in R$；

（3）指数形式：$z=re^{i\theta}$，$r > 0$，$\theta \in R$；其中 $e^{i\theta}=\cos\theta + i\sin\theta$（这意味着指数形式与三角形式是统一的）.

3. 复数的运算

（1）复数的代数形式运算

对于两个复数 $a+bi$、$c+di$（其中 a，b，c，$d \in R$）.

加法：$(a+bi)+(c+di)=(a+c)+(b+d)i$；

减法：$(a+bi)-(c+di)=(a-c)+(b-d)i$；

乘法：$(a+bi)(c+di)=(ac-bd)+(bc+ad)i$；

除法：$\dfrac{a+bi}{c+di}=\dfrac{ac+bd}{c^2+d^2}+\dfrac{bc-ad}{c^2+d^2}i(c+di \neq 0)$.

（2）复数的三角形式运算

若 $z_1 = r_1(\cos\theta_1 + i\sin\theta_1)$ ， $z_2 = r_2(\cos\theta_2 + i\sin\theta_2)$ ， 则：

$$z_1 z_2 = r_1(\cos\theta_1 + i\sin\theta_1) \cdot r_2(\cos\theta_2 + i\sin\theta_2)$$
$$= r_1 r_2 [\cos(\theta_1 + \theta_2) + i\sin(\theta_1 + \theta_2)]$$

$$\frac{z_1}{z_2} = \frac{r_1(\cos\theta_1 + i\sin\theta_1)}{r_2(\cos\theta_2 + i\sin\theta_2)} = \frac{r_1}{r_2}[\cos(\theta_1 - \theta_2) + i\sin(\theta_1 - \theta_2)].$$

（3）复数的模长与共轭

①共轭与四则运算： $\overline{z_1 \pm z_2} = \overline{z_1} \pm \overline{z_2}$ ； $\overline{z_1 \cdot z_2} = \overline{z_1} \cdot \overline{z_2}$ ； $\overline{\left(\dfrac{z_1}{z_2}\right)} = \dfrac{\overline{z_1}}{\overline{z_2}}$ ；

②模长与四则运算： $|z_1 \cdot z_2| = |z_1| \cdot |z_2|$ ； $\left|\dfrac{z_1}{z_2}\right| = \dfrac{|z_1|}{|z_2|}$ ；

③模长不等式（三角形不等式）： $||z_1| - |z_2|| \leqslant |z_1 + z_2| \leqslant |z_1| + |z_2|$ ；

④共轭与模长： $|z| = |\overline{z}|$ ； $|z|^2 = z \cdot \overline{z}$ ；

⑤实部与虚部： $\mathrm{Re}(z) = \dfrac{1}{2}(z + \overline{z})$ ， $\mathrm{Im}(z) = \dfrac{1}{2i}(z - \overline{z})$ ， $\overline{z} = z$ 的充要条件是 z 的实部为 0.

二、经典例题

例1.（2023清华大学自强计划）已知 $|z| = 1$ ，关于 x 的方程 $zx^2 + 2\overline{z}x + 2 = 0$ 有实根，那么 z 的虚部可能为（　　）.

A. $\dfrac{\sqrt{15}}{4}$ 　　　　B. $-\dfrac{\sqrt{15}}{4}$ 　　　　C. 1 　　　　D. 0

【答案】ABD

【解析】

设 $z = a + bi$ ， $a, b \in R$ ， $x_0 \in R$ 代入方程中，

$(a + bi)x_0^2 + 2(a - bi)x_0 + 2 = 0$ 　（＊）

$$\begin{cases} ax_0^2 + 2ax_0 + 2 = 0 & ① \\ bx_0^2 - 2bx_0 = 0 & ② \end{cases}$$

由 ② 知： $bx_0(x_0 - 2) = 0$

则 $b = 0$ 或 $x_0 = 0$ 或 $x_0 = 2$

（1）当 $b = 0$ 时， $z \in R$ ， 由 $|z| = 1$ 得 $z = \pm 1$ ， 所以 D 正确；

（2）当 $x_0 = 0$ 时，不满足 （＊） 方程，舍；

（3）当 $x_0 = 2$ 时，可得 $a = -\dfrac{1}{4}$，由 $|z| = 1$ 得 $b = \pm\dfrac{\sqrt{15}}{4}$，所以 A、B、D 正确．

例2.（2015 清华）设复数 z 满足 $2|z| \leqslant |z-1|$，则（　　）.

A. $|z|$ 的最大值为 1 　　　　　B. $|z|$ 的最小值为 $\dfrac{1}{3}$

C. z 的虚部的最大值为 $\dfrac{2}{3}$ 　　D. z 的实部的最大值为 $\dfrac{1}{3}$

【答案】ACD

【解析】

设 $z = a + b\mathrm{i}$，代入原式有 $2\sqrt{a^2 + b^2} \leqslant \sqrt{(a-1)^2 + b^2}$

两边平方有 $4(a^2 + b^2) \leqslant (a-1)^2 + b^2$，

整理得 $\left(a + \dfrac{1}{3}\right)^2 + b^2 \leqslant \dfrac{4}{9}$，

画出图形易知 A 正确，B 错误，C 正确，D 正确．

例3.（2016 清华）对于复数 $z(z \neq 0)$，$\dfrac{z}{10}$ 和 $\dfrac{40}{z}$ 的实部和虚部均为不小于 1 的正数，则在复平面中，z 所对应的向量 $\overrightarrow{OP}$ 的端点 P 运动形成的图形面积为 _____．

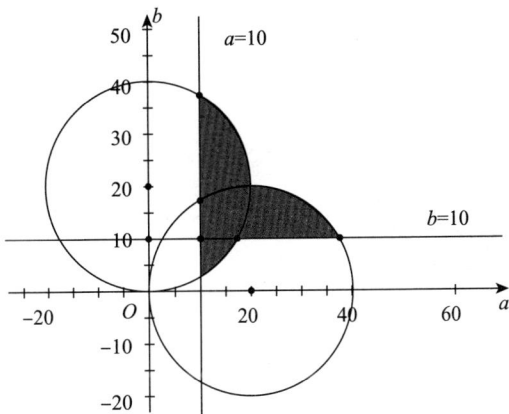

【答案】$\dfrac{400\pi}{3} - 100\sqrt{3} + 100$

【解析】

设 $z = a + bi$，a，$b \in R$，由 $\dfrac{z}{10}$ 和 $\dfrac{40}{\bar{z}}$ 的实部和虚部均为不小于 1 得

$$\frac{a}{10} \geqslant 1，\frac{b}{10} \geqslant 1，\frac{40a}{a^2 + b^2} \geqslant 1，\frac{40b}{a^2 + b^2} \geqslant 1$$

即
$$\begin{cases} a \geqslant 10 \\ b \geqslant 10 \\ (a - 20)^2 + b^2 \leqslant 400 \\ a^2 + (b - 20)^2 \leqslant 400 \end{cases}$$

容易求出点 P 运动形成的如图所示的阴影面积为 $\dfrac{400\pi}{3} - 100\sqrt{3} + 100$．

例 4. (2020 清华) $\sin\left(\arctan 1 + \arccos \dfrac{3}{\sqrt{10}} + \arcsin \dfrac{1}{\sqrt{5}}\right) = $ _____．

【答案】1

【解析】

设复数 $z_1 = 1 + i$，$z_2 = 2 + i$，$z_3 = 3 + i$，则 $\theta_1 = \arg z_1 = \arctan 1$，$\theta_2 = \arg z_2 = \arctan \dfrac{1}{\sqrt{5}}$，$\theta_3 = \arg z_3 = \arctan \dfrac{3}{\sqrt{10}}$，所以

$$z_1 z_2 z_3 = r_1 r_2 r_3 \left[\cos(\theta_1 + \theta_2 + \theta_3) + i\sin(\theta_1 + \theta_2 + \theta_3) \right] = (1 + i)(5 + 5i) = 10i，$$

于是，$\cos(\theta_1 + \theta_2 + \theta_3) = 0$，又 θ_1，θ_2，$\theta_3 \in \left(0, \dfrac{\pi}{2}\right)$，所以 $\sin(\theta_1 + \theta_2 + \theta_3) = 1$

即：$\arg(z_1 z_2 z_3) = \dfrac{\pi}{2}$，所以 $\sin\left(\arctan 1 + \arccos \dfrac{3}{\sqrt{10}} + \arcsin \dfrac{1}{\sqrt{5}}\right) = \sin \dfrac{\pi}{2} = 1$．

例 5. (2016 北大) 设 a，b，c 为实数，a，$c \neq 0$，方程 $ax^2 + bx + c = 0$ 的两个虚数根 x_1，x_2 满足 $\dfrac{x_1^2}{x_2}$ 为实数，则 $\displaystyle\sum_{k=0}^{2015} \left(\dfrac{x_1}{x_2}\right)^k$ 等于 _____．

【答案】0

【解析】

由于一元二次方程的虚数根必然共轭，因此，可设

$$x_1 = r(\cos\theta + i\sin\theta)，\quad x_2 = r(\cos\theta - i\sin\theta) = r\left[\cos(-\theta) + i\sin(-\theta)\right]$$

从而 $\dfrac{x_1^2}{x_2} = r(\cos 3\theta + i\sin 3\theta)$ 为实数，进而可得 $\theta = \dfrac{k\pi}{3}(k \in Z)$．于是

$$\frac{x_1}{x_2} = \cos 2\theta + i\sin 2\theta$$

$$\frac{x_1}{x_2} = \cos \frac{2k\pi}{3} + i\sin \frac{2k\pi}{3}$$

$$\left(\frac{x_1}{x_2}\right)^{2016} = \cos\left(\frac{2k\pi}{3} \cdot 2016\right) + i\sin\left(\frac{2k\pi}{3} \cdot 2016\right) = 1$$

进而 $\displaystyle\sum_{k=0}^{2015}\left(\frac{x_1}{x_2}\right)^k = \frac{1-\left(\frac{x_1}{x_2}\right)^{2016}}{1-\frac{x_1}{x_2}} = 0.$

例 6.（2015 北大）设 z 是复数，$|\bar{z} - z| = 2\sqrt{2}$，且 $\dfrac{\bar{z}}{z^2}$ 为纯虚数，则 $|z|$ 的值为 _____.

【答案】 $2\sqrt{2}$ 或 $\sqrt{2}$

【解析】 解法 1

由已知 $|\bar{z} - z|^2 = (z - \bar{z})(\bar{z} - \bar{\bar{z}}) = (z - \bar{z})(\bar{z} - z) = 8$ ①

由 $\dfrac{\bar{z}}{z^2}$ 为纯虚数可知 $\dfrac{\bar{z}}{z^2} = -\dfrac{z}{(\bar{z})^2}$，于是 $z^3 = -(\bar{z})^3$，因式分解得到 $(z + \bar{z})(z^2 - z\bar{z} + (\bar{z})^2) = 0$

（1）如果 $z + \bar{z} = 0$，设 $z = ai(a \in R, a \neq 0)$，代入式①得到 $2ai \cdot (-2ai) = 8$，得到 $a^2 = 8$，于是 $|z| = \sqrt{2}$，

（2）如果 $z^2 - z\bar{z} + (\bar{z})^2 = 0$，代入式①得到 $8 = (z - \bar{z})(\bar{z} - z) = 2z\bar{z} - z^2 - (\bar{z})^2 = |z|^2$，

得到 $|z| = 2\sqrt{2}$.

解法 2

设 $z = r(\cos\theta + i\sin\theta)$，$\bar{z} = r(\cos\theta - i\sin\theta)$，

由 $|\bar{z} - z| = 2\sqrt{2} \Rightarrow r^2 \sin^2\theta = 2 \Rightarrow |r\sin\theta| = \sqrt{2}$，

又 $\dfrac{\bar{z}}{z^2} = \dfrac{\bar{z} \cdot \bar{z}^2}{z^2 \cdot \bar{z}^2} = \dfrac{\bar{z}^3}{|z|^4}$ 为纯虚数，

所以 $\bar{z}^3$ 为纯虚数，

所以 z^3 为纯虚数.

又 $z^3 = r^3(\cos 3\theta + i\sin 3\theta)$，

所以 $\cos 3\theta = 0 \Rightarrow 3\theta = \dfrac{\pi}{2} + k\pi$，$k \in Z$，

所以 $\theta = \dfrac{\pi}{6} + \dfrac{k\pi}{3}$，$k \in Z$.

当 $k = 0$，1，2，3，4，5 时，$\theta = \dfrac{\pi}{6}$，$\dfrac{3\pi}{6}$，$\dfrac{5\pi}{6}$，$\dfrac{7\pi}{6}$，$\dfrac{9\pi}{6}$，$\dfrac{11\pi}{6}$，

此时 $|\sin\theta| = \dfrac{1}{2}$ 或 1，

所以 $|z| = |r| = 2\sqrt{2}$ 或 $\sqrt{2}$.

例7.(2016北大)复数 z_1，z_2 满足 $|z_1 + z_2| = |z_1|$，$\overline{z_1}z_2 = a(1-i)$，$a \in R$，求 $\dfrac{z_2}{z_1}$ 的值 _____

【答案】$-1+i$

【解析】

由题目可知 $|z_1 + z_2|^2 = |z_1|^2$

则 $(z_1 + z_2)\overline{(z_1 + z_2)} = z_1\overline{z_1}$

$(z_1 + z_2)(\overline{z_1} + \overline{z_2}) = z_1\overline{z_1}$

$z_1\overline{z_1} + z_1\overline{z_2} + \overline{z_1}z_2 + z_2\overline{z_2} = z_1\overline{z_1}$

$2\mathrm{Re}(\overline{z_1}z_2) + z_2\overline{z_2} = 0$

$z_2\overline{z_2} = -2a$

于是 $\overline{\left(\dfrac{z_2}{z_1}\right)} = \dfrac{\overline{z_2}}{\overline{z_1}} = \dfrac{z_2\overline{z_2}}{\overline{z_1}z_2} = -\dfrac{2a}{a(1-i)} = -1-i$

所以 $\dfrac{z_2}{z_1} = -1+i$.

三、巩固练习

1.(2020复旦)若三次方程 $x^3 + ax^2 + 4x + 5 = 0$ 有一个根是纯虚数，则实数 $a = $ _____.

【答案】$\dfrac{5}{4}$

【解析】

设 $x^3 + ax^2 + 4x + 5 = 0$ 的一个纯虚根为 yi，代入 $x^3 + ax^2 + 4x + 5 = 0$

得 $-y^3 i - ay^2 + 4yi + 5 = 0$，所以 $\begin{cases} y^3 = 4y \\ ay^2 = 5 \end{cases}$，解得 $\begin{cases} y^2 = 4 \\ a = \dfrac{5}{4} \end{cases}$.

2.（2017清华，2016北大）已知 $z_1 = \sin\alpha + 2i$，$z_2 = 1 + i\cos\alpha$，则 $\dfrac{13 - |z_1 + iz_2|^2}{|z_1 - iz_2|}$ 的最小值为 _____．

【答案】2

【解析】

直接代入有

$$
\begin{aligned}
\frac{13 - |z_1 + iz_2|^2}{|z_1 - iz_2|} &= \frac{13 - |\sin\alpha - \cos\alpha + 3i|^2}{|\sin\alpha + \cos\alpha + i|} \\
&= \frac{13 - (10 - \sin 2\alpha)}{\sqrt{2 + \sin 2\alpha}} \\
&= \sqrt{2 + \sin 2\alpha} + \frac{1}{\sqrt{2 + \sin 2\alpha}}
\end{aligned}
$$

则当 $\sqrt{2 + \sin 2\alpha} = 1$，$\alpha = \dfrac{3\pi}{4}$ 时，原式有最小值2．

3.（2019北大）若 z 为复数，且 $z = x + yi$，$|x| + |y| \leqslant 1$，则 $|z - 1 - i|$ 的最大值为 _____．

【答案】$\sqrt{5}$

【解析】

$|z - 1 - i| = \sqrt{(x-1)^2 + (y-1)^2}$，已知 $|x| + |y| \leqslant 1$，故本题可用数形结合方法解决问题．

如下图所示，在平面直角坐标系上，$|x| + |y| \leqslant 1$ 表示的区域是点 $A(0, 1)$，$B(-1, 0)$，$C(0, -1)$，$D(1, 0)$ 所围成的正方形的内部区域及边界，显然，点 $P(1, 1)$ 到该区域任一点距离最大值当且仅当该点与点 B，C 重合时取到，故最大值为 $\sqrt{5}$．

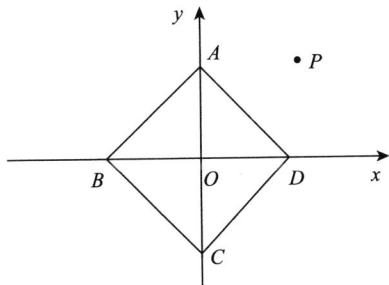

4.（2019 北大）已知复数 z 满足 $|z|=1$，且有 $z^{17}+z=1$，求 $z=$ _____.

【答案】$\dfrac{1}{2}\pm\dfrac{\sqrt{3}}{2}\mathrm{i}$

【解析】

设 $z=\cos\alpha+\mathrm{i}\sin\alpha$，由于 $z^{17}+z=1$，

我们可以得到 $z^{17}+z=\cos(17\alpha+\alpha)+\mathrm{i}\sin(17\alpha+\alpha)=1$

所以 $\begin{cases}\cos17\alpha+\cos\alpha=1,\\ \sin17\alpha+\sin\alpha=0,\end{cases}$

移项得

$\begin{cases}\cos17\alpha=1-\cos\alpha\\ \sin17\alpha=-\sin\alpha\end{cases}$ 两式平方相加，得到 $\cos\alpha=\dfrac{1}{2}$

故 $\sin\alpha=\pm\dfrac{\sqrt{3}}{2}$，经检验 $\dfrac{1}{2}\pm\dfrac{\sqrt{3}}{2}\mathrm{i}$ 都是原方程的解.

5.（2022 北大）如下图，复数 $\dfrac{z}{2}$ 和 $\dfrac{2}{z}$ 的实部和虚部都在区间 $[-1,1]$ 上，则复数 z 对应的点组成图形的面积为 _____.

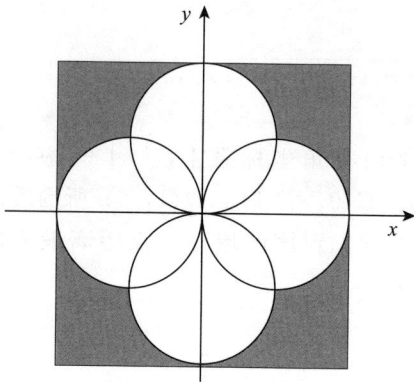

【答案】$12-2\pi$

【解析】

设 $z=x+y\mathrm{i}$，则 $\dfrac{z}{2}=\dfrac{x+y\mathrm{i}}{2}$，$\dfrac{2}{z}=\dfrac{2}{x+y\mathrm{i}}=\dfrac{2(x-y\mathrm{i})}{x^2+y^2}$，因为 $\dfrac{z}{2}$ 和 $\dfrac{2}{z}$

的实部和虚部都在区间 $[-1,1]$ 上，

所以 $\begin{cases} -1 \leqslant \dfrac{x}{2} \leqslant 1 \\ -1 \leqslant \dfrac{y}{2} \leqslant 1 \\ -1 \leqslant \dfrac{2x}{x^2+y^2} \leqslant 1 \\ -1 \leqslant -\dfrac{2y}{x^2+y^2} \leqslant 1 \end{cases}$，化简得 $\begin{cases} -2 \leqslant x \leqslant 2 \\ -2 \leqslant y \leqslant 2 \\ (x+1)^2 + y^2 \geqslant 1 \\ (x-1)^2 + y^2 \geqslant 1 \\ x^2 + (y+1)^2 \geqslant 1 \\ x^2 + (y-1)^2 \geqslant 1 \end{cases}$，

所以复数 z 对应的点组成区域如上图所示，

面积为 $\left(2 \times 2 - 1 \times 1 - \pi \times 1^2 \times \dfrac{1}{2}\right) \times 4 = 12 - 2\pi$.

6.（2022 清华强基）在复平面内，复数 z_1 在 $1+i$ 和 $1+ai(a \in R)$ 的连线上，复数 z_2 在以原点为圆心，以 1 为半径的圆上，若 $z_1 + z_2$ 的点所组成的图形面积为 $4+\pi$，则 a 可以为（　　　）.

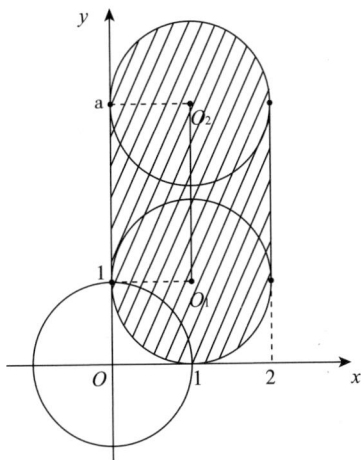

A. -1 B. 1   C. 3   D. 5

【答案】AC

【解析】借助复数的几何意义。

$z_1 + z_2$ 的点所组成的图形如下图所示，则 $\pi + 2|a-1| = 4+\pi$，则 $a = 3$ 或 -1.

第十四讲　复数（2）

一、知识导航

4. 单位根与单位根的性质

（1）单位根

$x^n = 1$ 的 n 个根，称为 n 次单位根或者简称为单位根，记这 n 个单位根为 ε_0，ε_1，$\cdots$，ε_{n-1}，其中 $\varepsilon_0 = 1$，$\varepsilon_k = \cos\dfrac{2k\pi}{n} + \mathrm{i}\sin\dfrac{2k\pi}{n} = \left(\cos\dfrac{2\pi}{n} + \mathrm{i}\sin\dfrac{2\pi}{n}\right)^k = \varepsilon_1^k$.

（2）单位根的性质

①两个 n 次单位根的乘积仍是一个 n 次单位根，且 $\varepsilon_j \varepsilon_k = \varepsilon_{j+k}$.

②对任何整数 m，$\varepsilon_k^m = \varepsilon_{mk}$.

③ $1 + \varepsilon_1 + \cdots + \varepsilon_{n-1} = 0$.

④设 k 和 l 是整数，则 $\varepsilon^k = \varepsilon^l$ 的充要条件是 k 和 l 除以 n 的余数相同.

⑤ $1 + \varepsilon_k^p + \varepsilon_k^{2p} + \varepsilon_k^{3p} \cdots + + \varepsilon_k^{(n-1)p} = \begin{cases} n, & p = mn \text{ 或 } k = 0 \\ 0, & p \neq mn \text{ 且 } k \neq 0 \end{cases}$.

5. 复数与方程

对于一元 n 次方程 $a_n x^n + a_{n-1}x^{n-1} + \cdots + a_0 = 0$，在复数范围内，我们不加证明地给出下述一些结论：

（1）此方程在复数范围内恰有 n 个根；

（2）（韦达定理）设这 n 个根为 α_1，α_2，$\cdots$，α_n，它们与方程的系数构成如下关系：

$$\begin{cases} \alpha_1 + \alpha_2 + \cdots + \alpha_n = \dfrac{\alpha_{n-1}}{\alpha_n} \\[2mm] \alpha_1\alpha_2 + \alpha_2\alpha_3 + \cdots + \alpha_{n-1}\alpha_n = \dfrac{\alpha_{n-2}}{\alpha_n} \\[2mm] \cdots\cdots \\[2mm] \displaystyle\sum_{1 \leqslant i_1 < i_2 < \cdots < i_j \leqslant n} \alpha_{i_1}\alpha_{i_2}\cdots\alpha_{i_j} = (-1)^j \dfrac{\alpha_{n-j}}{\alpha_n} \\[2mm] \cdots\cdots \\[2mm] \alpha_1\alpha_2\cdots\alpha_n = (-1)^n \dfrac{\alpha_0}{\alpha_n} \end{cases}$$

（3）虚根成对定理：若方程的系数均为实数，则对方程的任意复数根 α，$\bar{\alpha}$ 也是该方程的根.

二、经典例题

例1.（2019清华）令 $z_k = \cos\dfrac{2k-2}{5}\pi + \mathrm{i}\sin\dfrac{2k-2}{5}\pi$，$k = 1$，2，3，4，5，若 $a_i = \prod\limits_{i \neq j}(z_i - z_j)$，则以下说法正确的是（　　）.

A. $a_1 a_3 a_4 = 125$

B. $a_1 a_2 a_3 a_4 a_5 = 5^5$

C. $a_2 a_4^2 = 125$

D. $a_1 = 5$

【答案】ABD

【解析】

由条件 $z_1 = 1$，知

$$z^4 + z^3 + z^2 + z + 1 = (z - z_2)(z - z_3)(z - z_4)(z - z_5)$$

令 $z = 1$，知 D 正确，由单位根的性质知 $a_k = \varepsilon^{k-1} a_1 (k = 2, 3, 4, 5)$，其中 $\varepsilon^5 = 1$，c 不为实数.

从而 $a_1 a_3 a_4 = \varepsilon^5 a_1^3 = 125$，A 正确；

$a_1 a_2 a_3 a_4 a_5 = 5^5$，$a_k = \varepsilon^{k-1} a_1 (k = 2, 3, 4, 5)$，其中 $\varepsilon^5 = 1$，B 正确；

$a_2 a_4^2 = \varepsilon^7 a_1^3 \neq 125$，C 错误.

例2.（2021清华）已知 $\omega = \cos\dfrac{\pi}{5} + \mathrm{i}\sin\dfrac{\pi}{5}$，则 _____.

A. $x^4 + x^3 + x^2 + x + 1 = (x - \omega)(x - \omega^3)(x - \omega^7)(x - \omega^9)$

B. $x^4 - x^3 + x^2 - x + 1 = (x - \omega)(x - \omega^3)(x - \omega^7)(x - \omega^9)$

C. $x^4 - x^3 - x^2 + x + 1 = (x - \omega)(x - \omega^3)(x - \omega^7)(x - \omega^9)$

D. $x^4 + x^3 + x^2 - x - 1 = (x - \omega)(x - \omega^3)(x - \omega^7)(x - \omega^9)$

【答案】B

【解析】

因为 ω，ω^3，ω^5，ω^7，ω^9 都满足方程 $x^5 + 1 = 0$，

所以 $x^5 + 1 = (x - \omega)(x - \omega^3)(x - \omega^5)(x - \omega^7)(x - \omega^9)$，

所以 $(x - \omega)(x - \omega^3)(x - \omega^7)(x - \omega^9) = \dfrac{x^5 + 1}{x - \omega^5} = \dfrac{x^5 + 1}{x + 1}$

$= x^4 - x^3 + x^2 - x + 1$.

例 3. (2016 北大) 实系数方程 $x^4+ax^3+bx^2+cx+d=0$ 有 4 个非实数根, 其中两个之和为 $2+i$, 另外两个之积为 $5+6i$, 求 $b=$ _____.

【答案】15

【解析】

实系数方程存在虚根, 则虚根共轭, 故设四个虚根为 x_1, x_2, $\overline{x_1}$, $\overline{x_2}$, 由题意得:

$$\begin{cases} x_1+x_2=2+i \\ x_1x_2=5+6i \end{cases}$$

而所求:

$$b=x_1x_2+\overline{x_1x_1}+x_1\overline{x_2}+x_2\overline{x_2}+\overline{x_1x_2}=x_1x_2+\overline{x_1x_2}+(x_1+x_2)(\overline{x_1}+\overline{x_2})$$

将已知条件代入, 有: $b=(2+i)(2-i)+(5+6i)(5-6i)=15$

例 4. (2020 北大) 设 a, b, c, d 是方程 $x^4+2x^3+3x^2+4x+5=0$ 的 4 个复根, 则 $\dfrac{a-1}{a+2}+\dfrac{b-1}{b+2}+\dfrac{c-1}{c+2}+\dfrac{d-1}{d+2}=$ _____.

【答案】 $-\dfrac{4}{3}$

【解析】

$$\dfrac{a-1}{a+2}+\dfrac{b-1}{b+2}+\dfrac{c-1}{c+2}+\dfrac{d-1}{d+2}=4-3\left(\dfrac{1}{a+2}+\dfrac{1}{b+2}+\dfrac{1}{c+2}+\dfrac{1}{d+2}\right),$$

设 $\dfrac{1}{x+2}=y$, 所以 $x=\dfrac{1-2y}{y}$, 代入 $x^4+2x^3+3x^2+4x+5=0$ 并化简得 $9y^4-16y^3+15y^2-6y+1=0$, 所以 $\dfrac{1}{a+2}$, $\dfrac{1}{b+2}$, $\dfrac{1}{c+2}$, $\dfrac{1}{d+2}$ 为该方程的四个根, 根据韦达定理可知 $\dfrac{1}{a+2}+\dfrac{1}{b+2}+\dfrac{1}{c+2}+\dfrac{1}{d+2}=\dfrac{16}{9}$, 所以 $\dfrac{a-1}{a+2}+\dfrac{b-1}{b+2}+\dfrac{c-1}{c+2}+\dfrac{d-1}{d+2}=4-3\times\dfrac{16}{9}=-\dfrac{4}{3}$

例 5. (2019 清华) 方程 $x^4+2x^3+2=0$ 有四个根 z_1, z_2, z_3, z_4, 则 $(z_1z_2+z_3z_4)(z_1z_4+z_2z_3)(z_1z_3+z_2z_4)=$ _____.

【答案】8

【解析】

以下求和符号均指对称求和, 由韦达定理, 有

$$\sum z_1 = -2, \quad \sum z_1 z_2 = \sum z_1 z_2 z_3 = 0, \quad z_1 z_2 z_3 z_4 = 2$$

故

$$原式 = z_1 z_2 z_3 z_4 \sum z_1^2 + \sum z_1^2 z_2^2 z_3^2$$

$$= z_1 z_2 z_3 z_4 \left(\sum z_1 \right)^2 + \left(\sum z_1 z_2 z_3 \right)^2 - 2 z_1 z_2 z_3 z_4 \sum z_1 z_2 = 8.$$

例 6.（2023 清华大学自强计划）已知 $z = \cos \dfrac{2\pi}{7} + \mathrm{i}\sin \dfrac{2\pi}{7}$，求 $\dfrac{z}{1+z^2} +$ $\dfrac{z^4}{1+z^3} + \dfrac{z^3}{1+z^4}$ 的值．

【答案】-2

【解析】

由题意，z 是 7 次单位根，

所以 $1 + z + z^2 + \cdots + z^6 = 0$，又 $z^7 = 1$，$\dfrac{1}{z} = z^6$，

原式

$$= \frac{z}{1+z^2} + \frac{z^4}{1+z^3} + \frac{z^3}{1+z^4}$$

$$= \frac{1}{\dfrac{1}{z}+z} + \frac{1}{\dfrac{1}{z^4}+\dfrac{1}{z}} + \frac{1}{\dfrac{1}{z^3}+z}$$

$$= \frac{1}{z+z^6} + \frac{1}{z^3+z^6} + \frac{1}{z^4+z}$$

$$= \frac{1}{z+z^6} + \frac{z}{1+z^4} + \frac{z^3}{1+z^4}$$

$$= \frac{1}{z+z^6} + \frac{z+z^3}{1+z^4}$$

$$= \frac{(1+z^4)+(z+z^3)(z+z^6)}{(z+z^6)(1+z^4)}$$

$$= \frac{1+z^4+z^2+z^7+z^4+z^9}{z+z^5+z^6+z^{10}}$$

$$= \frac{2+2z^4+2z^2}{z+z^3+z^5+z^6}$$

$$= \frac{2(1+z^2+z^4)}{-1-z^2-z^4}$$

$$= -2.$$

三、巩固练习

1.（2022 清华）复数 $|z|=1$，则 $|(z-2)(z+1)^2|$ 的最大值为 _____．

【答案】$3\sqrt{3}$

【解析】

$$
\begin{aligned}
|(z-2)(z+1)^2| &= |z-2|\cdot|z+1|^2 = \sqrt{|z-2|^2\cdot|z+1|^2}\\
&= \sqrt{z\bar{z}-2z-2\bar{z}+4}\cdot(z\bar{z}+z+\bar{z}+1)\\
&= \sqrt{5-2(z+\bar{z})}\cdot(2+z+\bar{z})\\
&= \sqrt{[5-2(z+\bar{z})](2+z+\bar{z})^2}\\
&\leqslant \sqrt{\left(\frac{5-2(z+\bar{z})+2(2+z+\bar{z})}{3}\right)^3} = \sqrt{3^3} = 3\sqrt{3}, \quad 当 z=\frac{1}{2}\pm\frac{\sqrt{3}}{2}i 时
\end{aligned}
$$

可以取到等号．

2.（2019 北大）已知 $z_n = (1+i)\left(1+\frac{i}{\sqrt{2}}\right)\left(1+\frac{i}{\sqrt{3}}\right)\left(1+\frac{i}{\sqrt{3}}\right)\cdots\left(1+\frac{i}{\sqrt{n}}\right)$，求 $|z_n| = $ _____．

【答案】$\sqrt{n+1}$

【解析】

利用公式 $|x_1 x_2 x_3 \cdots x_n| = |x_1||x_2||x_3|\cdots|x_n|$，本题中，令 $x_n = 1+\frac{i}{\sqrt{n}}$，则

$$
|x_n| = \sqrt{1+\frac{1}{n}} = \sqrt{\frac{n+1}{n}}
$$

故

$$
|z_n| = \sqrt{\frac{n+1}{n}}\sqrt{\frac{n}{n-1}}\cdots\sqrt{\frac{2}{1}} = \sqrt{n+1}.
$$

3. 已知方程 $x^{10}+(13x-1)^{10}=0$ 有 10 个复数根 r_i，$\overline{r_i}$ $(i=1,2,3,4,5)$，则 $\sum_{i=1}^{5}\frac{1}{r_i\overline{r_i}} = $ _____．

【答案】850

【解析】

原方程可化为 $\left(\dfrac{13x-1}{x}\right)^{10}=-1$，记 $y^{10}=-1$ 的 10 个复数根为 ω_i，

$\overline{\omega_i}\,(i=1,\,2,\,3,\,4,\,5)$；

即有 $\omega_i=\dfrac{13r_i-1}{r_i}$，即 $\dfrac{1}{r_i}=13-\omega_i$；

从而 $\dfrac{1}{r_i\overline{r_i}}=(13-\omega_i)(13-\overline{\omega_i})=170-13(\omega_i+\overline{\omega_i})$；

故 $\displaystyle\sum_{i=1}^{5}\dfrac{1}{r_i\overline{r_i}}=5\times170-13\sum_{i=1}^{5}(\omega_i+\overline{\omega_i})=850.$

---

4. 已知：$\dfrac{\cos x+\cos y+\cos z}{\cos(x+y+z)}=\dfrac{\sin x+\sin y+\sin z}{\sin(x+y+z)}=a$，则

$\cos(x+y)+\cos(y+z)+\cos(z+x)=$ _____．

【答案】a

【解析】

记 $s=x+y+z$，设 $e^{ix}=\cos x+i\sin x$，$e^{iy}=\cos y+i\sin y$，$e^{iz}=\cos z+i\sin z$

则

$$e^{ix}+e^{iy}+e^{iz}=(\cos x+\cos y+\cos z)+i(\sin x+\sin y+\sin z)$$
$$=a\cos(x+y+z)+ia\sin(x+y+z)$$
$$=ae^{i(x+y+z)}=ae^{is}$$

同理，$e^{-ix}+e^{-iy}+e^{-iz}=a^{-is}$

则，$e^{i(x+y)}+e^{i(y+z)}+e^{i(x+z)}=e^{i(s-z)}+e^{i(s-x)}+e^{i(s-y)}$
$$=e^{is}(e^{-ix}+e^{-iy}+e^{-iz})$$
$$=e^{is}\cdot a\cdot e^{-is}=a.$$

第十五讲　平面向量

一、知识导航

1. 基本概念：向量的模和方向、零向量、单位向量、共线（平行）向量、共面向量等.

2. 加减运算：向量加减法的平行四边形法则和三角形法则.

（1）对给定的两点 A、B，和任意 n（$n \in N^*$）个点 A_1，A_2，…，A_n，都有

折线替换：$\overrightarrow{AB} = \overrightarrow{AA_1} + \overrightarrow{A_1A_2} + \overrightarrow{A_2A_3} + \cdots + \overrightarrow{A_{n-1}A_n} + \overrightarrow{A_nB}$.

封闭替换性质：$\overrightarrow{A_1A_2} + \overrightarrow{A_2A_3} + \cdots + \overrightarrow{A_{n-1}A_n} + \overrightarrow{A_nA_1} = \mathbf{0}$.

（2）向量三角不等式：$\big| |\boldsymbol{a}| - |\boldsymbol{b}| \big| \leqslant |\boldsymbol{a} + \boldsymbol{b}| \leqslant |\boldsymbol{a}| + |\boldsymbol{b}|$，左边等号成立的充要条件为向量 $\boldsymbol{a}$，$\boldsymbol{b}$ 反向，右边等号成立的充要条件为向量 $\boldsymbol{a}$，$\boldsymbol{b}$ 同向.

3. 向量数乘：定义、运算律等.

（1）共线向量间互相表示：对任意非零向量 $\boldsymbol{a}$，$\lambda\boldsymbol{a}$，$\lambda\boldsymbol{a}$ 可以表示出与 $\boldsymbol{a}$ 共线的任一向量 $\boldsymbol{b} = \begin{cases} \dfrac{|\boldsymbol{b}|}{|\boldsymbol{a}|}\boldsymbol{a}，\boldsymbol{a} \text{ 与 } \boldsymbol{b} \text{ 同向}，\\[2ex] -\dfrac{|\boldsymbol{b}|}{|\boldsymbol{a}|}\boldsymbol{a}，\boldsymbol{a} \text{ 与 } \boldsymbol{b} \text{ 反向}. \end{cases}$

（2）有向线段的定比分点：设点 P 分有向线段 $\overrightarrow{AB}$ 所成比例为 λ，即 $\overrightarrow{AP} = \lambda\overrightarrow{PB}$；对任意一点 O，等价于 $\overrightarrow{OP} = \dfrac{1}{1+\lambda}\overrightarrow{OA} + \dfrac{\lambda}{1+\lambda}\overrightarrow{OB}$.

（3）分比变换：设点 P 分有向线段 $\overrightarrow{AB}$ 所成比例为 λ，则点 A 分有向线段 $\overrightarrow{BP}$ 所成比例为 $-\dfrac{\lambda+1}{\lambda}$.

4. 向量基本定理：共线向量基本定理、平面向量基本定理、空间向量基本定理、向量坐标运算.

（1）三点共线条件：A、B、C 三点共线

$\Leftrightarrow$ 存在 $\lambda \in R$，使得 $\overrightarrow{AC} = \lambda\overrightarrow{AB}$

$\Leftrightarrow$ 任取平面内一点 O，都有 $\overrightarrow{OC} = (1-\lambda)\overrightarrow{OA} + \lambda\overrightarrow{OB}$.

（2）四点共面条件：A、B、C、D 四点共面

$\Leftrightarrow$ 存在 λ，$\mu \in R$，使得 $\overrightarrow{AD} = \lambda \overrightarrow{AB} + \mu \overrightarrow{AC}$

$\Leftrightarrow$ 任取空间内一点 O，都有 $\overrightarrow{OD} = (1 - \lambda - \mu) \overrightarrow{OA} + \lambda \overrightarrow{OB} + \mu \overrightarrow{OC}$.

5. 向量的数量积：定义、坐标运算、运算律、向量夹角、向量垂直与平行的判定、向量投影等.

（1）常用公式：$|\boldsymbol{a}| = \sqrt{\boldsymbol{a}^2}$，$(\boldsymbol{a} + \boldsymbol{b})^2 = \boldsymbol{a}^2 + 2\boldsymbol{a}\boldsymbol{b} + \boldsymbol{b}^2$，$(\boldsymbol{a} + \boldsymbol{b})(\boldsymbol{a} - \boldsymbol{b}) = \boldsymbol{a}^2 - \boldsymbol{b}^2$.

（2）平行四边形恒等式：$(\boldsymbol{a} + \boldsymbol{b})^2 + (\boldsymbol{a} - \boldsymbol{b})^2 = 2(\boldsymbol{a}^2 + \boldsymbol{b}^2)$.

（3）柯西不等式：$|\boldsymbol{a}\boldsymbol{b}| \leqslant |\boldsymbol{a}| |\boldsymbol{b}|$.

（4）若对任意的 $\lambda \in R$，都有 $|\boldsymbol{a} - \boldsymbol{b}| \leqslant |\boldsymbol{a} - \lambda \boldsymbol{b}|$，则 $\boldsymbol{a} \perp \boldsymbol{b}$.

6. 空间向量：空间向量坐标运算、立体几何中利用向量方法计算夹角、距离等。

（1）两个向量的向量积

定义：两个非零向量 $\boldsymbol{a}$，$\boldsymbol{b}$ 的向量积 $\boldsymbol{a} \times \boldsymbol{b}$ 是一个向量，其模长 $|\boldsymbol{a} \times \boldsymbol{b}| = |\boldsymbol{a}| |\boldsymbol{b}| \sin\langle \boldsymbol{a}, \boldsymbol{b} \rangle$，大小等于以 $\overrightarrow{OA} = \boldsymbol{a}$，$\overrightarrow{OB} = \boldsymbol{b}$，$\overrightarrow{OC} = \boldsymbol{a} + \boldsymbol{b}$ 所确定的平行四边形 $OACB$ 的面积；向量 $\boldsymbol{a} \times \boldsymbol{b}$ 的方向按右手定则确定，垂直于向量 $\boldsymbol{a}$，$\boldsymbol{b}$ 所在平面.

性质：$\boldsymbol{a} \times \boldsymbol{b} + \boldsymbol{b} \times \boldsymbol{a} = \mathbf{0}$.

坐标运算：设 $\boldsymbol{a} = (x_1, y_1, z_1)$，$\boldsymbol{b} = (x_2, y_2, z_2)$，则

$$\boldsymbol{a} \times \boldsymbol{b} = \left(\begin{vmatrix} y_1 & z_1 \\ y_2 & z_2 \end{vmatrix}, \begin{vmatrix} z_1 & x_1 \\ z_2 & x_2 \end{vmatrix}, \begin{vmatrix} x_1 & y_1 \\ x_2 & y_2 \end{vmatrix} \right).$$

（2）设异面直线 AB 与 CD 所成角为 θ，则 $\cos\theta = \left| \dfrac{\overrightarrow{AC}^2 + \overrightarrow{BD}^2 - \overrightarrow{AD}^2 - \overrightarrow{BC}^2}{2|AB| \cdot |CD|} \right|$.

（3）在四面体 $A - BCD$ 中，$\overrightarrow{AB} + \overrightarrow{CD} = \overrightarrow{AD} + \overrightarrow{CB}$，$\overrightarrow{AB} \cdot \overrightarrow{CD} + \overrightarrow{AC} \cdot \overrightarrow{DB} + \overrightarrow{AD} \cdot \overrightarrow{BC} = 0$.

（4）平行六面体 $ABCD - A_1B_1C_1D_1$ 的体积：

$$V = |\overrightarrow{AB} \times \overrightarrow{AD}| \cdot \left| \overrightarrow{AA_1} \times \frac{\overrightarrow{AB} \times \overrightarrow{AD}}{|\overrightarrow{AB} \times \overrightarrow{AD}|} \right| = |\overrightarrow{AA_1} \cdot (\overrightarrow{AB} \times \overrightarrow{AD})|$$

7. 向量与三角形：

（1）$\triangle ABC$ 三边的中垂线共点 O，点 O 称为 $\triangle ABC$ 的外心.

（2）$\triangle ABC$ 的三条角平分线共点 I，点 I 称为 $\triangle ABC$ 的内心.

（3）$\triangle ABC$ 的两条外角平分线和另一角的角平分线共点 E，点 E 称为 $\triangle ABC$ 的旁心.

（4）$\triangle ABC$ 三边上的高线共点 H，点 H 称为 $\triangle ABC$ 的垂心.

（5）$\triangle ABC$ 三边上的中线共点 G，点 G 称为 $\triangle ABC$ 的重心.

重心的一些结论：

①重心位于中线的三等分点，如 $\overrightarrow{AG} = \dfrac{2}{3}\overrightarrow{AF}$，

②点 G 是 $\triangle ABC$ 重心 $\Leftrightarrow \overrightarrow{GA} + \overrightarrow{GB} + \overrightarrow{GC} = \mathbf{0}$，

③对平面内任意一点 P，都有 $\overrightarrow{PG} = \dfrac{1}{3}(\overrightarrow{PA} + \overrightarrow{PB} + \overrightarrow{PC})$，

④设 $A = (x_1, y_1)$，$B = (x_2, y_2)$，$C = (x_3, y_3)$，则 $\triangle ABC$ 重心 G 的坐标为

$$\left(\frac{x_1 + x_2 + x_3}{3}, \frac{y_1 + y_2 + y_3}{3}\right).$$

（6）欧拉定理：设 $\triangle ABC$ 的外心、重心、垂心分别为 O，G，H 则有 $\overrightarrow{OH} = \overrightarrow{OA} + \overrightarrow{OB} + \overrightarrow{OC}$，且 $\overrightarrow{OH} = 3\overrightarrow{OG}$.

（7）奔驰定理：对 $\triangle ABC$ 内任意一点 P，都有 $S_{\triangle PBC} \cdot \overrightarrow{PA} + S_{\triangle PAC} \cdot \overrightarrow{PB} + S_{\triangle PAB} \cdot \overrightarrow{PC} = \mathbf{0}$.

二、经典例题

例 1. 证明欧拉定理：设 $\triangle ABC$ 的外心、重心、垂心分别为 O，G，H 则有 $\overrightarrow{OH} = \overrightarrow{OA} + \overrightarrow{OB} + \overrightarrow{OC}$，且 $\overrightarrow{OH} = 3\overrightarrow{OG}$.

【解析】

证明：如下图所示，$\triangle ABC$ 的外心、重心、垂心分别为 O、G、H，D 为 BC 中点，

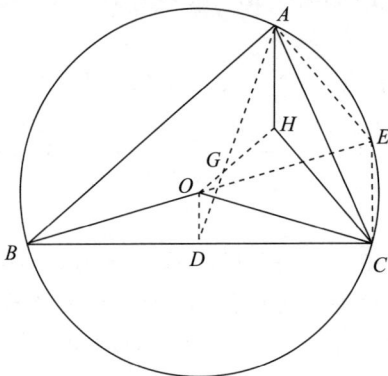

延长 BO 交 $\triangle ABC$ 的外接圆 O 于点 E，连接 OD、OH、AD、AE、CE，因为 BE 为 $\odot O$ 直径，所以 $AB \perp AE$，

因为 H 为 $\triangle ABC$ 的垂心, 所以 $AB \perp CH$, 所以 $AE//CH$.

同理可得: $AH//CE$, 所以 四边形 $AHCE$ 为平行四边形, $\overrightarrow{EC} = \overrightarrow{AH}$,

因为 O、D 分别为 BE、BC 中点,

所以 OD 为 $\triangle BCE$ 的中位线, $\overrightarrow{EC} = 2\overrightarrow{OD}$,

所以 $\overrightarrow{AH} = \overrightarrow{EC} = 2\overrightarrow{OD} = \overrightarrow{OB} + \overrightarrow{OC}$,

所以 $\overrightarrow{OH} = \overrightarrow{OA} + \overrightarrow{AH} = \overrightarrow{OA} + \overrightarrow{OB} + \overrightarrow{OC}$,

因为 G 为 $\triangle ABC$ 重心, 所以 $\overrightarrow{AG} = \dfrac{2}{3}\overrightarrow{AD}$,

所以 $\overrightarrow{OG} = \overrightarrow{OA} + \overrightarrow{AG} = \overrightarrow{OA} + \dfrac{2}{3}\overrightarrow{AD} = \overrightarrow{OA} + \dfrac{2}{3}(\overrightarrow{AO} + \overrightarrow{OD}) = \dfrac{1}{3}\overrightarrow{OA} + \dfrac{2}{3}\overrightarrow{OD}$,

因为 $\overrightarrow{OD} = \dfrac{1}{2}(\overrightarrow{OB} + \overrightarrow{OC})$,

所以 $\overrightarrow{OG} = \dfrac{1}{3}(\overrightarrow{OA} + \overrightarrow{OB} + \overrightarrow{OC}) = \dfrac{1}{3}\overrightarrow{OH}$.

例 2. 证明奔驰定理: 对 $\triangle ABC$ 内任意一点 P, 都有 $S_{\triangle PBC} \cdot \overrightarrow{PA} + S_{\triangle PAC} \cdot \overrightarrow{PB} + S_{\triangle PAB} \cdot \overrightarrow{PC} = \mathbf{0}$.

【解析】如下图.

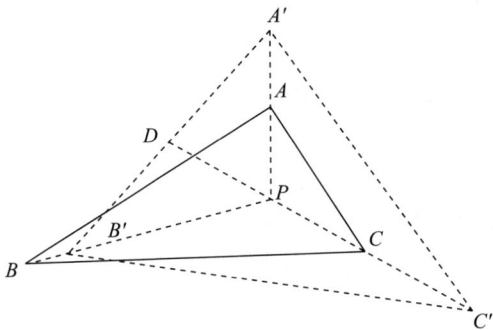

证明: 设 $|AP| = l_1$, $|BP| = l_2$, $|CP| = l_3$, $\angle APB = \alpha_1$, $\angle BPC = \alpha_2$, $\angle APC = \alpha_3$,

所以 $S_{\triangle PAB} = \dfrac{1}{2}l_1 l_2 \sin\alpha_1$, $S_{\triangle PBC} = \dfrac{1}{2}l_2 l_3 \sin\alpha_2$, $S_{\triangle PAC} = \dfrac{1}{2}l_1 l_3 \sin\alpha_3$,

分别在射线 PA、PB、PC 上取点 A'、B'、C',

使得 $\overrightarrow{PA'} = S_{\triangle PBC}\overrightarrow{PA}$, $\overrightarrow{PB'} = S_{\triangle PAC}\overrightarrow{PB}$, $\overrightarrow{PC'} = S_{\triangle PAB}\overrightarrow{PC}$,

所以 $|PA'| = S_{\triangle PBC} \cdot l_1$, $|PB'| = S_{\triangle PAC} \cdot l_2$, $|PC'| = S_{\triangle PAB} \cdot l_3$,

所以 $S_{\triangle PA'B'} = \dfrac{1}{2}|PA'| \cdot |PB'| \sin\alpha_1 = \dfrac{1}{2}S_{\triangle PBC}l_1 S_{\triangle PAC}l_2 \sin\alpha_1 = S_{\triangle PAB}S_{\triangle PBC}S_{\triangle PAC}$,

同理可得：$S_{\triangle PA'B'}=S_{\triangle PB'C'}=S_{\triangle PA'C'}=S_{\triangle PAB}S_{\triangle PBC}S_{\triangle PAC}$，

所以 $S_{\triangle PA'B'}=S_{\triangle PB'C'}=S_{\triangle PA'C'}=\dfrac{1}{3}S_{\triangle A'B'C'}$，

取 $A'B'$ 中点 D，连接 DP，$C'D$，

所以 $S_{\triangle DA'C'}=\dfrac{1}{2}S_{\triangle A'B'C'}=S_{\triangle PA'C'}+\dfrac{1}{2}S_{\triangle PA'D}$，

所以 P 在 $C'D$ 上，

同理可得：P 在 $\triangle A'B'C'$ 另外两条中线上，即 P 是 $\triangle A'B'C'$ 的重心，

所以 $\overrightarrow{PA'}+\overrightarrow{PB'}+\overrightarrow{PC'}=\mathbf{0}$，

所以 $S_{\triangle PBC}\cdot\overrightarrow{PA}+S_{\triangle PAC}\cdot\overrightarrow{PB}+S_{\triangle PAB}\cdot\overrightarrow{PC}=\mathbf{0}$.

例 3.（2024 清华强基）已知一个正四面体 $ABCD$ 棱长为 $2\sqrt{2}$，P 点满足 $|\overrightarrow{PA}+\overrightarrow{PB}|=2$，考虑 $\overrightarrow{AP}\cdot\overrightarrow{AD}$，下列说法正确的有(　　).

A. 最小值为 $4-2\sqrt{2}$　　　　B. 最大值为 $2+2\sqrt{2}$

C. 最小值为 $2-2\sqrt{2}$　　　　D. 最大值为 $4+2\sqrt{2}$

【答案】BC

【解析】设 AB 中点为 M，则由 $|\overrightarrow{PA}+\overrightarrow{PB}|=2$，知 $|\overrightarrow{PM}|=1$，且 $\overrightarrow{AM}\perp\overrightarrow{MD}$. 设 $\overrightarrow{MP}$ 和 $\overrightarrow{AD}$ 的夹角为 θ，有

$\overrightarrow{AP}\cdot\overrightarrow{AD}=(\overrightarrow{AM}+\overrightarrow{MP})\cdot(\overrightarrow{AM}+\overrightarrow{MD})=|\overrightarrow{AM}|^2+\overrightarrow{MP}\cdot\overrightarrow{AD}=2+2\sqrt{2}\cos\theta$

所以最大值为 $2+2\sqrt{2}$，最小值为 $2-2\sqrt{2}$. 选 BC.

例 4.（2021 北大强基）如下图 1，已知 AD 为 $\triangle ABC$ 中 $\angle A$ 的平分线. 过点 A 作 AD 的垂线 AH，过点 C 作 $CE\parallel AD$ 交 AH 于点 E. 若 BE 与 AD 交于点 F，且 $AB=6$，$AC=8$，$BC=7$，则 $CF=(\quad\quad)$

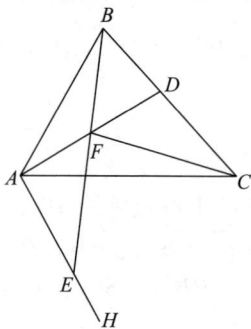

图 1

A. $\sqrt{30}$
       B. $\sqrt{31}$

C. $4\sqrt{2}$
       D. 以上答案都不对

【答案】B

【解析】延长 BA，CE 交于点 G，如下图 2.

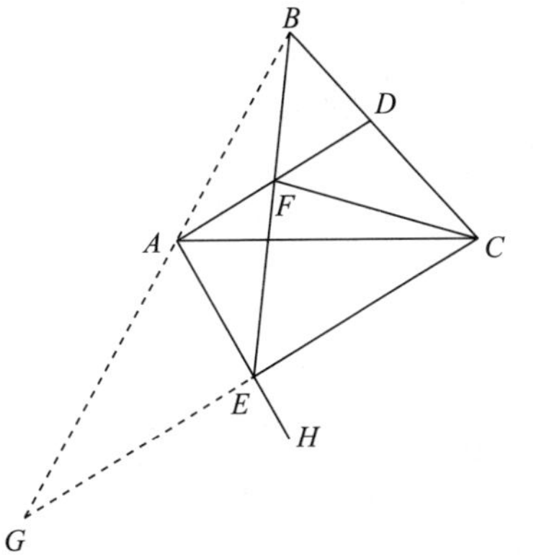

图 2

由于 $AE \perp AD$，于是 AE 是 $\angle BAC$ 的外角平分线.

又 $AE \perp CG$，于是 E 为 CG 的中点，进而 F 为 AD 的中点.

根据角平分线定理，有 $CD = 4$，根据余弦定理，有 $\cos\angle BCA = \dfrac{11}{16}$，

所以 $|\overrightarrow{CF}| = \dfrac{1}{2}|\overrightarrow{CD} + \overrightarrow{CA}|$

$$= \dfrac{1}{2}\sqrt{|CD|^2 + |CA|^2 + 2\overrightarrow{CD} \cdot \overrightarrow{CA}} = \sqrt{31}.$$

故选：B.

例5.（2020 清华强基）如下图，在 $\triangle ABC$ 中，$\angle A = 90°$，$AB = 1$，$AC = \sqrt{3}$. 点 P 满足 $\dfrac{\overrightarrow{PA}}{|\overrightarrow{PA}|} + \dfrac{\overrightarrow{PB}}{|\overrightarrow{PB}|} + \dfrac{\overrightarrow{PC}}{|\overrightarrow{PC}|} = \mathbf{0}$，则（ ）.

A. $\angle APC = 120°$
     B. $\angle APB = 120°$

C. $|\overrightarrow{PB}| = 2|\overrightarrow{PA}|$
     D. $|\overrightarrow{PC}| = 2|\overrightarrow{PB}|$

【答案】ABCD

【解析】根据题意，$\overrightarrow{PA}$，$\overrightarrow{PB}$，$\overrightarrow{PC}$ 方向上的单位向量之和为零向量，

因此 $\angle APB = \angle BPC = \angle CPA = 120°$，进而 P 为 $\triangle ABC$ 的费马点.

如图，以 AB，BC 为边作等边三角形 $\triangle ABE$，$\triangle BCD$，

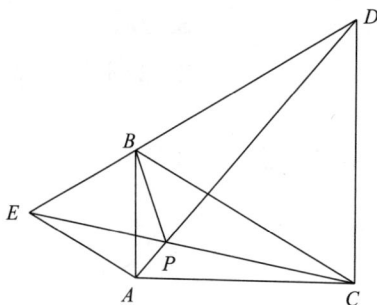

则 $\angle BPD = \angle BCD = 60°$，故 B，P，C，D 四点共圆，

故 $\angle PBC = \angle PDC$，故 $\angle PBA = \angle ADB$，

故 $\triangle PAB \backsim \triangle BAD \Rightarrow \dfrac{PA}{PB} = \dfrac{BA}{BD} = \dfrac{1}{2}$，

同理，$\triangle PBC \backsim \triangle BEC \Rightarrow \dfrac{PB}{PC} = \dfrac{BE}{BC} = \dfrac{1}{2}$，

因此所有选项均正确.

故选：ABCD.

例 6.（2020 清华强基）设平面向量 $\boldsymbol{a}$，$\boldsymbol{b}$，$\boldsymbol{c}$ 满足 $|\boldsymbol{a}| \leqslant 2$，$|\boldsymbol{b}| \leqslant 1$，且 $|\boldsymbol{a} - 2\boldsymbol{b} - \boldsymbol{c}| \leqslant |\boldsymbol{a} + 2\boldsymbol{b}|$，则 $|\boldsymbol{c}|$ 的（　　）.

A. 最大值为 $4\sqrt{2}$ 　　　　　B. 最大值为 $2\sqrt{6}$

C. 最小值为 0 　　　　　D. 最小值为 $\sqrt{2}$

【答案】AC

【解析】首先，取 $\boldsymbol{b} = \boldsymbol{0}$，则 $\boldsymbol{c}$ 可以取 $\boldsymbol{0}$，因此 $|\boldsymbol{c}|$ 的最小值为 0.

接下来，考虑 $|\boldsymbol{a} + 2\boldsymbol{b}| \geqslant |\boldsymbol{a} - 2\boldsymbol{b} - \boldsymbol{c}| \geqslant |\boldsymbol{c}| - |\boldsymbol{a} - 2\boldsymbol{b}|$，

于是 $|\boldsymbol{c}| \leqslant |\boldsymbol{a} + 2\boldsymbol{b}| + |\boldsymbol{a} - 2\boldsymbol{b}| \leqslant \sqrt{2} \cdot \sqrt{(\boldsymbol{a}+2\boldsymbol{b})^2 + (\boldsymbol{a}-2\boldsymbol{b})^2} = \sqrt{2} \cdot \sqrt{2|\boldsymbol{a}|^2 + 8|\boldsymbol{b}|^2} = 4\sqrt{2}$，

等号当 $|\boldsymbol{a} + 2\boldsymbol{b}| = |\boldsymbol{a} - 2\boldsymbol{b}|$ 且 $|\boldsymbol{a}| = 2$，$|\boldsymbol{b}| = 2$ 时取得，因此所求最大值为 $4\sqrt{2}$.

故选：AC.

例 7. 如下图，已知 $\triangle ABC$ 所在平面内一点 O 满足 $\overrightarrow{OA} \cdot \overrightarrow{OB} = \overrightarrow{OB} \cdot \overrightarrow{OC} = \overrightarrow{OC} \cdot \overrightarrow{OA}$，则点 O 是 $\triangle ABC$ 的 _____ 心（填"内"、"外"、"重"、"垂"），若 $\triangle ABC$ 的内角 $A = \dfrac{\pi}{3}$，边 $BC = 2$，则 $\dfrac{\overrightarrow{OB} \cdot \overrightarrow{BA}}{|\overrightarrow{BA}|} + \dfrac{\overrightarrow{CO} \cdot \overrightarrow{CA}}{|\overrightarrow{CA}|}$ 的最大值是 _____.

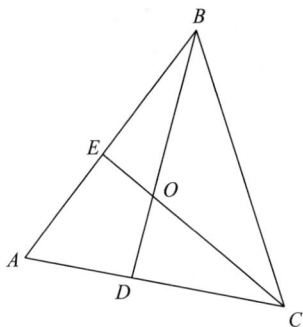

【答案】垂　　$\sqrt{3}$

【解析】因为 $\overrightarrow{OA} \cdot \overrightarrow{OB} = \overrightarrow{OB} \cdot \overrightarrow{OC}$，所以 $(\overrightarrow{OA} - \overrightarrow{OC}) \cdot \overrightarrow{OB} = 0$，即 $\overrightarrow{CA} \cdot \overrightarrow{OB} = 0$，所以 $AC \perp OB$，

同理可得：$BC \perp OA$，$AB \perp OC$，所以 O 是 $\triangle ABC$ 的垂心，

延长 BO 交 AC 于 D，延长 CO 交 AB 于 E，则 $BD \perp AC$，$CE \perp AB$，

因为 $A = \dfrac{\pi}{3}$，所以 $\angle ABD = \angle ACE = \dfrac{\pi}{6}$，

所以 $\dfrac{\overrightarrow{OB} \cdot \overrightarrow{BA}}{|\overrightarrow{BA}|} + \dfrac{\overrightarrow{CO} \cdot \overrightarrow{CA}}{|\overrightarrow{CA}|} = |OB| \cdot \cos \dfrac{5\pi}{6} + |OC| \cdot \cos \dfrac{\pi}{6} = \dfrac{\sqrt{3}}{2}(|OC| - |OB|)$，

显然当 O 与 B 重合时，$|OC| - |OB|$ 取得最大值 $|BC| = 2$，

故 $\dfrac{\overrightarrow{OB} \cdot \overrightarrow{BA}}{|\overrightarrow{BA}|} + \dfrac{\overrightarrow{CO} \cdot \overrightarrow{CA}}{|\overrightarrow{CA}|}$ 的最大值为 $\dfrac{\sqrt{3}}{2} \times 2 = \sqrt{3}$.

例 8. 如下图，已知 M 是 $\triangle ABC$ 内一点，$\triangle BMC$，$\triangle AMC$，$\triangle AMB$ 的面积分别为 S_A，S_B，S_C，以下命题正确的有(　　).

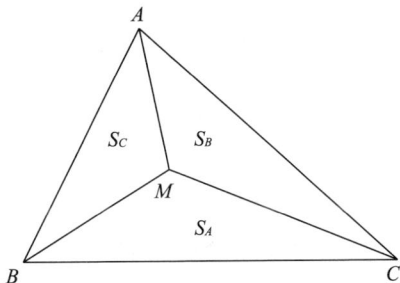

A. 若 $S_A : S_B : S_C = 1 : 1 : 1$，则 M 为 $\triangle AMC$ 的重心.

B. 若 M 为 $\triangle ABC$ 的内心，则 $BC \cdot \overrightarrow{MA} + AC \cdot \overrightarrow{MB} + AB \cdot \overrightarrow{MC} = \mathbf{0}$.

C. 若 $\angle BAC = 45°$，$\angle ABC = 60°$，M 为 $\triangle ABC$ 的外心，则 $S_A : S_B : S_C = 1 : \sqrt{3} : 2$.

D. 若 M 为 $\triangle ABC$ 的垂心，$2\overrightarrow{MA} + 3\overrightarrow{MB} + 4\overrightarrow{MC} = \mathbf{0}$，则 $\cos \angle AMB = -\dfrac{\sqrt{7}}{7}$.

【答案】ABD

【解析】对于 A，若 $S_A : S_B : S_C = 1 : 1 : 1$，由 $S_A \cdot \overrightarrow{MA} + S_B \cdot \overrightarrow{MB} + S_C \cdot \overrightarrow{MC} = \mathbf{0}$，知 $\overrightarrow{MA} + \overrightarrow{MB} + \overrightarrow{MC} = \mathbf{0}$，故 M 为 $\triangle AMC$ 的重心，A 正确；

对于 B，若 M 为 $\triangle ABC$ 的内心，设 $\triangle ABC$ 的内切圆半径为 r，由 $S_A \cdot \overrightarrow{MA} + S_B \cdot \overrightarrow{MB} + S_C \cdot \overrightarrow{MC} = \mathbf{0}$，知 $\dfrac{r}{2} \cdot BC \cdot \overrightarrow{MA} + \dfrac{r}{2} \cdot CA \cdot \overrightarrow{MB} + \dfrac{r}{2} \cdot AB \cdot \overrightarrow{MC} = \mathbf{0}$，故 $BC \cdot \overrightarrow{MA} + CA \cdot \overrightarrow{MB} + AB \cdot \overrightarrow{MC} = \mathbf{0}$，B 正确；

对于 C，若 M 为 $\triangle ABC$ 的外心，设 $\triangle ABC$ 的外接圆半径为 R，则

$$S_A : S_B : S_C = \dfrac{R^2}{2}\sin\angle BMC : \dfrac{R^2}{2}\sin\angle CMA : \dfrac{R^2}{2}\sin\angle AMB$$

$$= \sin 2A : \sin 2B : \sin 2C$$

$$= \sin 90° : \sin 120° : \sin 150°$$

$$= 2 : \sqrt{3} : 1，\text{C 错误；}$$

如下图，对于 D，若 M 为 $\triangle ABC$ 的垂心，由 $2\overrightarrow{MA} + 3\overrightarrow{MB} + 4\overrightarrow{MC} = \mathbf{0}$，

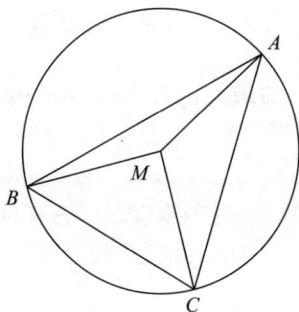

故 $2\overrightarrow{MA} + 3(\overrightarrow{MA} + \overrightarrow{AB}) + 4(\overrightarrow{MA} + \overrightarrow{AC}) = \mathbf{0}$，

从而 $\overrightarrow{AM} = \dfrac{3}{2+3+4}\overrightarrow{AB} + \dfrac{4}{2+3+4}\overrightarrow{AC}$，而 $\dfrac{3}{2+3+4}$ 和 $\dfrac{4}{2+3+4}$ 都是正数且相加小于 1，故 M 在 $\triangle ABC$ 内部，所以 $\triangle ABC$ 是锐角三角形.

由 M 在 $\triangle ABC$ 内部，知 $S_A \cdot \overrightarrow{MA} + S_B \cdot \overrightarrow{MB} + S_C \cdot \overrightarrow{MC} = \mathbf{0}$，

与刚才同理，可由 $S_A \cdot \overrightarrow{MA} + S_B \cdot \overrightarrow{MB} + S_C \cdot \overrightarrow{MC} = \mathbf{0}$ 得到 $\overrightarrow{AM} = \dfrac{S_B}{S_A + S_B + S_C}\overrightarrow{AB} + \dfrac{S_C}{S_A + S_B + S_C}\overrightarrow{AC}$，

由 $\overrightarrow{AB}$，$\overrightarrow{AC}$ 不共线，知 $\overrightarrow{AB}$，$\overrightarrow{AC}$ 是一组基底，

故 $\dfrac{S_B}{S_A+S_B+S_C}=\dfrac{3}{2+3+4}$，$\dfrac{S_C}{S_A+S_B+S_C}=\dfrac{4}{2+3+4}$，从而 $S_A:S_B:$

$S_C=2:3:4$，

设 A，B，C 到对边的投影分别是 D，E，F，$\triangle ABC$ 的面积为 S，且我们约定 $\angle BAC$，$\angle ABC$，$\angle BCA$ 分别简记为角 A，B，C，

如下图，由于 $\angle MBC=90^\circ-\angle BCA=\angle MAC$，$\angle MDB=90^\circ=\angle ADC$，

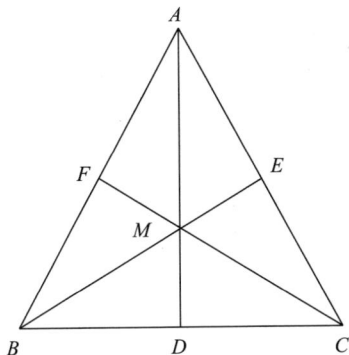

故 $\triangle MBD$ 相似于 $\triangle CAD$，从而 $\dfrac{|MD|}{|BD|}=\dfrac{|CD|}{|AD|}$，

故可得到 $|MD|=\dfrac{|BD|\cdot|CD|}{|AD|}=\dfrac{c\cos B\cdot b\cos C}{\dfrac{2S}{a}}=\dfrac{abc\cos B\cos C}{2S}$，

从而 $S_A=\dfrac{1}{2}a\cdot|MD|=\dfrac{a^2bc\cos B\cos C}{4S}$，同理 $S_B=\dfrac{ab^2c\cos C\cos A}{4S}$，$S_C=$

$\dfrac{abc^2\cos A\cos B}{4S}$.

由于 $S_A=\dfrac{a^2bc\cos B\cos C}{4S}$，$S_B=\dfrac{ab^2c\cos C\cos A}{4S}$，$S_C=\dfrac{abc^2\cos A\cos B}{4S}$，

故 $2:3:4=S_A:S_B:S_C=a\cos B\cos C:b\cos C\cos A:c\cos A\cos B$

$=\dfrac{a}{\cos A}:\dfrac{b}{\cos B}:\dfrac{c}{\cos C}=\dfrac{\sin A}{\cos A}:\dfrac{\sin B}{\cos B}:\dfrac{\sin C}{\cos C}=\tan A:\tan B:\tan C$，

设 $\tan A=2t$，$\tan B=3t$，$\tan C=4t$，其中 $t>0$，

则 $4t=\tan C=-\tan(A+B)=\dfrac{\tan A+\tan B}{\tan A\tan B-1}=\dfrac{5t}{6t^2-1}$，解得 $t=\dfrac{\sqrt{6}}{4}$，故

$\tan C=\sqrt{6}$.

而 $\angle AMB = 180° - \angle MAB - \angle MBA = 180° - (90° - B) - (90° - A) = B + A$，

故 $\cos\angle AMB = \cos(A + B) = -\cos C = -\dfrac{1}{\sqrt{1 + \tan^2 C}} = -\dfrac{1}{\sqrt{1 + 6}} = -\dfrac{\sqrt{7}}{7}$，D 正确.

三、巩固练习

1. （2022 清华强基）任意四边形 $ABCD$，$\overrightarrow{AC} = \boldsymbol{a}$，$\overrightarrow{BD} = \boldsymbol{b}$，则 $(\overrightarrow{AD} + \overrightarrow{BC}) \cdot (\overrightarrow{AB} + \overrightarrow{DC}) = $ _____ （用 $\boldsymbol{a}$，$\boldsymbol{b}$ 表示）.

【答案】$\boldsymbol{a}^2 - \boldsymbol{b}^2$

【解析】因为 $\overrightarrow{AD} + \overrightarrow{BC} = \overrightarrow{AB} + \overrightarrow{BD} + \overrightarrow{BC} = \overrightarrow{AC} + \overrightarrow{BD} = \boldsymbol{a} + \boldsymbol{b}$，
$\overrightarrow{AB} + \overrightarrow{DC} = \overrightarrow{AD} + \overrightarrow{DB} + \overrightarrow{DC} = \overrightarrow{AC} + \overrightarrow{DB} = \boldsymbol{a} - \boldsymbol{b}$，
所以 $(\overrightarrow{AD} + \overrightarrow{BC}) \cdot (\overrightarrow{AB} + \overrightarrow{DC}) = \boldsymbol{a}^2 - \boldsymbol{b}^2$.

2. （2020 武汉大学强基）如下图，设圆 O 的半径为 3，其一条弦 $AB = 4$，P 为圆 O 上任意一点，则 $\overrightarrow{AB} \cdot \overrightarrow{BP}$ 的最大值为（　　）.

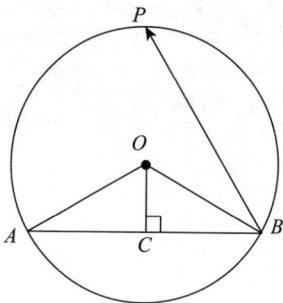

A. 0　　　　　B. 1　　　　　C. 3　　　　　D. 4

【答案】D

【解析】将所求数量积进行转化得：$\overrightarrow{AB} \cdot \overrightarrow{BP} = \overrightarrow{AB} \cdot (\overrightarrow{BO} + \overrightarrow{OP}) = \overrightarrow{AB} \cdot \overrightarrow{BO} + \overrightarrow{AB} \cdot \overrightarrow{OP}$，如图所示，根据投影定理可得：$\overrightarrow{AB} \cdot \overrightarrow{BO} = -\overrightarrow{BA} \cdot \overrightarrow{BO} = -\dfrac{1}{2} BA^2 = -8$，$\overrightarrow{AB} \cdot \overrightarrow{OP} = 12\cos\alpha$，$\alpha$ 为 $\overrightarrow{AB}$，$\overrightarrow{OP}$ 所成角，因为 P 为圆 O 上任意一点，所以 $\alpha = 0$ 时，$\overrightarrow{AB} \cdot \overrightarrow{OP} = 12\cos\alpha$ 取得最大值 12，此时 $(\overrightarrow{AB} \cdot \overrightarrow{BP})_{\max} = \overrightarrow{AB} \cdot \overrightarrow{BO} +$

$\overrightarrow{AB} \cdot \overrightarrow{OP} = -8 + 12 = 4$，则 $\overrightarrow{AB} \cdot \overrightarrow{BP}$ 的最大值为 4

故选：D.

3. (2022 南京大学强基) 已知向量 a，b，c 满足 $|a| = 3$，$|b| = 2\sqrt{2}$，$a \cdot b = 6$，且 $(a + c)(b + 2c) = 0$，则 $|b + c|$ 最小值为 _____.

【答案】$\dfrac{3 - \sqrt{5}}{2}$

【解析】依题意得：$\langle a, b \rangle = 45°$，

设 $-c = m$，所以 $(a - m)\left(\dfrac{1}{2}b - m\right) = 0$，

如下图将 a，b 放入平面直角坐标系，

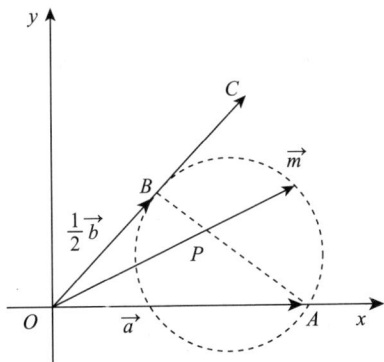

设 $a = \overrightarrow{OA}$，$b = \overrightarrow{OC}$，OC 中点为 B，

则 $A(3, 0)$，$B(1, 1)$，$C(2, 2)$，

画图可知：m 的终点在以 AB 为直径的圆上，

可得圆心坐标 $P\left(2, \dfrac{1}{2}\right)$，$|AB| = 2r = \sqrt{5}$，

所以 $|b - m|_{min} = |CP| - r = \dfrac{3 - \sqrt{5}}{2}$，

故答案为：$\dfrac{3 - \sqrt{5}}{2}$.

4. (2015 清华领军) 如下图，过 $\triangle ABC$ 的重心作直线将 $\triangle ABC$ 分成两部分，则这两部分的面积之比(　　).

A. 最小值为 $\dfrac{3}{4}$
B. 最小值为 $\dfrac{4}{5}$

C. 最大值为 $\dfrac{4}{3}$ D. 最大值为 $\dfrac{5}{4}$

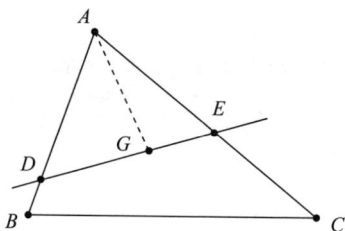

【答案】BD

【解析】

如图所示，由对称性，不妨设过点 G 的直线交三角形的边 AB，AC 于点 E，F.

设 $\dfrac{AD}{AB} = x$，$\dfrac{AE}{AC} = y$，$(x，y \in [0，1])$，则因为点 G 为重心，所以有

$$\overrightarrow{AG} = \frac{1}{3}\overrightarrow{AB} + \frac{1}{3}\overrightarrow{AC} = \frac{1}{3}\left(\frac{1}{x}\overrightarrow{AD} + \frac{1}{y}\overrightarrow{AE}\right)$$

那么，D，G，E 三点共线 $\Rightarrow \dfrac{1}{3}\left(\dfrac{1}{x} + \dfrac{1}{y}\right) = 1 \Rightarrow xy \in \left[\dfrac{4}{9}，\dfrac{1}{2}\right]$（基本不等式和端点取值）.

又有 $S_{\triangle ADE} = S_{\triangle ABC} \cdot \dfrac{AD}{AB} \cdot \dfrac{AE}{AC} = xy S_{\triangle ABC}$

故两部分面积比的最小值为 $\dfrac{4}{5}$，最大值为 $\dfrac{5}{4}$.

---

5. 在 $\triangle ABC$ 所在平面内，点 P 满足 $\overrightarrow{AP} = \lambda\left(\dfrac{\overrightarrow{AB}}{m|\overrightarrow{AB}|} + \dfrac{\overrightarrow{AC}}{n|\overrightarrow{AC}|}\right)$，其中 $\lambda \in (0，+\infty)$，$m，n \in \mathrm{R}$，$m \neq 0$，$n \neq 0$，则下列说法正确的是（   ）.

A. 当 $m|AB| = n|AC|$ 时，直线 AP 一定经过 $\triangle ABC$ 的重心.

B. 当 $m = n = 1$ 时，直线 AP 一定经过 $\triangle ABC$ 的外心.

C. 当 $m = \cos B$，$n = \cos C$ 时，直线 AP 一定经过 $\triangle ABC$ 的垂心.

D. 当 $m = \sin B$，$n = \sin C$ 时，直线 AP 一定经过 $\triangle ABC$ 的内心.

【答案】AC

【解析】对于 A，因为 $\overrightarrow{AP} = \lambda\left(\dfrac{\overrightarrow{AB}}{m|\overrightarrow{AB}|} + \dfrac{\overrightarrow{AC}}{n|\overrightarrow{AC}|}\right)$，$m|AB| = n|AC|$，

设点 D 为 BC 的中点，

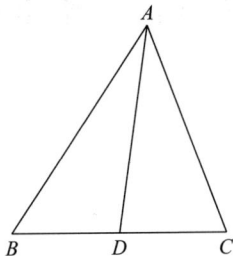

所以 $\overrightarrow{AP} = \dfrac{\lambda}{m\,|\overrightarrow{AB}|}(\overrightarrow{AB}+\overrightarrow{AC}) = \dfrac{2\lambda}{m\,|\overrightarrow{AB}|}\overrightarrow{AD}$，所以直线 AP 一定经过

$\triangle ABC$ 的重心，故 A 正确；

对于 B，当 $m=n=1$ 时，$\overrightarrow{AP}=\lambda\left(\dfrac{\overrightarrow{AB}}{|\overrightarrow{AB}|}+\dfrac{\overrightarrow{AC}}{|\overrightarrow{AC}|}\right)$，

因为 $\dfrac{\overrightarrow{AB}}{|\overrightarrow{AB}|}$ 为与 $\overrightarrow{AB}$ 方向相同的单位向量，$\dfrac{\overrightarrow{AC}}{|\overrightarrow{AC}|}$ 为与 $\overrightarrow{AC}$ 方向相同的单

位向量，

所以 $\dfrac{\overrightarrow{AB}}{|\overrightarrow{AB}|}+\dfrac{\overrightarrow{AC}}{|\overrightarrow{AC}|}$ 平分 $\angle BAC$，即直线 AP 一定经过 $\triangle ABC$ 的内心，

故 B 错误；

对于 C，当 $m=\cos B$，$n=\cos C$ 时，$\overrightarrow{AP}=\lambda\left(\dfrac{\overrightarrow{AB}}{|\overrightarrow{AB}|\cos B}+\dfrac{\overrightarrow{AC}}{|\overrightarrow{AC}|\cos C}\right)$，

所以 $\overrightarrow{AP}\cdot\overrightarrow{BC}=\lambda\left(\dfrac{\overrightarrow{AB}\cdot\overrightarrow{BC}}{|\overrightarrow{AB}|\cos B}+\dfrac{\overrightarrow{AC}\cdot\overrightarrow{BC}}{|\overrightarrow{AC}|\cos C}\right)$

$\qquad\qquad =\lambda\left(\dfrac{-\,|\overrightarrow{AB}|\cos B\cdot|\overrightarrow{BC}|}{|\overrightarrow{AB}|\cos B}+\dfrac{|\overrightarrow{AC}|\cos C\cdot|\overrightarrow{BC}|}{|\overrightarrow{AC}|\cos C}\right)$

$\qquad\qquad =\lambda(-\,|\overrightarrow{BC}|+|\overrightarrow{BC}|)=0$，

所以 $\overrightarrow{AP}\perp\overrightarrow{BC}$，所以直线 AP 一定经过 $\triangle ABC$ 的垂心，故 C 正确；

对于 D，当 $m=\sin B$，$n=\sin C$ 时，$\overrightarrow{AP}=\lambda\left(\dfrac{\overrightarrow{AB}}{|\overrightarrow{AB}|\sin B}+\dfrac{\overrightarrow{AC}}{|\overrightarrow{AC}|\sin C}\right)$，

而由正弦定理有 $\dfrac{|\overrightarrow{AB}|}{|\overrightarrow{AC}|}=\dfrac{\sin C}{\sin B}$，即有 $m\,|AB|=n\,|AC|$，

结合 A 选项分析可知直线 AP 一定经过 $\triangle ABC$ 的重心，故 D 错误．

第十六讲　平面几何

一、知识导航

1. 圆幂定理

（1）相交弦定理：两弦 AB，CD 交于点 P，如图所示，则 $PA \cdot PB = PC \cdot PD$.

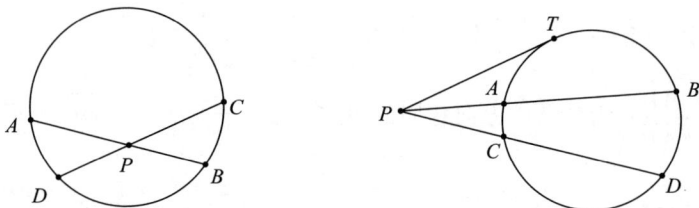

（2）切割线定理：若 PT 为圆的切线，T 为切点，割线 PAB 交圆于点 A，B，割线 PCD 交圆于点 C，D，则 $PC^2 = PA \cdot PB = PC \cdot PD$

（3）圆的幂及其应用：对于半径为 r 的 $\odot O$ 及它所在平面上一点 P，定义 $PO^2 - r^2$ 为点 P 对 $\odot O$ 的幂，简称为 P 的幂.

$$P \text{ 的幂} \begin{cases} > 0, & PO > r \\ = 0, & PO = r \\ < 0, & PO < r \end{cases}$$

2. 四点共圆

（1）若干个点与某定点的距离相等，则这些点在同一圆周上.

（2）若点 C，D 在线段 AB 的同侧，且 $\angle ACB = \angle ADB$，则 A，B，C，D 四点共圆.

（3）若点 C，D 在线段 AB 的异侧，且 $\angle ACB + \angle ADB = 180°$，则 A，B，C，D 四点共圆.

（4）若两线段 AB，CD 相交于点 E，且 $AE \cdot EB = CE \cdot ED$，则 A，B，C，D 四点共圆.

由圆内接四边形对角互补可知：圆内接梯形必为等腰梯形，圆内接平行四边形必为矩形.

3. 三角形五心

（1）三角形的重心

定义：重心是三角形三边中线的交点．

三角形重心的性质：

①重心到顶点的距离与重心到对边中点的距离之比为 $2:1$．

②重心和三角形 3 个顶点组成的 3 个三角形面积相等．

③在平面直角坐标系中，重心的坐标是顶点坐标的算术平均．

④重心和三角形 3 个顶点的连线的任意一条连线将三角形面积平分．

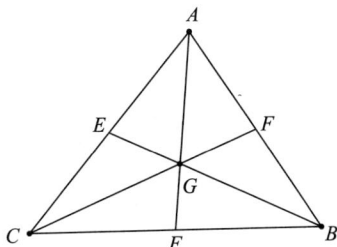

（2）三角形的外心

定义：三角形外接圆的圆心也就是三角形三边中垂线的交点，叫作三角形的外心．

三角形外心的性质：

①锐角三角形的外心在三角形内．

②直角三角形的外心在斜边上，与斜边中点重合．

③钝角三角形的外心在三角形外．

④外心到三顶点的距离相等．

⑤ $\angle BOC = 2\angle A$．

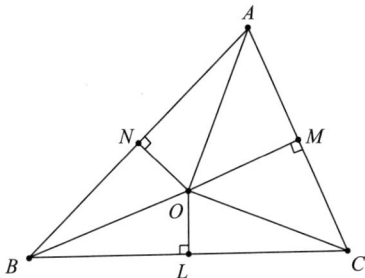

（3）三角形的垂心

定义：三角形的三条高的交点叫作三角形的垂心．

三角形垂心的性质：

①锐角三角形的垂心在三角形内；直角三角形的垂心在直角顶点上；钝角三角形的垂心在三角形外.

② $\triangle ABC$ 与其垂心及三条高组成的图形中，有六组四点共圆，有三组（每组四个）相似的直角三角形，且 $AH \cdot HD = BH \cdot HE = CH \cdot HF$.

③ H，A，B，C 四点中任一点是其余三点为顶点的三角形的垂心（并称这样的四点为垂心组）.

④ $\angle BHC = \pi - \angle A$.（见下图）

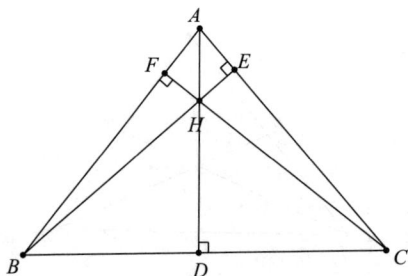

（4）三角形的内心

定义：内心是三角形三条内角平分线的交点，即内切圆的圆心.

三角形内心的性质：

①三角形的内心到三边的距离相等，都等于内切圆半径 r.（见图1）

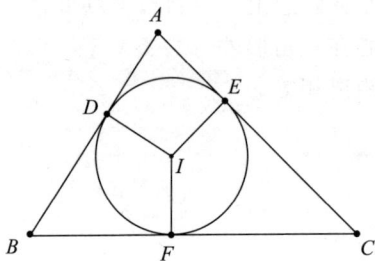

图1

②设 $\triangle ABC$ 的内切圆为 $\odot O$（半径 r），角 A，B，C 的对边分别为 a，b，c，三角形的面积为 $S = \dfrac{1}{2} r(a + b + c)$.

③角平分线定理.

④ $\angle BIC = \dfrac{\pi + A}{2}$.（见图2）

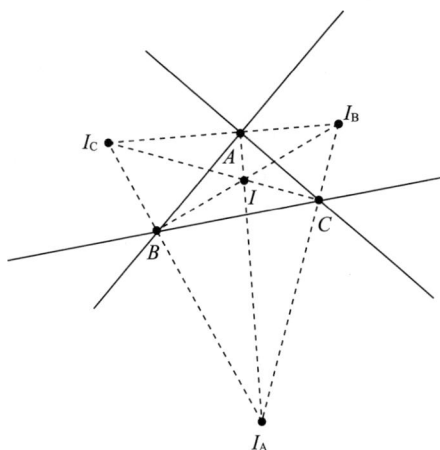

图 2

（5）三角形的旁心

定义：

①三角形一内角平分线和另外两顶点处的外角平分线交于一点，该点即为三角形的旁心．

②每个三角形都有三个旁心．

4. 梅涅劳斯定理

（1）梅涅劳斯定理

设 A'，B'，C' 分别是 $\triangle ABC$ 的三边 BC，CA，AB 或其延长线上的点，若 A'，B'，C' 三点共线，则 $\dfrac{BA'}{A'C} \cdot \dfrac{CB'}{B'A} \cdot \dfrac{AC'}{C'B} = 1$．（见图 3）

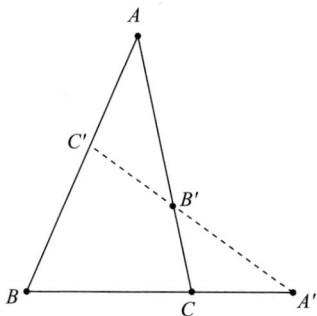

图 3

（2）梅涅劳斯定理的逆定理

如图 4，设 A'，B'，C' 分别是 $\triangle ABC$ 的三边 BC，CA，AB 或其延长线

上的点，若 $\dfrac{BA'}{A'C} \cdot \dfrac{CB'}{B'A} \cdot \dfrac{AC'}{C'B} = 1$，

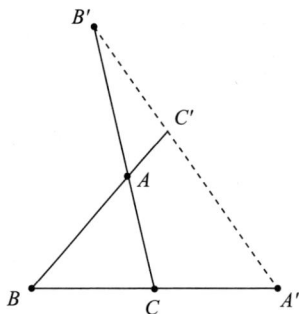

图 4

则 A'，B'，C' 三点共线.

（3）梅涅劳斯定理的角元形式

如下图，设 A'，B'，C' 分别是 $\triangle ABC$ 的三边 BC，CA，AB 所在直线上的点，点 O 不在 $\triangle ABC$ 三边所在直线上，则 A'，B'，C' 三点共线的充要条件是

$$\frac{\sin\angle BOA'}{\sin\angle A'OC} \cdot \frac{\sin\angle COB'}{\sin\angle B'OA} \cdot \frac{\sin\angle AOC'}{\sin\angle C'OB} = 1.$$

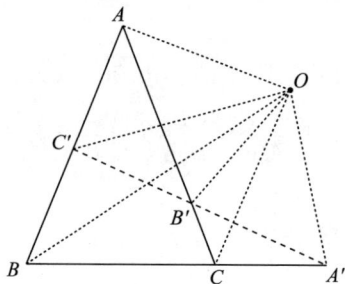

二、经典导航

例1.（2015 北大博雅）正方形 $ABCD$ 内一点 P 满足 $AP：BP：CP = 1：2：3$，则 $\angle APB$ 等于（　　）.

A. $120°$ B. $135°$

C. $150°$ D. 前三个答案都不对

【答案】B

【解析】如下图，已知三条线段 PA，PB，PC 具有一个公共顶点，且它们不能构成一个三角形．一般情形下，我们会思考能否通过旋转使这三条线段产生一定的关联．将 $\triangle ABP$ 顺时针方向旋转 $90°$ 得 $\triangle CBQ$，则有 $PB \perp BQ$．

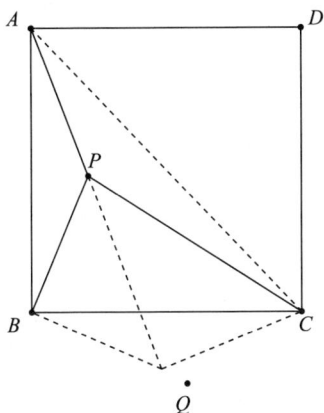

由于 $PB = BQ = 2a$，所以 $PQ = 2\sqrt{2}a$，在 $\triangle PQC$ 中 $PC^2 = 9a^2 = PQ^2 + QC^2$

所以 $\angle PQC$ 为直角．又由于 $\angle PBQ = 90°$，$PB = BQ$，所以 $\angle BPQ = \angle BQP = 45°$

故 $\angle APB = \angle CQB = 45° + 90° = 135°$．

例2.（2016 北京大学博雅计划）设 AB，CD 是圆 O 的两条互相垂直的直径，弦 DF 交 AB 于点 E，$DE = 24$，$EF = 18$，则 OE 等于（ ）．

A. $4\sqrt{6}$ B. $5\sqrt{3}$ C. $6\sqrt{2}$ D. 前三个答案都不对

【答案】C

如下图，联结 CF，由于 $\triangle DOE$ 与 $\triangle DFC$ 相似，因此 $DO \cdot DC = DE \cdot DF$，

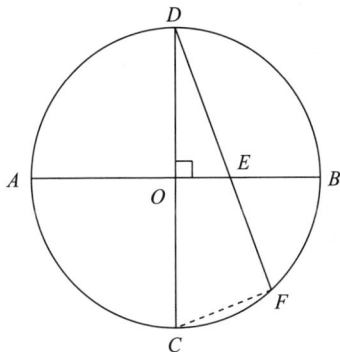

从而 $DO^2 = 24 \cdot 21$，因此 $OE = \sqrt{DE^2 - DO^2} = \sqrt{24^2 - 24 \cdot 21} = 6\sqrt{2}$.

例 3.（2016 北京大学博雅计划）两个圆内切于 K，大圆的弦 AB 与小圆切于 L，已知 $AK : BK = 2 : 5$，$AL = 10$，则 BL 的长为（ ）.

A. 24   B. 25   C. 26   D. 前三个答案都不对

【答案】B

【解析】如下图，设 BK 与小圆交于 M，联结 ML，CD 为两圆在 K 处的公切线.

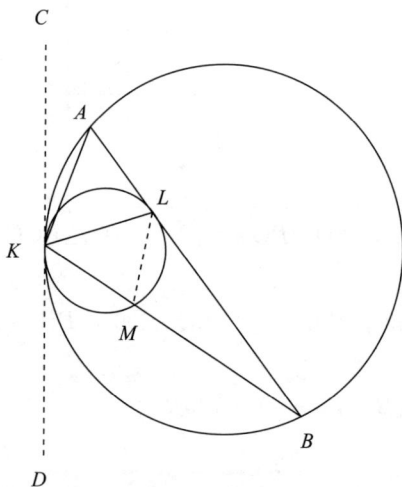

由弦切角定理，得 $\angle DKM = \angle BAK = \angle KLM$，又 $\angle KLA = \angle KML$，于是可得 $\angle AKL = \angle BKL$，因此由角平分线定理可得 $AL : BL = AK : BK$，从而可得 $BL = 25$.

例 4.（2017 北大博雅）若四边形 $ABCD$ 的对角线 AC，BD 相交于 O，$\triangle AOB$，$\triangle BOC$，$\triangle COD$，$\triangle DOA$ 的周长相等，且 $\triangle AOB$，$\triangle BOC$，$\triangle COD$ 的内切圆半径分别为 3，4，6，则 $\triangle DOA$ 的内切圆半径是（ ）.

A. $\dfrac{9}{2}$ B. $\dfrac{3}{2}$ C. $\dfrac{7}{2}$ D. 以上都不对

【答案】A

【解析】不妨设 $\triangle AOB$，$\triangle BOC$，$\triangle COD$，$\triangle DOA$ 的周长为 $2x$，那么乘以各自的半径再除以 2，有

$$S_{\triangle AOB} = 3x, \quad S_{\triangle BOC} = 4x, \quad S_{\triangle COD} = 6x$$

再设 $|OA|=3p$，$|OB|=2q$，则

$|OC|=4p$，$|OD|=3q$，$\dfrac{S_{\triangle AOD}}{S_{\triangle BOC}}=\dfrac{|OA|\cdot|OD|}{|OB|\cdot|OC|}=\dfrac{9}{8}$

即 $S_{\triangle AOD}=\dfrac{9x}{2}$

故 $\triangle DOA$ 的内切圆半径为 $\dfrac{9}{2}$.

例5.（2017 清华领军）有一半径为 1 的 $\dfrac{1}{4}$ 圆，点 P 在弧 BC 上移动（下图）．联结 PB，PC，$AD\perp PC$ 于 D，$AE\perp PB$ 于 E，则四边形 $ADPE$ 面积的最大值为（　　）．

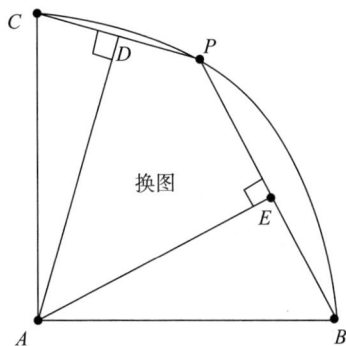

换图

A. $\dfrac{\sqrt{2}}{2}$　　　　B. $\sqrt{2}$　　　　C. $\dfrac{\sqrt{3}}{3}$　　　　D. $\dfrac{\sqrt{2}}{4}$

【答案】D

【解析】

联结 PA，设 $\angle PAC=\alpha$，则 $\angle PAB=\dfrac{\pi}{2}-\alpha$．由三角形面积公式，有

$S_{\triangle PAC}=\dfrac{1}{2}PA\cdot AC\cdot\sin\angle PAC$，$S_{\triangle PAB}=\dfrac{1}{2}PA\cdot AB\cdot\sin\angle PAB$

则 $S_{\text{四边形}ABPC}=S_{\triangle PAC}+S_{\triangle PAB}=\dfrac{1}{2}(\sin\alpha+\cos\alpha)\leqslant\dfrac{\sqrt{2}}{2}$

再由垂径定理，易证 $S_{\triangle PAC}=2S_{\triangle PAD}$，$S_{\triangle PAD}=2S_{\triangle PAE}$

故 $S_{\text{四边形}ADPE}=\dfrac{1}{2}S_{\text{四边形}ABPC}\leqslant\dfrac{\sqrt{2}}{4}$.

例 6.（2018 清华领军）如下图，在菱形 $ABCD$ 中，$\angle BAD = 60°$，P 为 BC 延长线上一点，$AP \cap CD = E$，$BE \cap PD = Q$，AP 与 $\triangle ABD$ 的外接圆交于 F，则（　　）.

A. E，F，D，Q 四点共圆　　　　B. B，F，P，Q 四点共圆

C. B，F，C，E 四点共圆　　　　D. C，P，F，D 四点共圆

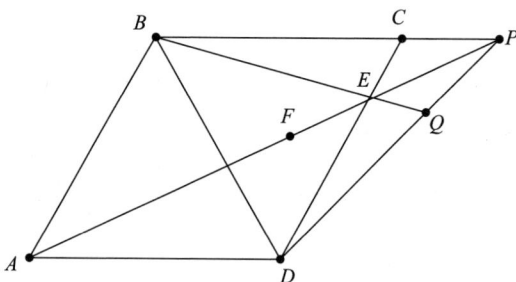

【答案】ABCD

【解析】

由 B，A，D，F 四点共圆知 $\angle BFA = \angle BDA = 60°$，因此 $\angle BFA = \angle BCE$，故 B，F，C，E 四点共圆；

由 B，A，D，F 四点共圆知 $\angle AFD = \angle ABD = 60°$，因此 $\angle PFD = \angle PCD = 120°$，故 C，P，F，D 四点共圆；

由 B，F，C，E 四点共圆知 $\angle CBE = \angle CFE$，由 C，P，F，D 四点共圆知 $\angle CFE = \angle CDP$，因此 $\angle CBE = \angle CDP$，故 C，B，D，Q 四点共圆，得 $\angle BQD = \angle BCD = \angle AFD$，故 E，F，D，Q 四点共圆；最后，由于 $\angle BQP = \angle BFP = 120°$，故 B，F，P，Q 四点共圆.

例 7.（2020 北大强基）设等边 $\triangle ABC$ 的边长为 1，过点 C 作以 AB 为直径的圆的切线交 AB 的延长线于 D，$DA > DB$，则 $\triangle CAD$ 的面积为（　　）.

A. $\dfrac{6\sqrt{2} - 3\sqrt{3}}{16}$　　B. $\dfrac{4\sqrt{2} - 3\sqrt{3}}{16}$　　C. $\dfrac{3\sqrt{2} - 2\sqrt{3}}{16}$　　D. 前三个答案都不对

【答案】D

【解析】如下图，在 $Rt\triangle OEC$ 中，$OE = \dfrac{1}{2}$，$OC = \dfrac{\sqrt{3}}{2}$，所以可知 $\tan\angle OCE = \dfrac{\sqrt{2}}{2}$.

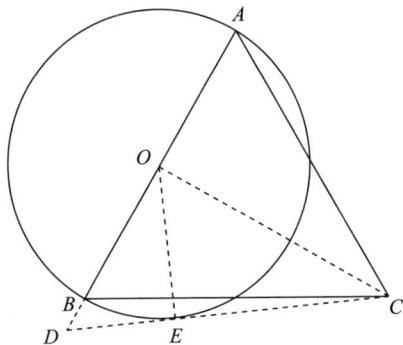

于是 $OD = \dfrac{\sqrt{2}}{2}OC = \dfrac{\sqrt{6}}{4}$，所以 $S_{\triangle CAD} = \dfrac{1}{2}(OA + OD) \cdot OC = \dfrac{2\sqrt{3} + 3\sqrt{2}}{16}$.

选 D.

> 例8.（2020 北大强基）凸五边形 $ABCDE$ 的对角线 CE 分别与对角线 BD 和 AD 交于点 F、G，已知 $BF : FD = 5 : 4$，$AG : DG = 1 : 1$，$EG : FG : CF = 3 : 2 : 2$，则 $S_{\triangle CFD} : S_{\triangle ABE}$ 的值等于（　　）.

A. $8 : 15$　　　　B. $2 : 3$　　　　C. $11 : 23$　　　　D. 前三个答案都不对

【答案】A

【解析】如下图，在 $\triangle BEF$ 中，由梅涅劳斯定理，有 $\dfrac{EH}{HB} \cdot \dfrac{BD}{DF} \cdot \dfrac{FG}{GE} = 1 \Rightarrow$

$\dfrac{EH}{HB} = \dfrac{DF}{BD} \cdot \dfrac{GE}{FG} = \dfrac{4}{9} \cdot \dfrac{3}{2} = \dfrac{2}{3}$

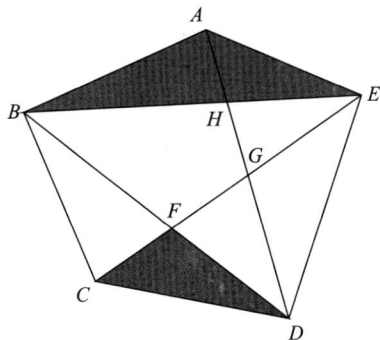

又在 $\triangle BDH$ 中，由梅涅劳斯定理，有

$\dfrac{BE}{EH} \cdot \dfrac{HG}{GD} \cdot \dfrac{DF}{FB} = 1 \Rightarrow \dfrac{HG}{GD} = \dfrac{EH}{BE} \cdot \dfrac{FB}{DF} = \dfrac{2}{5} \cdot \dfrac{5}{4} = \dfrac{1}{2}$

故 H 为 AG 中点，则 $S_{\triangle CDF} = \dfrac{2}{5} S_{\triangle EFD} = \dfrac{2}{5} \cdot \dfrac{4}{9} S_{\triangle BED} = \dfrac{2}{5} \cdot \dfrac{4}{9} \cdot 3 S_{\triangle ABE} =$ $\dfrac{8}{15} S_{\triangle ABE}$．选 A.

例 9.（2021 清华强基）在 $\triangle ABC$ 中，D 为 BC 中点，$\angle DAC = 15^\circ$，$\angle ABC$ 的最大值为（　　）

A. 75°　　　　　B. 90°　　　　　C. 105°　　　　　D. 120°

【答案】C

【解析】如下图，作 $\triangle ADC$ 外接圆 $\odot O$，则当 BA 切 $\odot O$ 于 A 时 $\angle ABC$ 最大．此时由切割线，知 $BA^2 = BD \cdot BC$，进而 $\triangle ABD \sim \triangle CBA$，于是 $\dfrac{AD}{AC} = \dfrac{1}{\sqrt{2}}$．

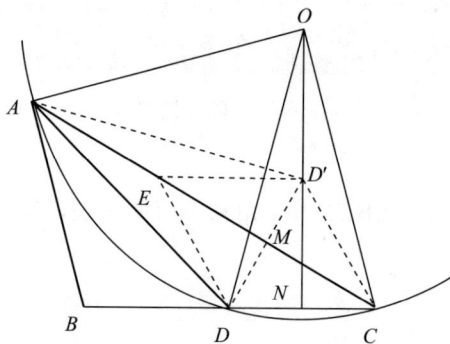

在 ADC 中，$\angle CAD = 15^\circ$，$AD : AC = 1 : \sqrt{2}$，即可求出对角 $\angle CAD$。以下提供一种思路．

作 D 关于 AC 的对称点 D'，则 $AD' : CD' = 1 : \sqrt{2}$．

在 AC 上取点 E 使 $\angle DEC = 30^\circ$，则 $\angle D'EC = 30^\circ$，于是 $\angle DED' = 60^\circ$ 且 $DE = D'E$．即有 $\angle DED'$ 为正方形，设其边长为 2，则可知 $EM = \sqrt{3}$，$AE = DE = D'E = 2$，$AD = \sqrt{6} + \sqrt{2}$．进而由 $AD : AC = 1 : \sqrt{2}$ 知 $AC = 2 + 1\sqrt{3}$，于是 $CM = \sqrt{3}$，所以 $\angle DCD'$ 也为正三角形．

所以 $\angle ACD = 30^\circ$，所以 $\angle ADB = 15^\circ + 30^\circ = 45^\circ$，$\angle BAD = \angle ACD = 30^\circ$，进而此时 $\angle ABC = 180^\circ - \angle BAD - \angle ADB = 105^\circ$．

三、巩固练习

1.（2016 北大博雅）在圆内接四边形 $ABCD$ 中，$BD = 6$，$\angle ABD = \angle CBD = 30°$，则四边形 $ABCD$ 的面积等于（ ）.

A. $8\sqrt{3}$　　　　 B. $9\sqrt{3}$　　　　 C. $12\sqrt{3}$　　　　 D. 前三个答案都不对

【答案】B

【解析】如下图，联结 AC，根据题意，有 $CD = AD$ 且 $AC = \sqrt{3}AD$，则由托勒密定理可得 $AB \cdot CD + AD \cdot BC = AC \cdot BD$

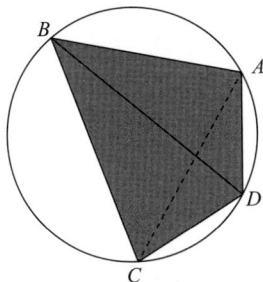

即 $AD \cdot (AB + BC) = 6\sqrt{3} \cdot AD$

于是 $AB + BC = 6\sqrt{3}$，

所以 $S_{四边形\ ABCD} = S_{\triangle ABD} + S_{\triangle CBD} = \dfrac{3}{2}(AB + BC) = 9\sqrt{3}$.

2.（2019 北大博雅）已知在平面四边形 $ABCD$ 中，$AB = BC = AC$，$\angle DAC = 10°$，$\angle DCA = 20°$，则 $\angle BDC$ 为（ ）.

A. $60°$　　　　 B. $70°$　　　　 C. $75°$　　　　 D. 以上选项均不对

【答案】D

【解析】如下图所示，作 BE 为 $\angle ABC$ 的角平分线交 AD 于点 F，联结 EC. 则有

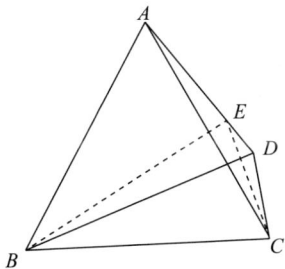

$\angle EBC = 30°$，$\angle EDC = 180° - 10° - 20° = 150°$

因此，B，C，D，E 四点共圆，从而 $\angle BDC = \angle BEC = 90° - \angle EAC = 80°$

因此，选 D.

3.（2019 清华领军）在圆 O 内，AB 为直径，$CO \perp AB$，M 为 AC 的中点，$CH \perp MB$ 于 H，则下列选项中正确的有（　　）．

A. $OH = \dfrac{1}{2}AM$ B. $OH = \dfrac{1}{2}AH$

C. $\triangle AHM \backsim \triangle BAM$ D. $\triangle BHO \backsim \triangle BAM$

【答案】BCD

【解析】由射影定理，$MA^2 = MC^2 = MH \cdot MB$（如下图），从而 $\triangle AHM \backsim \triangle BAM$，C 正确；

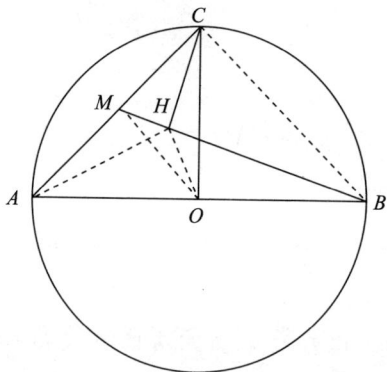

同时，由此有 $\angle MHA = \angle MAB = 45° = \angle MOA$

因此 M，A，O，H 四点共圆，$\triangle BHO \backsim \triangle BAM$，D 正确；

此时分析 A，B 选项，$\dfrac{OH}{AM} = \dfrac{OB}{BM} > \dfrac{OB}{AB} = \dfrac{1}{2}$，

A 错误；

$\dfrac{OH}{AH} = \dfrac{\sin\angle HAO}{\sin\angle HOA} = \dfrac{\sin\angle HMO}{\sin\angle HMA}$

$= \dfrac{\sin\angle BMO}{\sin\angle BMA} = \dfrac{OB\sin\angle MOB}{AB\sin\angle MAB} = \dfrac{1}{2}$

B 正确．

4. (2020 清华强基) 在非等边 $\triangle ABC$ 中, $BC = AC$, 点 O, P 分别是 $\triangle ABC$ 的外心与内心. 若点 D 在边 BC 上且 $OD \perp BP$, 则下列选项正确的是（　　）.

A. B, D, O, P 四点共圆　　B. $OD // AC$

C. $OD // AB$　　D. $DP // AC$

【答案】AD

【解析】由题设, 可得点 O, P 不重合. 如下图所示,

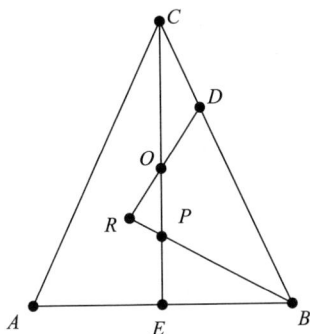

可得点 O, P 在等腰 $\triangle ABC$ 底边上的高 CE 上（点 E 是边 AB 的中点）.

可设直线 OD, BP 交于点 R, 可得 $\angle R = \angle CEB = 90°$, 所以 O, R, E, B 四点共圆.

再由题设"点 P 是 $\triangle ABC$ 的内心", 得 $\angle CBP = \angle RBE = \angle ROP$, 所以 B, D, O, P 四点共圆, 得选项 A 正确.

由 B, D, O, P 四点共圆, 可得 $\angle BDP = \angle BOP$. 由题设"点 O 是 $\triangle ABC$ 的外心", 可得 $\angle BOP = 2\angle BCO = \angle BCA$, 所以 $\angle BDP = \angle BCA$. 所以 $DP // AC$, 得选项 D 正确, 选项 B 错误.

若 $OD // AB$, 由 $CE \perp AB$, 可得 $CE \perp OD$. 又由 $PB \perp OD$, 可得 $PB // CE$. 而直线 PB, CE 交于点 P. 所以选项 C 错误.

5. (2020 清华强基) 若一个三角形的各边长均为整数且其面积为有理数, 则该三角形某一条边长可以是（　　）.

A. 1　　　　　　B. 2　　　　　　C. 3　　　　　　D. 4

【答案】CD

【解析】因为三边长分别是 3, 4, 5 的三角形的面积 6 是有理数, 所以选项 D 正确.

若满足题设的三角形某一边长可以是 1 ，则可设其另外边长分别是 b，$c(1 \leqslant b \leqslant c; b, c \in N^*)$. 由"三角形两边之和大于第三边"，可得 $1+b > c$，即 $1+b \geqslant c+1$，所以 $b \geqslant c$，所以 $b=c$.

可得该三角形面积 $\frac{1}{2} \cdot 1 \cdot \sqrt{b^2 - \frac{1}{4}} = \frac{\sqrt{4b^2-1}}{4}$，

因而设 $4b^2 - 1 = (2n-1)^2$，$(b, n \in N^*)$ 得 $2(b^2 - n^2 + n) = 1(b, n \in N^*)$，这不可能，所以选项 A 错误.

6.(2017 清华) 正方形 $ABCD$ 所在的平面内有一点 O，满足 $\triangle OAB$，$\triangle OBC$，$\triangle OCD$，$\triangle ODA$ 为等腰三角形，则满足条件的 O 一共有 _____ 个.

【答案】9

【解析】如图，考虑圆和直线的交点，发现有 9 个点满足条件.

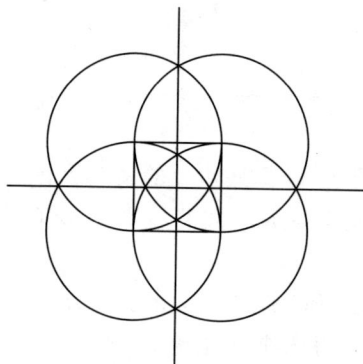

第十七讲　数列（1）

一、知识导航

1. 等差数列与等比数列

（1）等差数列的定义与性质

定义：$a_{n+1} - a_n = d$（d 为常数），$a_n = a_1 + (n-1)d$　（$n \in N^*$）

等差中项：x，A，y 成等差数列 $\Leftrightarrow 2A = x + y$

前 n 项和 $S_n = \dfrac{(a_1 + a_n)n}{2} = na_1 + \dfrac{n(n-1)}{2}d$

性质：$\{a_n\}$ 是等差数列

①若 $m + n = p + q$，则 $a_m + a_n = a_p + a_q$.

②数列 $\{a_{2n-1}\}$，$\{a_{2n}\}$，$\{a_{2n+1}\}$ 仍为等差数列，S_n，$S_{2n} - S_n$，$S_{3n} - S_{2n} \cdots$ 仍为等差数列，公差为 $n^2 d$.

③若三个数成等差数列，可设为 $a - d$，a，$a + d$.

④若 a_n，b_n 是等差数列，且前 n 项和分别为 S_n，T_n，则 $\dfrac{a_m}{b_m} = \dfrac{S_{2m-1}}{T_{2m-1}}$.

⑤ $\{a_n\}$ 为等差数列 $\Leftrightarrow S_n = an^2 + bn$（$a$，$b$ 为常数，是关于 n 的常数项为 0 的二次函数）. S_n 的最值可求二次函数 $S_n = an^2 + bn$ 的最值；或者求出 $\{a_n\}$ 中的正、负分界项.

（2）等比数列的定义与性质

定义：$\dfrac{a_{n+1}}{a_n} = q$（q 为常数，$q \neq 0$），$a_n = a_1 q^{n-1}$，（$n \in N^*$）

等比中项：x、G、y 成等比数列 $\Leftrightarrow G^2 = xy$，或 $G = \pm\sqrt{xy}$.

前 n 项和：$S_n = \begin{cases} na_1 \, (q=1) \\ \dfrac{a_1(1-q^n)}{1-q} \, (q \neq 1) \end{cases}$ （要注意！）

性质：$\{a_n\}$ 是等比数列

①若 $m + n = p + q$，则 $a_m \cdot a_n = a_p \cdot a_q$.

②S_n，$S_{2n} - S_n$，$S_{3n} - S_{2n} \cdots$ 仍为等比数列，公比为 q^n.

2. 数列求和技巧

裂项法

定义：裂项法是把数列中的通项进行分解，然后重新组合，使之能消去一些项，达到求和的目的．

基本类型：

① $a_n = \dfrac{1}{n(n+k)} = \dfrac{1}{k}\left(\dfrac{1}{n} - \dfrac{1}{n+k}\right)$，例如 $\dfrac{1}{n(n+1)} = \dfrac{1}{n} - \dfrac{1}{n+1}$

② $a_n = \dfrac{1}{(2n-1)(2n+1)} = \dfrac{1}{2}\left(\dfrac{1}{2n-1} - \dfrac{1}{2n+1}\right)$

③ $a_n = \dfrac{4n^2}{(2n-1)(2n+1)} = 1 + \dfrac{1}{2}\left(\dfrac{1}{2n-1} - \dfrac{1}{2n+1}\right)$

④ $a_n = \dfrac{1}{n(n+1)(n+2)} = \dfrac{1}{2}\left[\dfrac{1}{n(n+1)} - \dfrac{1}{(n+1)(n+2)}\right]$

⑤ $a_n = \dfrac{n+2}{n(n+1)} \cdot \dfrac{1}{2^n} = \dfrac{2(n+1)-n}{n(n+1)} \cdot \dfrac{1}{2^n} = \dfrac{1}{n \cdot 2^{n-1}} - \dfrac{1}{(n+1)2^n}$

⑥ $a_n = \dfrac{n+1}{n^2(n+2)^2} = \dfrac{1}{4}\left[\dfrac{1}{n^2} - \dfrac{1}{(n+2)^2}\right]$

⑦ $a_n = \dfrac{4^n}{(4^n-1)(4^{n+1}-1)} = \dfrac{1}{3}\left(\dfrac{1}{4^n-1} - \dfrac{1}{4^{n+1}-1}\right)$

⑧ $a_n = \dfrac{1}{\sqrt{n}+\sqrt{n+k}} = \dfrac{1}{k}(\sqrt{n+k} - \sqrt{k})$

⑨ $a_n = n \cdot n! = (n+1)! - n!$

⑩ $a_n = \dfrac{1}{(n+2)n!} = \dfrac{n+1}{(n+2)!} = \dfrac{(n+2)-1}{(n+2)!} = \dfrac{1}{(n+1)!} - \dfrac{1}{(n+2)!}$

⑪ $a_n = C_n^{m-1} = C_{n+1}^m - C_n^m$

⑫ $a_n = S_n - S_{n-1}$

⑬ $a_n = \tan(k+1) \cdot \tan k = \dfrac{\tan(k+1) - \tan k}{\tan 1} - 1$

⑭利用对数运算性质进行裂项：$\log_a \dfrac{M}{N} = \log_a M - \log_a N$，从而构造裂项

二、经典例题

例 1. (2022 北大) 已知数列 $\{a_k\}_{1 \leqslant k \leqslant 5}$ 各项均为正整数，且 $|a_{k+1} - a_k| \leqslant 1$，$\{a_k\}$ 中存在一项为 3，可能的数列的个数为 _____．

【答案】211

【解析】解：记 $b_i = a_{i+1} - a_i (1 \leqslant i \leqslant 4)$，则 $b_i \in \{-1, 0, 1\}$，

对确定的 b_1，b_2，b_3，b_4，数列 $\{a_k\}_{1 \leqslant k \leqslant 5}$ 各项间的大小顺序即确定，

设 $\min\{a_1, a_2, a_3, a_4, a_5\} = a$，则 $a \in \{1, 2, 3\}$，

对于给定的 a，b_1，b_2，b_3，b_4 可唯一确定一组数列，

由于 $b_i \in \{-1, 0, 1\}$ 且 $a \in \{1, 2, 3\}$，这样的数列共 $3 \times 3^4 = 243$ 个，

其中不符合题设条件的数列各项均为 1 或 2，这样的数列有 $2^5 = 32$ 个，

综上所述，符合要求的数列共有 $243 - 32 = 211$ 个．

故答案为：211.

例2.（2020 清华）若 $a_0 = 0$，$|a_{i+1}| = |a_i + 1|(i \in N)$，则 $\left| \sum\limits_{k=1}^{20} a_k \right|$ 的值可以是（　　　）．

A. 0 　　　　　　 B. 2 　　　　　　 C. 10 　　　　　　 D. 12

【答案】BC

【解析】先用数学归纳法证明 a_{2k}，$a_{2k+1}(k \in N)$ 分别是偶数，奇数．

当 $k = 0$ 时成立，$a_0 = 0$，$a_1 = \pm 1$．

假设 $k = n$ 时成立，即 a_{2n}，a_{2n+1} 分别是偶数，奇数．

可得 $|a_{2n+2}| = |a_{2n+1} + 1|$，所以 a_{2n+2} 是偶数；再由 $|a_{2n+3}| = |a_{2n+2} + 1|$ 可得 a_{2n+2} 是奇数．所以 $k = n + 1$ 时也成立．

所以欲证结论成立．

由题设，得 $a_{2k} = a_{2k-1} + 1$ 或 $a_{2k} = -a_{2k-1} - 1(k \in N^*)$，所以 $a_{2k-1} + a_{2k} = 2a_{2k-1} + 1$ 或 $a_{2k-1} + a_{2k} = -1(k \in N^*)$．

可设 $a_{2k-1} = 2m - 1(m \in Z)$，当 $a_{2k-1} + a_{2k} = 2a_{2k-1} + 1$ 时，可得 $a_{2k-1} + a_{2k} = 4m - 1$，所以总有 $a_{2k-1} + a_{2k} \equiv -1 \pmod 4$．

因而 $\left| \sum\limits_{k=1}^{20} \right| \equiv 2 \pmod 4$，进而可排除选项 AD.

当 $(a_0, a_1, a_2, \cdots, a_{20}) = (0, -1, 0, -1, 0, 1, -2, 1, -2, 1, -2, 1, -2, 1, 2, 3, -4, 3, -4, 3, 4)$ 时，满足题设，且此时 $\left| \sum\limits_{k=1}^{20} a_k \right| \equiv 10$，所以选项 C 正确．

例3.（2022 上交）数列 $\{a_n\}$，$a_1 = 2$，$a_2 = 6$，$a_{n+2} - 2a_{n+1} + a_n = 2$，求 $\sum\limits_{i=1}^{2022} \dfrac{1}{a_i}$．

【答案】$\dfrac{2022}{2023}$

【解析】因为 $a_{n+2}-2a_{n+1}+a_n=2$，所以 $(a_{n+2}-a_{n+1})-(a_{n+1}-a_n)=2$，

设 $b_n=a_{n+1}-a_n$，则 $b_{n+1}-b_n=2$，且 $b_1=a_2-a_1=6-2=4$，

所以数列 $\{b_n\}$ 是首项为 4，公差为 2 的等差数列，

所以 $b_n=4+(n-1)\times2=2(n+1)$，

所以 $a_{n+1}-a_n=2(n+1)$，

所以 $a_n=(a_n-a_{n-1})+(a_{n-1}-a_{n-2})+\cdots+(a_2-a_1)+a_1=2n+2(n-1)+\cdots+(6-2)+2=2[n+(n-1)+\cdots+2+1]=n(n+1)$，

所以 $\dfrac{1}{a_n}=\dfrac{1}{n(n+1)}=\dfrac{1}{n}-\dfrac{1}{n+1}$.

所以 $\displaystyle\sum_{i=1}^{2022}\dfrac{1}{a_i}=1-\dfrac{1}{2}+\dfrac{1}{2}-\dfrac{1}{3}\cdots+\dfrac{1}{2022}-\dfrac{1}{2023}=\dfrac{2022}{2023}$.

例 4.（2021 清华）已知数列 $\{a_n\}$ 满足 $a_n=\sqrt{\dfrac{2n-1}{4n^2+1}}$，前 n 项和为 S_n，与 $S_{128}-S_{32}$ 最接近的整数是（　　）.

A. 6　　　　　　B. 7　　　　　　C. 8　　　　　　D. 9

【答案】C

【解析】根据题意，有

$$\sqrt{2n+4}-\sqrt{2n+2}<\dfrac{1}{\sqrt{2n+2}}<\sqrt{\dfrac{2n-1}{4n^2+1}}<\dfrac{1}{\sqrt{2n+1}}<\sqrt{2n+1}-\sqrt{2n-1},$$

从而

$$\sum_{n=33}^{128}(\sqrt{2n+4}-\sqrt{2n+2})<S_{128}-S_{32}<\sum_{n=33}^{128}(\sqrt{2n+1}-\sqrt{2n-1}),$$

即 $\sqrt{260}-\sqrt{68}<S_{128}-S_{32}<\sqrt{257}-\sqrt{65}$，

进而 $7.8<16.1-8.3<S_{128}-S_{32}<16-8=8$，

因此与 $S_{128}-S_{32}$ 最接近的整数为 8.

例 5.（2020 清华）设数列 $\{a_n\}$ 的前 n 项和为 S_n，若数列 $\{a_n\}$ 满足对任意 $n\in N^*$，均存在 $m\in N^*$，使得 $S_n=a_m$，则称数列 $\{a_n\}$ 为 T 数列. 下列命题中正确的有（　　）.

A. 若 $a_n=\begin{cases}1, & n=1,\\ 2^{n-2}, & n\geq2,\end{cases}$ 则 $\{a_n\}$ 为 T 数列

B. 若 $a_n=na$（其中 a 为常数），则 $\{a_n\}$ 为 T 数列

C. 若 $\{b_n\}$，$\{c_n\}$ 均为 T 数列，$a_n = b_n + c_n$，则 $\{a_n\}$ 为等差数列

D. 若 $\{a_n\}$ 为等差数列，则存在两个 T 数列 $\{b_n\}$，$\{c_n\}$，使得 $a_n = b_n + c_n$

【答案】ABD

【解析】对于选项 A，对应的 $S_n = 2^{n-1}$，因此取 $m = n + 1$ 即可，命题正确.

对于选项 B，对应的 $S_n = \mathrm{C}_n^2 a$，因此取 $m = \mathrm{C}_n^2$ 即可，命题正确.

对于选项 C，取 $b_n = \begin{cases} 1, & n = 1, \\ 2^{n-2}, & n \geqslant 2, \end{cases}$ 且 $c_n = 0$，则 $a_n = b_n$，不为等差数列.

对于选项 D，设 $a_n = a_0 + nd$，则考虑 $a_n = n(a_0 + d) + (n-1)(-a_0)$，

取 $b_n = n(a_0 + d)$，$c_n = (n-1)(-a_0)$，则命题成立.

综上所述，选项 ABD 正确.

故选：ABD.

三、巩固练习

1.（2021 中科大）设数列 $\{a_n\}$ 满足 $a_1 = 3$，且对任意正整数 m，n 均有 $a_{2m+n} = 2a_m + a_n + 2m^2 + 4mn$. 求 a_n 的通项公式.

【答案】$a_n = n(n+2)$

【解析】因为 $a_3 = a_{2 \times 1 + 1} = 2a_1 + a_1 + 2 \times 1^2 + 4 \times 1 \times 1 = 15$，

$a_5 = a_{2 \times 1 + 3} = 2a_1 + a_3 + 2 \times 1^2 + 4 \times 1 \times 3 = 35$，

又 $a_5 = a_{2 \times 2 + 1} = 2a_2 + a_1 + 2 \times 2^2 + 4 \times 2 \times 1 = 2a_2 + 19$，所以 $a_2 = 8$，

而进一步，有 $a_4 = a_{2 \times 1 + 2} = 2a_1 + a_2 + 2 \times 1^2 + 4 \times 2 \times 1 = a_2 + 16 = 24$，

观察到 $a_1 = 1 \times 3$，$a_2 = 2 \times 4$，$a_3 = 3 \times 5$，$a_4 = 4 \times 6$，$a_5 = 5 \times 7$，

猜测 $a_n = n(n+2)$，下面用数学归纳法证明：

（1）当 $n \leqslant 2$ 时，显然成立；

（2）假设当 $n \leqslant k + 1$ 时，有 $a_n = n(n+2)$，其中 $k > 1$，

则 $n = k + 2$ 时，$a_{k+2} = a_{2 \times 1 + k} = 2a_1 + a_k + 2 \times 1 + 4k = k(k+2) + 4k + 8 = (k+2)(k+4)$，

结论仍成立.

由（1）（2）知，$a_n = n(n+2)$.

2. （2021 北大）已知数列 $\{a_n\}$ 满足 $a_1 = 2$，$a_{n+1} = 2^{a_n}$，数列 $\{b_n\}$ 满足 $b_1 = 5$，$b_{n+1} = 5^{b_n}$，若正整数 m 满足 $b_m > a_{25}$，则 m 的最小值为（　　　）.

A. 23　　　　　B. 24　　　　　C. 25　　　　　D. 以上答案都不对

【答案】B

【解析】引入参数 α，k，尝试证明 $b_n > \alpha \cdot a_{n+k}$，该不等式若能递推证明，

需要 $b_{n+1} > \alpha \cdot a_{n+k+1} \Leftarrow 5^{b_n} > \alpha \cdot 2^{a_{n+k}} \Leftarrow \alpha \cdot a_{n+k} \cdot \ln 5 > \ln \alpha + a_{n+k} \ln 2$，

也即 $(\alpha \ln 5 - \ln 2) a_{n+k} > \ln \alpha$，

取 $\alpha = 1$，则递推证明成立，此时递推起点可以选择当 $k = 1$ 时取 $n = 1$，

有 $b_1 = 5 > 4 = a_2$，

这样就得到了 $b_{24} > a_{25}$.

类似的，引入参数 β，p，尝试证明 $b_n < \beta \cdot a_{n+p}$，该不等式若能递推证明，

需要 $b_{n+1} < \beta \cdot a_{n+p+1} \Leftarrow 5^{b_n} < \beta \cdot 2^{a_{n+p}} \Leftarrow \beta \cdot a_{n+p} \cdot \ln 5 < \ln \beta + a_{n+p} \ln 2$，

也即 $(\ln 2 - \beta \ln 5) a_{n+p} > -\ln \beta$，

取 $\beta = \dfrac{1}{3}$，则递推证明成立，此时递推起点可以选择当 $p = 2$ 时取 $n = 1$，

有 $b_1 = 5 < \dfrac{1}{3} \times 16 = \dfrac{1}{3} a_3$，

这排就得到了 $b_{23} < \dfrac{1}{3} a_{25} < a_{25}$.

综上所述，m 的最小值为 24.

故选：B.

3. （2021 北大）已知实数 $x_0 \in [0, 1)$. 数列 $\{x_n\}$ 满足对任意的 $n \in N^*$，

有 $x_n = \begin{cases} 2x_{n-1}, & x_{n-1} < \dfrac{1}{2}, \\ 2x_{n-1} - 1, & x_{n-1} \geqslant \dfrac{1}{2}. \end{cases}$ 现知 $x_0 = x_{2021}$，则可能的 x_0 的个数为（　　　）.

A. 2021 个　　　B. $2^{2021} - 1$ 个　　　C. 2^{2021} 个　　　D. 以上答案都不对

【答案】B

【解析】考虑函数 $f(x) = \begin{cases} 2x, & x < \dfrac{1}{2}, \\ 2x - 1, & x \geqslant \dfrac{1}{2} \end{cases}$ 的迭代函数 $f_n(x)$ 的图象与

直线 $y=x$ 的公共点，则所求 x_0 的个数即 $f_{2021}(x)$ 的图象与直线 $y=x$ 的公共点个数.

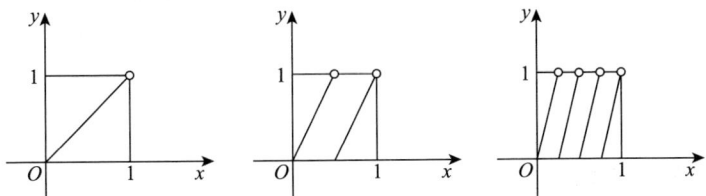

递推可得所求 x_0 的个数为 $2^{2021}-1$ 个.

故选：B.

4. （2020 清华）设数列 $\{a_n\}$ 的前 n 项和 $S_n=(-1)^n a_n+\dfrac{1}{2^n}+n-3$，且实数 p 满足 $(p-a_{n+1})(p-a_n)<0$. 则 p 的取值范围是（　　　）.

A. $\left(-\dfrac{3}{4}, \dfrac{11}{4}\right)$ 　　　　　　　　B. $\left(-\dfrac{3}{5}, \dfrac{11}{4}\right)$

C. $\left(-\dfrac{3}{5}, \dfrac{11}{4}\right)$ 　　　　　　　　D. $\left(-\dfrac{3}{5}, \dfrac{11}{5}\right)$

【答案】A

【解析】在题中等式中分别令 $n=2k-1$，$2k$，$2k+1$，$k\in N^*$，有 $S_{2k-1}=-a_{2k-1}+\dfrac{1}{2^{2k-1}}+2k-4$，

$S_{2k}=a_{2k}+\dfrac{1}{2^{2k}}+2k-3$，$S_{2k+1}=-a_{2k+1}+\dfrac{1}{2^{2k+1}}+2k-2$，于是 $a_{2k}=a_{2k}$

$+a_{2k-1}-\dfrac{1}{2^{2k}}+1$，$a_{2k+1}=-a_{2k+1}-a_{2k}-\dfrac{1}{2^{2k+1}}+1$，

进而可得 $a_{2k-1}=\dfrac{1}{4^k}-1$，$a_{2k}=3-\dfrac{1}{4^k}$.

接下来考虑 p 的取值范围. 根据题意，p 在数列 $\{a_n\}$ 的任意相邻两项之间.

一方面，有 $a_1<p<a_2$，即 $-\dfrac{3}{4}<p<\dfrac{11}{4}$.

另一方面，当 $-\dfrac{3}{4}<p<\dfrac{11}{4}$ 时，有 $a_{2k-1}-p\leqslant a_1-p<0$，

且 $a_{2k}-p\geqslant a_2-p>0$，于是有 $\forall n\in N^*$，$(a_{n+1}-p)(a_n-p)<0$.

综上所述，实数 p 的取值范围是 $\left(-\dfrac{3}{4}, \dfrac{11}{4}\right)$.　故选：A.

第十八讲 数列（2）

一、知识导航

3. 递推公式与通项公式

递推数列定义

一个数列 $\{a_n\}$ 的第 n 项 a_n 由它前面若干项所确定，则称该数列为一个递推数列．一般地，如果

$$a_{n+k} = F(a_n,\ a_{n+1},\ \cdots,\ a_{n+k-1}),$$

且初始值 $a_1,\ \cdots,\ a_k$ 是确定的，那么称 $\{a_n\}$ 为一个 k 阶递推数列，此式为递推公式．

4. 不动点方法

（1）不动点

$f(x) = x$ 称为函数 $f(x)$ 的不动点方程，不动点方程的根称为函数 $f(x)$ 的不动点．

（2）不动点方程

一阶递推数列 $\{a_n\}$ 的递推公式为 $a_{n+1} = f(a_n)$，则称 $f(x) = x$ 为数列 $\{a_n\}$ 的不动点方程．

不动点法为求一阶递推数列通项公式的常用方法，利用它可以将 $a_{n+1} = f(a_n)$ 的递推关系式转化为等比数列等较易求通项的递推数列．

5. 特征根方法

（1）常系数齐次线性递推数列与特征方程

①若数列 $\{a_n\}$ 递推公式满足 $a_{n+k} = c_1 a_{n+k-1} + c_2 a_{n+k-2} + \cdots + c_k a_n$，其中 $c_1,\ c_2,\ \cdots,\ c_k$ 为常数，则称其为常系数齐次线性递推数列．

②称 $x^k = c_1 x^{k-1} + c_2 x^{k-2} + \cdots + c_k$ 为以上递推公式的特征方程．

（2）特征方程与递推数列的关系

设 λ 是特征方程的根，可验证数列 $\{\lambda^n\}$（$n = 1,\ 2,\ \cdots$）满足递推式，进一步，如果特征方程的根两两不同，设为 $\lambda_1,\ \lambda_2,\ \cdots,\ \lambda_k$，同样可验证数列 $\{A_1 \lambda_1^n + A_2 \lambda_2^n + \cdots + A_k \lambda_k^n\}$（$n = 1,\ 2,\ \cdots$）均为满足递推式的数列，可以通过初始条件确定其中的系数 $A_1,\ A_2,\ \cdots,\ A_k$（解线性方程组），从而得到了给定初始值 $a_1,\ a_2,\ \cdots,\ a_k$ 及递推公式的数列的通项．

二、经典例题

例1.（2020 北大）已知整数数列 $\{a_n\}$（$n \geqslant 1$）满足 $a_1 = 1$，$a_2 = 4$，且对任意 $n \geqslant 2$，有 $a_n^2 - a_{n+1}a_{n-1} = 2^{n-1}$，则 a_{2020} 的个位数字是（   ）．

A．8   B．4   C．2   D．前三个答案都不对

【答案】A

【解析】根据题意，有 $a_{n+1}^2 - a_{n+2}a_n = 2(a_n^2 - a_{n+1}a_{n-1})$，

因此 $\dfrac{a_{n+2} + 2a_n}{a_{n+1}} = \dfrac{a_{n+1} + 2a_{n-1}}{a_n} = \cdots = \dfrac{a_3 + 2a_1}{a_2} = 4$，

从而 $a_{n+2} = 4a_{n+1} - 2a_n$，

于是 a_n 模 10 的余数为

n	1	2	3	4	5	6	7	8	9	10
$a_n(\bmod 10)$	1	4	4	8	4	0	2	8	8	6
n	11	12	13	14	15	16	17	18	19	20
$a_n(\bmod 10)$	8	0	4	6	6	2	6	0	8	2
n	21	22	23	24	25	26	27	28	29	30
$a_n(\bmod 10)$	2	4	2	0	6	4	4	8	4	0

从第 2 项起，以 24 为周期，因此 $a_{2020} \equiv a_4 \equiv 8 (\bmod 10)$．

故选 A．

例2.（2020 北大）满足对任意 $n \geqslant 1$ 有 $a_{n+1} = 2^n - 3a_n$ 且严格递增的数列 $\{a_n\}_{n \geqslant 1}$ 的个数为（   ）．

A．0   B．1   C．无穷多个   D．前三个答案都不对

【答案】B

【解析】

以下令 $a_1 = a$．

将 $\begin{cases} a_{n+1} = 2^n - 3a_n \\ a_{n+2} = 2^{n+1} - 3a_{n+1} \end{cases}$ 消去 2 的幂的项，即得到 $a_{n+2} + a_{n+1} - 6a_n = 0$，特征根为 2 和 -3．

于是有 $a_n = \lambda_1 \cdot 2^n + \lambda_2 \cdot (-3)^n$，反过来可以计算得到 $a_0 = \dfrac{2^0 - a_1}{3} =$

$\dfrac{1-a}{3}$，于是

$$\begin{cases} a_0 = \lambda_1 + \lambda_2 = \dfrac{1-a}{3} \\ a_1 = 2\lambda_1 - 3\lambda_2 = a \end{cases} \Rightarrow \begin{cases} \lambda_1 = \dfrac{1}{5} \\ \lambda_2 = \dfrac{2}{15} - \dfrac{a}{3} \end{cases}.$$

则 $a_n = \dfrac{1}{5} \cdot 2^n + \left(\dfrac{2}{15} - \dfrac{a}{3}\right) \cdot (-3)^n$，若 $\{a_n\}$ 为递增数列，则有

$$\dfrac{1}{5} \cdot 2^{n+1} + \left(\dfrac{2}{15} - \dfrac{a}{3}\right) \cdot (-3)^{n+1} \geqslant \dfrac{1}{5} \cdot 2^n + \left(\dfrac{2}{15} - \dfrac{a}{3}\right) \cdot (-3)^n$$

整理得到 $20 \cdot (-3)^n a \geqslant 8 \cdot (-3)^n - 3 \cdot 2^n$.

当 n 为奇数时，$a \leqslant \dfrac{2}{5} + \dfrac{3}{20} \cdot \left(\dfrac{2}{3}\right)^n$，即 $a \leqslant \dfrac{2}{5}$.

当 n 为偶数时，$a \geqslant \dfrac{2}{5} - \dfrac{3}{20} \cdot \left(\dfrac{2}{3}\right)^n$，即 $a \geqslant \dfrac{2}{5}$.

综上，$a = \dfrac{2}{5}$，即 $\{a_n\}$ 的首项 $a_1 = a$ 是唯一的，故这样的 $\{a_n\}$ 有一个.

例 3.（2021 复旦）若数列 $\{a_n\}$ 满足 $4^{a_{n+2}} + 4^{1+a_{n+1}} - 12 \times 4^{a_n} = 0$，求 $\lim\limits_{n \to +\infty} \dfrac{a_n}{n}$.

【答案】$\dfrac{1}{2}$

【解析】令 $b_n = 4^{a_n}$，

则由 $4^{a_{n+2}} + 4^{1+a_{n+1}} - 12 \times 4^{a_n} = 0$，

得 $b_{n+2} + 4b_{n+1} - 12b_n = 0$，即 $b_{n+2} - 2b_{n+1} + 6(b_{n+1} - 2b_n) = 0$，

假设 $b_2 - 2b_1 \neq 0$，则数列 $\{b_{n+1} - 2b_n\}$ 是以 $b_2 - 2b_1$ 为首项，以 -6 为公比的等比数列，

可得 $b_{n+1} - 2b_n = (b_2 - 2b_1) \cdot (-6)^{n-1}$，

所以 $\dfrac{b_{n+1}}{2^{n+1}} - \dfrac{b_n}{2^n} = \dfrac{b_2 - 2b_1}{4} \cdot (-3)^{n-1}$，

可得 $\dfrac{b_n}{2^n} - \dfrac{b_{n-1}}{2^{n-1}} = \dfrac{b_2 - 2b_1}{4} \cdot (-3)^{n-2}$，

$\dfrac{b_{n-1}}{2^{n-1}} - \dfrac{b_{n-2}}{2^{n-2}} = \dfrac{b_2 - 2b_1}{4} \cdot (-3)^{n-3}$，

...

$$\frac{b_2}{2^2}-\frac{b_1}{2}=\frac{b_2-2b_1}{4}\cdot(-3)^0,$$

累加得 $\dfrac{b_n}{2^n}=\dfrac{b_2-2b_1}{4}[1+(-3)+(-3)^2+\cdots+(-3)^{n-2}]+\dfrac{b_1}{2}=$

$\dfrac{2b_1-b_2}{16}\cdot(-3)^n+\dfrac{b_2+6b_1}{16},$

当 n 充分大时，$\dfrac{2b_1-b_2}{16}\cdot(-3)^n+\dfrac{b_2+6b_1}{16}$ 存在负数，

而 $b_n=4^{a_n}>0$，假设不成立，

所以 $2b_1-b_2=0$，所以 $b_{n+1}=2b_n$，$\{b_n\}$ 是等比数列，则 $b_n=b_1\cdot2^{n-1}$.

所以 $a_n=\log_4(b_1\cdot2^{n-1})=\log_4 b_1+\log_4 2^{n-1}=\log_4 b_1+\dfrac{n-1}{2}$,

所以 $\lim\limits_{n\to+\infty}\dfrac{a_n}{n}=\lim\limits_{n\to\infty}\dfrac{\log_4 b_1+\dfrac{n-1}{2}}{n}=\dfrac{1}{2}$.

故答案为：$\dfrac{1}{2}$.

例4.（2022北大）. 已知 $[x]$ 表示不超过 x 的整数，如 $[1.2]=1$，$[-1.2]=-2$. 已知 $\alpha=\dfrac{1+\sqrt5}{2}$，则 $[\alpha^{12}]=($).

A. 321   B. 322   C. 323   D. 以上都不对

【答案】A

【解析】记 $a_n=\left(\dfrac{1+\sqrt5}{2}\right)^n+\left(\dfrac{1-\sqrt5}{2}\right)^n$,

则由其所对应的特征根方程知数列 a_n 满足 $a_{n+2}=a_{n+1}+a_n$ 且 $a_0=2$，$a_1=1$，依次可得 $a_2=3$，$a_3=4$，$a_4=7$，$a_5=11$，$a_6=18$，$a_7=29$，$a_8=47$，$a_9=76$，

$a_{10}=123$，$a_{11}=199$，$a_{12}=322$.

而 $\left|\dfrac{1-\sqrt5}{2}\right|\in(0,1)$，所以 $\left(\dfrac{1-\sqrt5}{2}\right)^{12}\in(0,1)$,

所以 $a_{12}>\left(\dfrac{1+\sqrt5}{2}\right)^{12}>a_{12}-1$,

所以 $[\alpha^{12}]=321$.

故选：A.

例 5. (2022 北大) 已知数列 $\{a_n\}$ 满足 $a_1 = 12$, $a_{n+1} = \dfrac{1}{4}(3 + a_n + 3\sqrt{1 + 2a_n})$, 则 a_{10} 最接近的整数为 _____.

【答案】4

【解析】令 $b_n = \sqrt{1 + 2a_n}$, 则 $b_1 = 5$ 且 $a_n = \dfrac{b_n^2 - 1}{2}$,

原递推即为 $\dfrac{b_{n+1}^2 - 1}{2} = \dfrac{1}{4}\left(3 + \dfrac{b_n^2 - 1}{2} + 3b_n\right)$,

整理后即为 $4b_{n+1}^2 = b_n^2 + 6b_n + 9$, 由 $b_n > 0$ 得 $2b_{n+1} = b_n + 3$,

即 $b_{n+1} - 3 = \dfrac{1}{2}(b_n - 3)$, 故 $\{b_n - 3\}$ 是以 $b_1 - 3 = 2$ 为首项, 公比为 $\dfrac{1}{2}$

的等比数列. 所以 $b_n - 3 = \dfrac{1}{2^{n-1}}(b_1 - 3) = \dfrac{1}{2^{n-2}}$.

所以 $b_n = \dfrac{1}{2^{n-2}} + 3 > 3$, $a_n = \dfrac{b_n^2 - 1}{2} > 4$,

另一方面, $b_{10} = \dfrac{1}{256} + 3 < \dfrac{1}{\sqrt{10} + 3} + 3 = \sqrt{10}$,

所以 $a_{10} = \dfrac{b_{10}^2 - 1}{2} < 4.5$,

综上所述, $4 < a_{10} < 4.5$, 所以与之最接近的整数为 4.

故答案为: 4.

三、巩固练习

1. (2021 清华) 已知数列 $\{a_n\}$ 满足 $a_{n+1}a_n - 2n^2(a_{n+1} - a_n) + 1 = 0$, 且 $a_1 = 1$, 其前 n 项和为 S_n, 则 $S_{15} = ($ ___ $)$.

A. 196   B. 225   C. 256   D. 289

【答案】B

【解析】

根据题意, 有

$$a_{n+1} = \frac{2n^2 a_n + 1}{2n^2 - a_n} = \frac{a_n + \dfrac{1}{2n^2}}{1 - a_n \cdot \dfrac{1}{2n^2}},$$

设 $a_n = \tan\theta$，$\theta_n \in \left(-\dfrac{\pi}{2}, \dfrac{\pi}{2}\right)$，且 $\theta_1 = \dfrac{\pi}{4}$，则有

$$\theta_{n+1} = \theta_n + \arctan\frac{1}{2n^2} \Leftrightarrow \theta_{n+1} - \arctan(2n+1) = \theta_n - \arctan(2n-1),$$

进而

$$\theta_{n+1} - \arctan(2n+1) = \theta_n - \arctan(2n-1) = \cdots = \theta_1 - \arctan 1 = 0,$$

因此

$$\theta_n = \arctan(2n-1) \Rightarrow a_n = 2n-1,$$

因此

$$S_{15} = \sum_{k=1}^{15}(2k-1) = 225.$$

2. (2018 清华暑期) 在数列 $\{a_n\}$ 中，$a_{n+1}^2 + a_n^2 + 1 = 2(a_{n+1}a_n + a_{n+1} + a_n)$，且 $a_1 = 1$，$\{a_n\}$ 递增，则 $a_n = $ _____.

【答案】n^2

【解析】解法一：根据题意，有 $a_{n+1}^2 - 2(a_n+1)a_{n+1} + (a_n^2 - 2a_n + 1) = 0$，

于是 $a_{n+1} = (a_n+1) \pm \sqrt{4a_n}$，

考虑到 $a_{n+1} > a_n \geqslant 1$，于是 $\sqrt{a_{n+1}} = \sqrt{a_n} + 1$，

所以 $\sqrt{a_n} = \sqrt{a_1} + 1 \times (n-1) = n$

进而 $a_n = n^2$，$n \in N^*$.

解法二：根据题意，有 $a_{n+1}^2 + a_n^2 + 1 = 2(a_{n+1}a_n + a_{n+1} + a_n)$，

$a_{n+2}^2 + a_{n+1}^2 + 1 = 2(a_{n+2}a_{n+1} + a_{n+2} + a_{n+1})$，

两式相减，得 $(a_{n+2} + a_n)(a_{n+2} - a_n) = 2a_{n+1}(a_{n+2} - a_n) + 2(a_{n+2} - a_n)$，

因为数列 $\{a_n\}$ 单调递增，

所以 $a_{n+2} + a_n = 2a_{n+1} + 2$，$a_{n+3} + a_{n+1} = 2a_{n+2} + 2$，

两式相减，得 $a_{n+3} - 3a_{n+2} + 3a_{n+1} - a_n = 0$.

解上式对应的特征方程 $(x-1)^3 = 0$，

得 $x_1 = x_2 = x_3 = 1$，因此 $a_n = (An^2 + Bn + C) \cdot 1^{n-1} = An^2 + Bn + C$.

将 $a_1 = 1$，$a_2 = 4$，$a_3 = 9$ 代入上式，得 $a_n = n^2 (n \in N^*)$

3. (2024 清华)(多选题) 已知 $2a_n a_{n+1} - 3a_{n+1} + 1 = 0$，$a_1 = \dfrac{1}{3}$，下列选项中正确的有(　　).

A. $\lim\limits_{n \to +\infty} a_n = \dfrac{1}{2}$

B. $S_n > \dfrac{n-1}{6}$

C. $\left\{\dfrac{a_n-1}{a_n+1}\right\}$ 是等比数列   D. $S_n < \dfrac{n}{2}$

【答案】ABD

【解析】由题可知 $a_{n+1}=\dfrac{-1}{2a_n-3}$,

于是可求得 $\dfrac{a_{n+1}-1}{a_{n+1}-\dfrac{1}{2}}=2\cdot\dfrac{a_n-1}{a_n-\dfrac{1}{2}}\Rightarrow a_n=\dfrac{2^n-1}{2^{n+1}-1}=\dfrac{1}{2}-\dfrac{1}{2}\cdot\dfrac{1}{2^{n+1}-1}.$

故 $\lim\limits_{n\to+\infty}a_n=\dfrac{1}{2}$, A 选项正确;

数列 $\left\{\dfrac{a_n-1}{a_n+1}\right\}$ 中,$\dfrac{a_1-1}{a_1+1}=-\dfrac{1}{2}$,$\dfrac{a_2-1}{a_2+1}=-\dfrac{2}{5}$,$\dfrac{a_3-1}{a_3+1}=-\dfrac{4}{11}$, 不是等比数列,C 选项错误;

于是 $\{a_n\}$ 单调递增且有极限 $\dfrac{1}{2}$, 故 $\dfrac{n}{3}<S_n<\dfrac{n}{2}$. D 选项正确;

又因为 $\dfrac{n-1}{6}<\dfrac{2n}{6}=\dfrac{n}{3}<S_n$, 所以 B 选项正确.

故选:ABD.

---

4. (2024 北大)$x\in R$,用 $[x]$ 表示不超过 x 的最大整数,并用 $\{x\}=x-[x]$ 表示小数部分,已知:$a_1=\sqrt{2}$,$a_{n+1}=[a_n]+\dfrac{1}{\{a_n\}}$,求 $\sum\limits_{k=1}^{2024}a_k$.

【答案】$2024(\sqrt{2}+2023)$

【解析】因为 $a_1=\sqrt{2}$,$a_{n+1}=[a_n]+\dfrac{1}{\{a_n\}}$,

所以 $a_2=[a_1]+\dfrac{1}{\{a_1\}}=[a_1]+\dfrac{1}{a_1-[a_1]}=1+\dfrac{1}{\sqrt{2}-1}=2+\sqrt{2}$,

同理 $a_3=3+\dfrac{1}{\sqrt{2}-1}=4+\sqrt{2}$,

猜想:$a_n=2(n-1)+\sqrt{2}\,(n\in N^*)$,

①当 $n=1$ 时,$a_1=\sqrt{2}$ 成立;

②假设 $n=k$ 时成立,即 $a_k=2(k-1)+\sqrt{2}\,(k\in N^*)$,

则 $n=k+1$ 时,$a_{k+1}=[a_k]+\dfrac{1}{\{a_k\}}=[a_k]+\dfrac{1}{a_k-[a_k]}=2k-1+$

$$\frac{1}{2(k-1)+\sqrt{2}-(2k-1)}$$

$$=2k-1+\frac{1}{\sqrt{2}-1}=2k+\sqrt{2}=2[(k+1)-1]+\sqrt{2},$$

所以 $n=k+1$，猜想成立，

综上可得：对 $\forall n \in \mathbf{N}^{*}$，都有 $a_n=2(n-1)+\sqrt{2}$ 成立；

故数列 $\{a_n\}$ 为公差为 2，首项为 $\sqrt{2}$ 的等差数列，

则 $\sum\limits_{k=1}^{2024} a_k=2024\sqrt{2}+\frac{2024\times 2023}{2}\times 2=2024(\sqrt{2}+2023)$.

5．（2024清华）（多选题）已知 $a_1=1$，$\dfrac{a_{n+1}}{a_n}=\dfrac{\lambda n^2-2n}{n+1}(\lambda \geqslant 0,\ \lambda \in \mathbf{R})$. 下列选项中正确的有（ ）．

A．存在 λ，使存在正整数 N，使 $n \geqslant N$ 时，$a_{n+1}<a_n$ 恒成立

B．存在 λ，使不存在正整数 N，使 $n \geqslant N$ 时，$a_{n+1}<a_n$ 恒成立

C．存在 λ，使存在正整数 N，使 $n \geqslant N$ 时，$a_{n+1}>a_n$ 恒成立

D．存在 λ，使不存在正整数 N，使 $n \geqslant N$ 时，$a_{n+1}>a_n$ 恒成立

【答案】BCD

【解析】若 $\lambda=0$，则 $\dfrac{a_{n+1}}{a_n}=\dfrac{-2n}{n+1}<0$，$a_1=1$，则 $\{a_n\}$ 正负交替，B，D 选项正确；

若 $\lambda>0$，令 $\dfrac{a_{n+1}}{a_n}=\dfrac{\lambda n^2-2n}{n+1}>1$，即 $\dfrac{a_{n+1}}{a_n}>1$ 时，即 $a_{n+1}>a_n$ 时，即 $\lambda n^2-2n>n+1$ 成立，即 $\lambda>\dfrac{3n+1}{n^2}$ 成立，显然存在正整数 N，使 $n \geqslant N$ 时，$a_{n+1}>a_n$.

所以 $a_{n+1}>a_n$，A 选项错误，C 选项正确.

故选：BCD.

第十九讲　数论（1）

一、知识导航

1. 整除

（1）定义：设 a，b 为两个整数，且 $b \neq 0$，若存在整数 c 使得 $a = bc$，则称 b 整除 a，记作 $b \mid a$.

（2）性质：假设 a，b，c 均为非零整数，则：

① $c \mid b$，$b \mid a \Rightarrow c \mid a$（传递性）

② $b \mid a \Rightarrow bc \mid ac$

③ $b \mid ac$，$(a, b) = 1 \Rightarrow b \mid c$

④ $a \mid c$，$b \mid c$，$(a, b) = 1 \Rightarrow ab \mid c$

⑤ $a \mid bc$，且 a 为素数，则 $a \mid b$ 或 $a \mid c$

（3）带余除法：对任一整数 a 和大于 1 的整数 m，存在唯一的一对整数 q，$r(0 \leqslant r < m)$，使得 $a = mq + r$ 成立，该式称为带余除法式.

2. 最大公约数与最小公倍数

（1）定义：设有限多的整数 a_1，a_2，$\cdots$，a_n 不全为 0，同时整除 a_1，a_2，$\cdots$，a_n 的整数称为它们的公约数，这些公约数中最大的叫做 a_1，a_2，$\cdots$，a_n 的最大公约数，记为 $(a_1, a_2, \cdots, a_n)$，当 $(a_1, a_2, \cdots, a_n) = 1$ 时，称 a_1，a_2，$\cdots$，a_n 互素. 类似的，同时为 a_1，a_2，$\cdots$，a_n 所有数倍数的整数称为它们的公倍数，这些数中最小的叫做 a_1，a_2，$\cdots$，a_n 的最小公倍数，记作 $[a_1, a_2, \cdots, a_n]$.

（2）裴蜀定理：设 a，b 是整数，且 $d \mid (a, b)$，则 $(a, b) = d$ 的充要条件为存在整数 u，v，使得 $ua + vb = d$.

（3）最大公约数的性质：

① $c \mid a$，$c \mid b \Rightarrow c \mid ma + nb$，$c \mid (a, b)$

② 若 $m > 0$，则 $(ma, mb) = m(a, b)$

③ $(a^k, b^k) = (a, b)^k$

④ $(a, b) = d \Rightarrow \left(\dfrac{a}{d}, \dfrac{b}{d} \right) = 1$

⑤ $(a, m) = 1$，$(b, m) = 1 \Rightarrow (ab, m) = 1$

⑥ $m \mid ab, (m, a) = 1 \Rightarrow m \mid b$

⑦若 a, b 为正整数，$ab = c^k (k \geqslant 2), (a, b) = 1 \Rightarrow a = c_1^k, b = c_2^k, c = c_1 c_2$

（4）最小公倍数的性质

① a, b 的任一公倍数都为 $[a, b]$ 的倍数

②若 a, b 为正整数，则 $ab = (a, b)[a, b]$

3. 算数基本定理

（1）概念：每个大于 1 的正整数均可分解为有限个素数的乘积；若不计素因数在乘积中的次序，则该分解形式唯一. 任意正整数 n 可以表示为 $n = p_1^{\alpha_1} p_2^{\alpha_2} \cdots p_k^{\alpha_k}$，其中 $p_1, p_2, \cdots, p_k$ 是互不相同的素数，$\alpha_1, \alpha_2, \cdots, \alpha_k$ 是正整数.

（2）性质

① n 的全部正约数表示为：$p_1^{\beta_1} p_2^{\beta_1} \cdots p_k^{\beta_k} (0 \leqslant \beta_i \leqslant \alpha_i, \beta_i \in N, i = 1, 2, \cdots, k)$

② n 的全部正约数个数为：$\tau(n) = (\alpha_1 + 1)(\alpha_2 + 1) \cdots (\alpha_k + 1)$

③ n 的全部正约数之和为：$\sigma(n) = \dfrac{p_1^{\alpha_1+1} - 1}{p_1 - 1} \cdot \dfrac{p_2^{\alpha_2+1} - 1}{p_2 - 1} \cdots \dfrac{p_k^{\alpha_k+1} - 1}{p_k - 1}$

4. 同余

（1）定义：设 m 为给定的正整数，若整数 a, b 满足 $m \mid a - b$，则称 a 和 b 模 m 同余，记为 $a \equiv b \pmod{m}$.

（2）性质

① $a \equiv b \pmod{m}, b \equiv c \pmod{m} \Rightarrow a \equiv c \pmod{m}$

② $a \equiv b \pmod{m}, c \equiv d \pmod{m} \Rightarrow a \pm c \equiv b \pm d \pmod{m}, ac \equiv bd \pmod{m}$

③ $ac \equiv bc \pmod{m}, c \neq 0 \Rightarrow a \equiv b \left(\bmod \dfrac{m}{(m, c)} \right)$

④ $a \equiv b \pmod{m}, d \mid m \Rightarrow a \equiv b \pmod{d}$

⑤ $a \equiv b \pmod{m_1}, a \equiv b \pmod{m_2} \Rightarrow a \equiv b \pmod{[m_1, m_2]}$

二、经典例题

例 1.（2020 北大）方程 $19x + 93y = 4xy$ 的整数解个数为（　　　）.

A. 4　　　　　B. 8　　　　　C. 16　　　　　D. 前三个答案都不对

【答案】B

【解析】

因为 $19x+93y=4xy$，所以 $(4x-93)(4y-19)=93\times19=3\times19\times31$，所以 $\pm(4x-93)=1$，3，19，31，3×19，3×31，19×31，$3\times19\times31$，因为 $4x-93\equiv3(\bmod\ 4)$，而对于一个奇数 n，$n-n\equiv0(\bmod\ 4)$，所以对于 n 和 $-n$，其中一个同余 1（模 4），另一个同余 3（模 4），应恰好有 8 种可能，另外 $(4x-93)(4y-19)\equiv3\equiv93\times19=3\times19\times31(\bmod\ 4)$，因此，给出一个 x，一定能求出相应的 y，整数解的个数为 8.

例 2. (2021 北大) 方程 $y^3+f^4=d^5$ 的正整数解 (y,f,d) 的组数为 _____.

【答案】 无数组

【解析】

设 $y^3=2^n$，$f^4=2^n$，$d^5=2^{n+1}$，则 $\begin{cases} n\equiv0(\bmod\ 3) \\ n\equiv0(\bmod\ 4), \\ n\equiv4(\bmod\ 5) \end{cases}$

所以 $n\equiv24(\bmod\ 60)$，设 $n=60k+24$，所以 $y=2^{20k+8}$，$f=2^{15k+6}$，$d=2^{12k+5}$，因此满足要求的 (y,f,d) 的组数为无数组.

例 3. (2021 北大) 设正整数 $n\leqslant2021$，且 n^5-5n^3+4n+7 是完全平方数，则可能的 n 的个数为 _____.

【答案】 0

【解析】

因为 $n^5-5n^3+4n+7=n(n^2-4)(n^2-1)+7=(n-2)(n-1)n(n+1)(n+2)+7$，其中 $n-2$，$n-1$，n，$n+1$，$n+2$ 是五个相邻的自然数，其中必有 1 个是 5 的倍数，所以 $(n-2)(n-1)n(n+1)(n+2)\equiv0(\bmod\ 5)$，所以 $n^5-5n^3+4n+7\equiv2(\bmod\ 5)$，而平方数除以 5 的余数不可能是 2，因此 n^5-5n^3+4n+7 不可能是完全平方数.

例 4. (2021 北大) 方程 $x^2-2xy+3y^2-4x+5=0$ 的整数解的组数为 _____.

【答案】 2

【解析】 以 x 为主元整理得 $x^2-2(y+2)x+(3y^2+5)=0$，

所以 $\triangle=4(y+2)^2-4(3y^2+5)$ 是完全平方数，

所以 $(y+2)^2-(3y^2+5)=-2y^2+4y-1=-2(y-1)^2+1$ 是完全平方数，所以 $y=1$，带入原方程化简得 $x^2-6x+8=0$，所以 $x=0$ 或 $x=8$，所以原方程有两组整数解.

例5. (2022北大) 满足 $100\mid(2^n+n)(n\leqslant2022,n\in N^*)$ 的 n 有多少个.

A. 20   B. 21   C. 22   D. 以上都不对

【答案】A

【解析】

因为 $100=4\times25$，$100\mid(2^n+n)$，所以 $4\mid(2^n+n)$，$25\mid(2^n+n)$，当 $n=1$ 时不满足要求，所以 $n\geqslant2$，所以 $4\mid2^n$，因为 $4\mid(2^n+n)$，所以 $4\mid n$，设 $n=4k$，则 $25\mid(2^{4k}+4k)$，即 $25\mid(4\times16^{k-1}+k)$，则 $5\mid(4\times16^{k-1}+k)$，而 $4\times16^{k-1}+k\equiv4+k\equiv0(\bmod\ 5)$，设 $k=5m+1$，则 $25\mid(4\times16^{5m}+5m+1)$，故 $4\times16^{5m}+5m+1\equiv4\times1024^{2m}+5m+1\equiv5m+5\equiv0(\bmod\ 25)$，所以 $m\equiv1(\bmod\ 5)$，设 $m=5p+4$，所以 $n=4k=20m+4=100p+84$，其中 $p\in N$，又 $n\leqslant2022$，这样的有 20 个.

例6. (2024清华) 已知 $a,b\in N^*$，$a+b\leqslant2024$，使得 $ab^2+b+7\mid a^2b+a+b$ 的解的组数有 _____ 组.

【答案】18

【解析】

由条件 $ab^2+b+7\mid a^2b+a+b$，而 $a^2b^2+ab+b^2=a(ab^2+b+7)+b^2-7a$，故 $ab^2+b+7\mid b^2-7a$，下面分三种情况讨论：

情形一：$b^2>7a$；这时 $b^2-7a<b^2<ab^2+b+7$，矛盾；

情形二：$b^2=7a$，这时 a,b 应具有 $a=7k^2$，$b=7k(k\in Z)$ 的形式，显然 $(a,b)=(7k^2,7k)$ 满足条件，再结合 $a,b\in N^*$，$a+b\leqslant2024$ 可知 $k\leqslant16$，所以 $(7k^2,7k)$ 型的数有 16 组；

情形三：$b^2<7a$，这时由 $7a-b^2\geqslant ab^2+b+7$，可得 $7a>ab^2$，则 $b^2<7$，进而 $b=1$ 或 $b=2$，当 $b=1$ 时，则条件 $\dfrac{a^2+a+1}{a+8}=a-7+\dfrac{57}{a+8}$ 为正整数，得 $a+8\mid57$，可知 $a+8=19$ 或 57，进而可知 $a=11$ 或 49，解得 $(a,b)=(11,1)$ 或 $(49,1)$；当 $b=2$ 时，由 $\dfrac{7a-4}{4a+9}$ 为正整数，可知 $\dfrac{7a-4}{4a+9}=1$，此时 $a=\dfrac{13}{3}$，矛盾；

综上，一共有 18 组.

三、巩固练习

1. (2023 清华) p，q 为素数，有 $q \mid 7p+1$，$p \mid 7q+1$，则有序数组 (p, q) 有 _____ 组.

【答案】6

【解析】

显然 $p \neq q$，当 p，q 有一个为 2 时，另一个数为 3 或 5，共 4 组；当 p，q 均为奇素数时，由题意，p，$q \mid 7p+7q+1$，所以 $kpq = 7p+7q+1$，即 $(kp-7)(kq-7) = 49+k$，其中，k 为奇数，由 $2 \mid kp-7$，$kq-7$，可知 $k \equiv 3 \pmod 4$，$k = 3$ 时，$(p, q) = (3, 11)(11, 3)$，$k = 7$ 时，$7pq = 7p+7q+1$，无解，$k \geqslant 11$ 时，$kqp > 7p+7q+1$，无解；综上，共有 6 组.

2. (2023 北大) $R(n)$ 表示正整数 n 除以 2，3，4，5，6，7，8，9，10 的余数之和，则满足 $R(n) = R(n+1)$ 的两位数 n 的个数为 _____.

【答案】2

【解析】

设 n 除以 2，3，4，5，6，7，8，9，10 的余数分别为 $r_2(n)$，$r_3(n)$，$\cdots$，$r_{10}(n)$，$d_k(n) = r_k(n+1) - r_k(n)$，则 $d_k(n) = 1(k \nmid n+1)$ 或 $1-k(k \mid n+1)$，由题意 $\sum\limits_{i=2}^{10} d_i(n) = 9 - \sum\limits_{k \mid n+1} k = 0$，所以 $\sum\limits_{k \mid n+1} k = 2+3+4 = 2+7 = 3+6 = 4+5 = 9$，由于 2，3 可以推出 6，6 可以推出 2，4 可以推出 2，9 可以推出 3，所以只有 $2+7$ 符合题意，此时 $2 \mid n+1$，$7 \mid n+1$，而其他数不能整除，所以 $n+1 = 14$ 或 98，$n = 13$ 或 97.

3. (2023 北大) 三个互不相等的正整数的最大公约数是 20，最小公倍数是 20000，那么这样的不同的正整数组的个数为 _____.

【答案】52

【解析】

设这 3 个数分别为 $20 \times 2^{\alpha_1} \times 5^{\beta_1}$，$20 \times 2^{\alpha_2} \times 5^{\beta_2}$，$20 \times 2^{\alpha_3} \times 5^{\beta_3}$，则由题意可得 $\begin{array}{l} \max\{\alpha_1, \alpha_2, \alpha_3\},\ \max\{\beta_1, \beta_2, \beta_3\} = 3 \\ \min\{\alpha_1, \alpha_2, \alpha_3\},\ \min\{\beta_1, \beta_2, \beta_3\} = 0 \end{array}$，不考虑两两不同

时，$18^2 = 324$，有两个相同时，12 种，所以不考虑顺序时，正整数组个数为 $\dfrac{324 - 12}{6} = 52$.

4．（2023 北大）集合 $U = \{1, 2, 3, \cdots, 10\}$，则 U 的元素两两互素的三元子集个数为 _____．

【答案】42

【解析】

显然不能大于等于 2 个偶数，于是分类：（1）1 个偶数，2，4，8 等价，所以分三类分别计数得 $3 \times 9 + 3 + 5 = 35$；（2）0 个偶数，3，9 不能同时，7 种；所以共 42 种.

第二十讲　数论（2）

一、知识导航

1. 同余类

（1）定义：整数集合可以按照模 n 来分类，即若 a，b 模 n 同余，则 a，b 归为同一类，否则不属于同一类，每一个这样的类称为模 n 的一个同余类.

（2）完全剩余系与既约剩余系

①在模 n 的 n 个同余类中各取一个数作为代表，则任何一个整数都和这 n 个数之一关于模 n 同余，这 n 个数称为模 n 的一个完全剩余系，简称模 n 的完系. 例如，0，1，2，…，$n-1$ 是模 n 的一个完系，称为模 n 的最小非负完系.

②若 i 与 n 互素，则同余类 M_i 中的所有数都和 n 互素，这样的同余类称为模 n 的缩同余类，其个数即为小于 n 且与 n 互素的数的个数，后者记为欧拉函数 $\varphi(n)$，若 n 的素因数分解为 $n=p_1^{a_1}p_2^{a_2}\cdots p_k^{a_k}$，则 $\varphi(n)=\left(1-\dfrac{1}{p_1}\right)\left(1-\dfrac{1}{p_2}\right)\cdots\left(1-\dfrac{1}{p_k}\right)n$.

③从模 n 的 $\varphi(n)$ 个缩同余类中各取一个数作为代表，则这 $\varphi(n)$ 个数称为模 n 的一个缩剩余系（简化剩余系，或既约剩余系），简称模 n 的缩系.

（3）性质

①设 $(a,n)=1$，b 是任意整数，若 c_1，c_2，…，c_n 是模 n 的一个完系，则 ac_1+b，ac_2+b，…，ac_n+b 也是模 n 的一个完系，若 r_1，r_2，…，$r_{\varphi(n)}$ 是模 n 的一个缩系，则 ar_1，ar_2，…，$ar_{\varphi(n)}$ 也是模 n 的一个缩系.

②设 $(a,n)=1$，b 是任意整数，则有整数 x，使得 $ax\equiv b\pmod n$，所有这样的 x 形成模 n 的一个同余类，特别的，有 x 使得 $ax\equiv 1\pmod n$，这样的 x 称为 a 关于模 n 的逆，记作 $a^{-1}\pmod n$.

2. 费马小定理

设 p 为素数，$(p,a)=1$，则 $a^{p-1}\equiv 1\pmod p$.

该定理也可表示为 $a^p\equiv a\pmod p$，此时对任意正整数 a，定理都成立.

3. 欧拉定理

设 $m > 1$ 为整数，$(m, a) = 1$，则 $a^{\varphi(m)} \equiv 1 \pmod{m}$.

当 m 为素数时，即为费马小定理.

二、经典例题

例 1.（2020 清华）若一个三角形的各边长均为整数，且其面积为有理数，则该三角形的一边长可以是(　　).

A. 1　　　　　B. 2　　　　　C. 3　　　　　D. 4

【答案】CD

【解析】

因为三边长分别为 3、4、5 的三角形面积为 6，符合题意，所以 C、D 正确；

设三角形三边长分别为 a，b，c，当 $a = 1$ 时，$b = c$，面积 $S = \dfrac{\sqrt{4b^2 - 1}}{4}$，由于 $4b^2 - 1 \equiv 3 \pmod 4$，所以 $4b^2 - 1$ 不是完全平方数，所以 S 不是有理数；

当 $a = 2$ 时，不妨令 $b \geqslant c \geqslant 2$，可得 $b = c$ 或 $b = c + 1$；

若 $a = 2$，$b = c$，面积 $S = \sqrt{b^2 - 1}$，$(b-1)^2 \leqslant b^2 - 1 \leqslant b^2$，所以 $b^2 - 1$ 不是完全平方数，所以 S 不是有理数；

若 $a = 2$，$b = c + 1$，由海伦公式得 $S = \dfrac{\sqrt{3(4c^2 + 4c - 3)}}{4}$，$3(4c^2 + 4c - 3) \equiv 3 \pmod 4$ 所以 $3(4c^2 + 4c - 3)$ 不是完全平方数，所以 S 不是有理数.

例 2.（2020 清华）若 x，$y \in N^*$，则下列说法正确的是(　　).

A. $x^2 + 2y$ 与 $y^2 + 2x$ 可以均为完全平方数

B. $x^2 + 4y$ 与 $y^2 + 4x$ 可以均为完全平方数

C. $x^2 + 5y$ 与 $y^2 + 5x$ 可以均为完全平方数

D. $x^2 + 6y$ 与 $y^2 + 6x$ 可以均为完全平方数

【答案】CD

【解析】不妨设 $x \leqslant y$

选项 A：$y^2 < y^2 + 2x \leqslant y^2 + 2y < (y+1)^2$，所以 $y^2 + 2x$ 不是完全平方数；

选项 B：$y^2 < y^2 + 4x \leqslant y^2 + 4y < (y+2)^2$，所以 $y^2 + 4x = (y+1)^2$，

此时 $2(2x - y) = 1$，无解；

选项 C：$x = y = 4$ 时，符合题意；

选项 D：$x = y = 2$ 时，符合题意.

例 3.（2021 北大）已知 $Y = \sum\limits_{i=1}^{2021}\left[\dfrac{2^i}{7}\right]$，则 Y 的个位数字是 _____.

【答案】5

【解析】

因为 $2^3 \equiv 1 \pmod{7}$，所以 2^n 模 7 的余数以 3 为周期，所以 $Y = \sum\limits_{k=0}^{673}\left(\left[\dfrac{2^{3k}}{7}\right] + \left[\dfrac{2^{3k+1}}{7}\right] + \left[\dfrac{2^{3k+2}}{7}\right]\right) = \sum\limits_{k=0}^{673}(8^k - 1) = \sum\limits_{k=0}^{673}8^k - 674$，由于 $(8, 5) = 1$，由费马小定理，8^k 模 5 的余数以 4 为周期，所以 $Y \equiv 1 + (8 + 6 + 4 + 2) \times 168 + 8 - 4 \equiv 0 \pmod{5}$，又因为 $Y = \sum\limits_{k=0}^{673}8^k - 674 \equiv 1 \pmod{2}$，所以 $Y \equiv 5 \pmod{10}$，即则 Y 的个位数字是 5.

例 4.（2022 清华）对于不相等的正整数 a，b，c，若 $\sqrt{a+b}$，$\sqrt{b+c}$，$\sqrt{c+a}$ 是三个连续整数，则 $a^2 + b^2 + c^2$ 的最小值为（ ）.

A. 1094 　　　　 B. 2022 　　　　 C. 2094 　　　　 D. 1297

【答案】D

【解析】

设 $\sqrt{a+b} = n-1$，$\sqrt{b+c} = n$，$\sqrt{c+a} = n+1$，

解得 $a = \dfrac{n^2+2}{2}$，$b = \dfrac{n(n-4)}{2}$，$c = \dfrac{n(n+4)}{2}$，因为 a，b，$c \in N^*$，所以 n 是偶数，且 $n > 4$，所以 n 最小是 6，所以 a，b，c 最小分别为 19，6，30，所以 $a^2 + b^2 + c^2$ 的最小值为 $19^2 + 6^2 + 30^2 = 1297$.

例 5.（2022 北大）十进制中的 $n+1$ 位整数 $A = \overline{a_n a_{n-1} \cdots a_0}$，定义 $D(A) = a_0 + 2a_1 + \cdots + 2^n a_n$，现有数列 b_k（$k > 0$），满足 $b_0 = 2033^{10}$，且 $b_{k+1} = D(b_k)$，那么 b_{2022} 的各位数字的立方和为（ ）.

A. 730 　　　　 B. 520 　　　　 C. 370 　　　　 D. 以上答案都不对

【答案】D

【解析】

由题意，$A = a_0 + 10a_1 + \cdots + 10^n a_n$，所以 $8 \mid A - D(A)$，所以 $D(A) \equiv$

$A(\bmod 8)$，所以 $b_k \equiv b_0 \equiv 2033^{10} \equiv 1(\bmod 8)$；若 $n \geqslant 3$，则 $D(A) = a_0 +$

$2a_1 + \cdots + 2^n a_n < 10(1 + 2 + \cdots + 2^{n-1}) + 2^n a_n < 20 \times 2^n < \dfrac{1}{5} \times 10^n a_n \leqslant \dfrac{1}{5} A$，

而 $b_0 = 2033^{10} < (5^5)^{10} = 5^{50}$，所以 b_{50} 最多为两位数，由于 $b_k \equiv 1(\bmod 8)$，

所以 $b_{50} \leqslant 97$，$b_{51} \leqslant 25$，$b_{52} \leqslant 9$，所以 $b_{2022} \leqslant b_{52} \leqslant 9$，所以 b_{2022} 为 1 或 9，

当 $b_{2022} = 1$ 时，可逆推得到 $b_0 = 1$，矛盾，所以 $b_{2022} = 9$，其各位数字立方

和为 729.

例 6.（2024 北大）求 $\displaystyle\sum_{i=1}^{2024} \left[\dfrac{19^i}{20}\right]$ 模 7 的余数.

【答案】1

【解析】

因为 $19^i \equiv (-1)^i (\bmod 20)$，所以 $\displaystyle\sum_{i=1}^{2024} \left[\dfrac{19^i}{20}\right] = \sum_{i=1}^{2024} \left[\dfrac{19^i}{20}\right] - 1012 = \dfrac{19}{20} \cdot$

$\dfrac{19^{2024} - 1}{18} - 1012$，因为 7 为质数，所以由费马小定理可得 19^i 模 7 的余数 6 个

一循环，设 $\displaystyle\sum_{i=1}^{2024} \left[\dfrac{19^i}{20}\right] \equiv a(\bmod 7)$，则 $\dfrac{19 \cdot (19^{2024} - 1)}{20 \cdot 18} \equiv a + 4(\bmod 7)$，所以

$19 \cdot (19^2 - 1) \equiv 360 \cdot (a + 4)(\bmod 7)$，所以 $a \equiv 1(\bmod 7)$.

三、巩固练习

1.（2024 北大）用 $S(n)$ 表示正整数 n 的数码和，求满足 $S(n+1)$ 与 $S(n)$ 均为 5 的倍数的 n 的最小值.

【答案】49999

【解析】

设 n 到 $n+1$ 进了 k 次位，可得 $S(n+1) - S(n) = 1 - 9k$，所以 $5 \mid 1 - 9k$，k 最小为 4，此时 n 的末四位为 9999，由 $5 \mid S(n)$ 可得 $n = 49999$.

2.（2024 北大）称正整数 n 为好数，当它的各位数字均不相同，且对于所有正整数 m 满足 $\left[\dfrac{n}{10^m}\right] > 0$，都有 $\left[\dfrac{n}{10^m}\right] \mid n$，则最大好数的范围是（　　）.

A.（0，1000）   B.（1000，2000）

C.（1000，3000）   D. 以上答案都不对

【答案】D

【解析】

设 $n = \overline{a_k a_{k-1} \cdots a_1}$，则 $\overline{a_k a_{k-1} \cdots a_3} \mid \overline{a_2 a_1} \neq 0$，所以 $k \leqslant 4$，当 $k = 4$ 时，$\overline{a_4 a_3 a_2} \mid a_1$，所以 $a_1 = 0$，$\overline{a_4 a_3} \mid \overline{a_2 a_1}$，且 $a_3 \neq 0$，所以为使 a_4 最大，$\overline{a_2 a_1} = 2 \cdot \overline{a_4 a_3}$，所以 $a_3 = 5$，$a_4 \leqslant 4$，当 $a_4 = 4$ 时，4590 不符合题意，当 $a_4 = 3$ 时，3570 符合题意，所以最大好数为 3570.

3. （2021 清华）已知 $[x]$ 为高斯函数，方程 $\left[\dfrac{x}{2}\right] + \left[\dfrac{x}{3}\right] + \left[\dfrac{x}{5}\right] = x$ 解的组数为（　　）.

　A. 30　　　　　B. 40　　　　　C. 50　　　　　D. 60

【答案】A

【解析】

由题意，x 为整数，且 $\dfrac{x}{2} - \left\{\dfrac{x}{2}\right\} + \dfrac{x}{3} - \left\{\dfrac{x}{3}\right\} + \dfrac{x}{5} - \left\{\dfrac{x}{5}\right\} = x$，所以 $\dfrac{x}{30} = \left\{\dfrac{x}{2}\right\} + \left\{\dfrac{x}{3}\right\} + \left\{\dfrac{x}{5}\right\}$，其中，$\left\{\dfrac{x}{2}\right\}$，$\left\{\dfrac{x}{3}\right\}$，$\left\{\dfrac{x}{5}\right\}$ 分别有 2、3、5 种可能，组合在一起有 $2 \times 3 \times 5 = 30$ 种可能，这 30 种可能对应的 x 互不相同，所以原方程有 30 组解.

4. （2024 北大）已知数列 1，2，2，3，3，3，4，4，4，4，…，求第 2024 项模 5 的余数 _____.

【答案】4

【解析】

设 $f(k) = 1 + 2 + \cdots + k = \dfrac{k(k+1)}{2}$，则 $f(63) = 2016 < 2024 < f(64) = 2080$，所以 $a_{2024} = 64 \equiv 4 \pmod 5$.

第二十一讲　组合 (1)

一、知识导航

1. 加法原理：如果完成一件事情的方法可以分成 n 个互不相交的类，且第 i 类有 m_i 种方法$(i=1，2，\cdots\cdots，n)$，那么完成这件事共有 $\sum\limits_{i=1}^{n} m_i$ 种方法.

乘法原理：如果完成一件事情的方法可以分成 n 个互不影响的步骤，且第 i 类有 m_i 种方法$(i=1，2，\cdots\cdots，n)$，那么完成这件事共有 $\prod\limits_{i=1}^{n} m_i$ 种方法.

2. 排列数：从 n 个不同的元素中，任取 $m(m\leqslant n)$ 个不同元素，按照一定顺序排成一列，叫做从 n 个不同元素中取出 m 个不同元素的一个排列，这样可以取出不同的排列的个数称为排列数，用符号 A_n^m 表示. 排列数计算公式为

$$A_n^m = n(n-1)\cdots(n-m+1) = \frac{n!}{(n-m)!}.$$

圆排列：从 n 个不同的元素中，任取 $m(m\leqslant n)$ 个不同元素排成在一个圆周上，称为从 n 个不同元素中取 m 个不同元素的圆排列，其排列数为 $\dfrac{A_n^m}{m} = \dfrac{n!}{m(n-m)!}.$

全排列：设 n 个元素由 k 种不同的元素组成，其中 a_i 有 n_i 个$(i=1，2，\cdots\cdots，k)$，且满足 $\sum\limits_{i=1}^{k} n_i = n$，那么这 n 个元素的全排列称为有限个重复元素的全排列，这样的有限个重复元素的全排列的排列数为 $\dfrac{n!}{n_1!\ n_2!\ \cdots n_k!}.$

3. 组合数：从 n 个不同的元素中，任取 $m(m\leqslant n)$ 个不同元素组成一组，叫做从 n 个不同元素中取出 m 个不同元素的组合，用符号 C_n^m 表示. 组合数计算公式为 $C_n^m = \dfrac{n!}{m!\ (n-m)!}.$

可重组合：从 n 个不同的元素中，任意可重复地选取 $m(m\leqslant n)$ 个元素，叫做从 n 个不同元素中取出 m 个元素的可重组合，其不同组合个数为 $C_{n+m-1}^m.$

二、经典例题

例 1.(2020 复旦)给定 5 个函数，其中 3 个奇函数，2 个偶函数，在这 5 个函数中任取 3 个，其中既有奇函数，又有偶函数的概率为 _____.

【答案】$\dfrac{9}{10}$

【解析】考虑补集，不符合要求的情况只有全选奇函数一种，因此概率为 $1-\dfrac{1}{C_5^3}=\dfrac{9}{10}$.

例 2.(2024 北大)求四元组 (a_1, a_2, a_3, a_4) 的个数，使得 $a_i \in \{1, 2, 3\}$，且 $10 < a_1 a_2 a_3 a_4 < 20$.

【答案】25

【解析】10 到 20 中，含 2，3 两种质因数的数只有 12，16，18. 若乘积为 12，则四个数必为 1，2，2，3，对应数组有 $4 \times 3 = 12$ 个；若乘积为 16，则四个数均为 2，对应数组有 1 个；若乘积为 18，则四个数为 1，3，3，3，对应数组也有 $4 \times 3 = 12$ 个，故和为 25.

例 3.(2022 北大)1 到 12 这十二个整数平均分为 6 组，要求每组的两个数互素，则有( )种分法.

A. 252   B. 2520   C. 7960   D. 以上都不对

【答案】A

【解析】每个偶数必须和奇数配对，并且 6、12 不能和 3、9 一组；10 不能和 5 一组. 只满足 6、12 不能和 3、9 一组，共有 $A_4^2 \times A_4^4 = 288$ 种，再考虑这 288 种中，5、10 同组的情况，共有 $A_3^2 \times A_3^3 = 36$ 种，因此共 $288-36=252$ 种.

例 4.(2020 复旦)某公司安排甲、乙、丙等 7 人完成 7 天的值班任务，每人负责一天，已知甲不安排在第一天，乙不安排在第二天，甲和丙在相邻两天，则不同的安排方式有 _____ 种.

【答案】1128

【解析】后考虑甲丙，先排列另外 5 人，有 $A_5^5=120$ 种排法，然后插入甲丙，除了第一个空隙只能按照先丙后甲顺序插入外，其余 5 个空隙都有 2 种插入方式，所以总共有 11 种插入方式，因此共 $A_5^5 \times 11=1320$ 种方式，注意到乙排在第二天的方法有 $A_4^4 \times 4 \times 2 = 192$ 种方式，所以不同的排法共有 $1320 - 192 = 1128$ 种.

例 5.（2022 上海交通大学）半圆弧上的 8 个点将半圆分成 9 段弧，以这 10 个点（含两端点）为顶点的钝角三角形有（ ）个.

    A. 55   B. 112   C. 156   D. 120

【答案】B

【解析】从 10 个点选出 3 个顶点有 $C_{10}^3 = 120$ 种方式，如果选了两个端点，那么构成的三角形为直角三角形，共有 $C_8^1 = 8$ 种方式，其余情况均为钝角三角形，故有 $120 - 8 = 112$ 种方式.

例 6.（2020 北大）在 $(2019 \times 2020)^{2021}$ 的全体正因数中选出若干个，使得其中任意两个的乘积都不是平方数，则最多可以选因数的个数为（ ）.

    A. 16   B. 31   C. 32   D. 前三个答案都不对

【答案】C

【解析】$(2019 \times 2020)^{2021} = 2^{4042} \times 3^{2021} \times 5^{2021} \times 101^{2021} \times 673^{2021}$，因此 $(2019 \times 2020)^{2021}$ 的所有正因数都可以表示为 $2^{a_i} \times 3^{b_i} \times 5^{c_i} \times 101^{d_i} \times 673^{e_i}$，$i = 1，2，3，\cdots$，为了使两个不同正因数乘积不同，则每个正因数对应的 $(a_i，b_i，c_i，d_i，e_i)$ 奇偶性不能完全相同，故最多有 $2^5 = 32$ 种可能. 如果选 33 个或更多因数，由抽屉原理，至少有两个因数对应的 $(a_i，b_i，c_i，d_i，e_i)$ 奇偶性相同，则乘积为完全平方数.

例 7.（2020 上海交大）在正方体 8 个顶点任意 2 个顶点所在的直线中异面直线共有 _____ 对.

【答案】174

【解析】两个顶点相连所得直线包括 12 条棱，12 条面对角线，4 条体对角线，考虑到任意两条体对角线有交点，故异面直线有 5 种情况：

  （1）两条棱，对于每条棱有 4 条异面直线，故共有 $12 \times 4 \div 2 = 24$ 对；

  （2）棱与面对角线，每条棱与 6 条对角线为异面直线，故共有 $12 \times 6 = 72$ 对；

  （3）棱与体对角线，每条棱与 2 条对角线为异面直线，故共有 $12 \times 2 = 24$ 对；

  （4）两条面对角线，每条对角线与 5 条对角线为异面直线，故共有 $12 \times 5 \div 2 = 30$ 对；

（5）面对角线与体对角线，每条面对角线与 2 条对角线为异面直线，故共有 $12 \times 2 = 24$ 对．

故总和为 174 对．

三、巩固练习

1.（2020 上海交大）从 2 个红球，3 个黑球，5 个白球（同色球完全相同）中任意取 6 个，有 _____ 种不同的取法．

【答案】11

【解析】红球取 0 个，则有三种情况；红球取 1 个，四种情况；红球取 2 个，四种情况．

2.（2023 北大）集合 $U = \{1, 2, 3, \cdots, 10\}$，则 U 的元素两两互素的三元子集个数为 _____．

【答案】42

【解析】若为三个奇数，假设 3 和 9 取一个，有 6 种可能；3 和 9 都不取，有 1 种可能；若为两个奇数和一个偶数，若偶数为 2、4、8，共有 $3 \times (C_5^2 - 1) = 27$ 种可能；若偶数为 6，则有 3 种可能；若偶数为 10，则有 5 种可能．共 42 种可能．

3.（2022 清华强基）S 是有 10 个元素的集合，$T = \{(A, B) \mid A \cdot B$ 是 S 的子集且 $A \cap B = \varnothing\}$，设 T 中元素个数为 n，则 n 的所在区间为（　　）

A. $[45000, 55000]$
B. $[55000, 65000]$
C. $[65000, 75000]$
D. $[35000, 45000]$

【答案】B

【解析】对于集合 S 的每一个元素，有 3 种选择，因此将 10 个元素填入，共有 $3^{10} = 59049$ 种可能．选 B．

4.（2021 清华）已知 m，n 最大公约数为 $10!$，最小公倍数为 $50!$，数对 (m, n) 的组数是（　　）．

A. 2^9 　　　　B. 2^{15} 　　　　C. 2^{21} 　　　　D. 2^{18}

【答案】B

【解析】设 $m = 10! \, p$，$n = 10! \, q$，则 p，q 互质，并且 $pq = \dfrac{50!}{10!} = 2^{a_1} \times$

$3^{a_2} \times \cdots \times 47^{a_{15}}$，注意到有 15 个不同的质因数，考虑到 p，q 互质，不能有相同的质因数，因此 $(m，n)$ 的组数是 2^{15}.

5. (2020 武汉大学) 设 A 是集合 $\{1，2，3，4，5，6，7，8，9，10\}$ 的子集，只含有 3 个元素，且不包含相邻的整数，则这种子集 A 的个数为( ).

A. 32　　　　B. 56　　　　C. 72　　　　D. 84

【答案】B

【解析】将 7 个球排成一行，共 8 个空隙，插入 3 个球，共有 $C_8^3 = 56$ 种方式，将 10 个球进行编号，则后插入的 3 个球刚好对应 1 到 10 中的 3 个整数，且不包含相邻的整数，因此子集 A 的个数为 56.

6. (2022 北大强基) 数列 $\{a_n\}$ 共 5 项，有一项为 3，$|a_{i+1} - a_i| \leqslant 1(i = 1，2，3，4)$，满足上述条件的正整数数列 $\{a_n\}$ 有 _____ 个.

【答案】211

【解析】相邻两项的差有三种可能，因此只考虑 4 组相邻两项的差，共 $3^4 = 81$ 个可能，五项中的最小数可能是 1，2，3，也是 3 种情况，因此 $\{a_n\}$ 的数量不超过 $3^4 \times 3 = 243$ 个. 再考虑到其中 a_1，a_2，$\cdots$，a_5 只取 1 或 2 的情况不符合要求，所以 $\{a_n\}$ 的数量为 $3^5 - 2^5 = 211$ 个.

7. (2020 上海交大) 平面上给定五个点，任意三个点不共线，过任意两个点作直线，已知任意两条直线既不平行也不垂直，过五个点中任意一个点向另外四个点的连线作垂线，则所有这些垂线的交点(不包括已知的五点)个数至多有 _____ 个.

【答案】310

【解析】四个点的连线共有 6 条，从一点向这 6 条直线作垂线，得到 6 条相交的直线，总共 5 组，这些垂线的交点必然来自不同的组，因此最多有 $C_5^2 \times 6 \times 6 = 360$ 个交点，由这 5 个点中的 3 个点作另外两个点连线的垂线，是两两平行的，因此多算了 $C_5^2 \times C_3^2 = 30$ 个交点；由这 5 个点中的 3 个点可以构成一个三角形，三角形的三条高线交于一点，因此多算了 $C_5^2 \times 2 = 20$ 个交点，总共有 $360 - 30 - 20 = 310$ 个交点.

第二十二讲 组合（2）

一、知识导航

4. 二项式定理：$(a+b)^n = C_n^0 a^n + C_n^1 a^{n-1} b + C_n^2 a^{n-2} b^2 + \cdots + C_n^{n-1} ab^{n-1} + C_n^n b^n$.

5. 常用组合恒等式：$C_n^k = C_{n-1}^{k-1} + C_{n-1}^k$，$\displaystyle\sum_{i=0}^{k} C_{n-i}^{k-i} = C_{n+1}^k$，

$$\sum_{i=0}^{m} C_{n+i}^n = C_{n+m+1}^{n+1}, \quad \sum_{i=0}^{k} C_m^i C_n^{k-i} = C_{n+m}^k.$$

6. 容斥原理：对于有限集 $A_1 \cdots A_n$

$$|A_1 \bigcup A_2 \bigcup \cdots \bigcup A_n|$$

$$= \sum_{i=1}^{n} |A_i| - \sum_{1 \leqslant i < j \leqslant n} |A_i \bigcap A_j| + \sum_{1 \leqslant i < j < k \leqslant n} |A_i \bigcap A_j \bigcap A_k| - \cdots$$

$$+ (-1)^{n-1} |A_1 \bigcap A_2 \bigcap \cdots \bigcap A_n|$$

逐步淘汰原理：设 S 为有限集合，A_1，A_2，$\cdots\cdots$，A_n 为 S 的子集，$\overline{A_1}$，$\overline{A_1}$，$\cdots\cdots$，$\overline{A_n}$ 为 A_1，$\cdots$，A_n 在 S 中的补集，则有

$$|\overline{A_1} \bigcap \overline{A_2} \bigcap \cdots \bigcap \overline{A_n}|$$

$$= S - \sum_{i=1}^{n} |A_i| + \sum_{1 \leqslant i < j \leqslant n} |A_i \bigcap A_j| - \sum_{1 \leqslant i < j < k \leqslant n} |A_i \bigcap A_j \bigcap A_k| + \cdots$$

$$+ (-1)^n |A_1 \bigcap A_2 \bigcap \cdots \bigcap A_n|$$

二、经典例题

例 1.（2021 复旦）求展开式 $\left(\dfrac{2}{\sqrt{x^3}} - \dfrac{3}{x^3}\right)\left(\sqrt{x} - \dfrac{1}{x}\right)^6$ 中的常数项．

【答案】-15

【解析】$\left(\dfrac{2}{\sqrt{x^3}} - \dfrac{3}{x^3}\right)\left(\sqrt{x} - \dfrac{1}{x}\right)^6 = \dfrac{2}{\sqrt{x^3}}\left(\sqrt{x} - \dfrac{1}{x}\right) - \dfrac{3}{x^3}\left(\sqrt{x} - \dfrac{1}{x}\right)$，根据

二项式定理，其中的常数项为 $2(-1)^5 C_6^5 - 3(-1)^6 C_6^6 = -12 - 3 = -15$.

例 2.(2020 清华)若 A，B，$C \subseteq \{1, 2, 3, \cdots, 2020\}$，$A \subseteq C$，$B \subseteq C$，则有序集合组($A$，$B$，$C$)的组数是(　　).

A. 2^{2020}　　　　B. 3^{2020}　　　　C. 4^{2020}　　　　D. 5^{2020}

【答案】D

【解析】若集合 C 已确定，则由 $A \subseteq C$，$B \subseteq C$ 可知 A，B 有 $2^{|C|}$ 种选择，所以集合组(A，B)共有 $2^{|C|} \cdot 2^{|C|} = 4^{|C|}$ 种可能，结合 C 的情况，可知(A，B，C)的组数为 $\sum\limits_{|C|=0}^{2020} (C_{2020}^{|C|} 4^{|C|}) = (1+4)^{2020} = 5^{2020}$.

例 3.(2023 浙大)任意正 n 边形的三个顶点构成一个三角形，该三角形是钝角三角形的概率是 $\dfrac{93}{125}$，求所有可能 n 的取值.

【答案】127，376

【解析】当 n 为偶数时，直角三角形个数为 $\dfrac{n(n-2)}{2}$，考虑其一个锐角顶点，作出其所在直径，则两边各有 $\dfrac{(n-2)}{2}$ 个顶点可供选取，考虑到锐角顶点会被选中两次，因此总数为 $\dfrac{1}{2}nC_{\frac{n-2}{2}}^2 \times 2 = nC_{\frac{n-2}{2}}^2$. 故 $\dfrac{nC_{\frac{n-2}{2}}^2}{C_n^3} = \dfrac{93}{125}$，解得 $n = 376$.

同理，当 n 为奇数时，总数为 $nC_{\frac{n-1}{2}}^2$，因此 $\dfrac{nC_{\frac{n-1}{2}}^2}{C_n^3} = \dfrac{93}{125}$，解得 $n = 127$.

例 4.(2024 清华)设 a_1，a_2，$\cdots$，a_{10} 是一个 1，2，3，$\cdots\cdots$，10 的排列，要求 a_{i-1} 和 a_{i+1} 中一定有一个大于 $a_i (i=2, 3, \cdots, 9)$，则满足的排列的总数为 _____.

【答案】2^9

【解析】若 $a_i < a_{i+1}$，则必有 $a_{i+1} < a_{i+2}$；即从第 i 项开始，数列开始递增. 若 $a_i > a_{i+1}$，则有 $a_{i-1} > a_i$，说明数列从第 1 项到第 i 项递减. 因此数列只有三种情况，单调递减，单调递增，先减后增. 对于每种情况，1 的位置是确定的，其余 9 个数如果在 1 前面的数确定了，那么位置也就随之确定了，因此排列总数为 $C_9^0 + C_9^1 + C_9^2 + \cdots + C_9^9 = 2^9$.

例 5.（2020 中科大）已知 a_1，a_2，$\cdots$，a_n 为 1，2，$\cdots$，n 的排列，若 $i < j$ 且 $a_i < a_j$，则 (a_i, a_j) 为顺序对，设 X 为 a_1，a_2，$\cdots$，a_n 的顺序对的个数，则 $E(x) = $ _____.

【答案】$\dfrac{n(n-1)}{4}$

【解析】对于任一排列 a_1，a_2，$\cdots$，a_n，它与排列 a_n，a_{n-1}，$\cdots$，a_1 的顺序对和为 C_n^2，因此可以将所有排列两两配对，所以 $P(X = m) = P(X = C_n^2 - m)$，所以

$$E(x) = 0 \cdot P(X = 0) + 1 \cdot P(X = 1) + 2 \cdot P(X = 2) + \cdots + C_n^2 \cdot P(X = C_n^2)$$
$$= \frac{1}{2} C_n^2 \cdot \left[P(X = 0) + P(X = 1) + P(X = 2) + \cdots + P(X = C_n^2) \right]$$
$$= \frac{1}{2} C_n^2 = \frac{n(n-1)}{4}.$$

例 6.（2024 北大）求 1，2，$\cdots$，8 的排列个数，使得排列中没有出现 12，23，$\cdots\cdots$78.

【答案】16687

【解析】设 $A_i = \{1$ 到 8 的排列，且 i 和 $i+1$ 连续出现$\}$，则
$$|\overline{A_1} \cap \overline{A_2} \cap \cdots \cap \overline{A_7}|$$
$$= |S| - \sum_{1 \le i \le 7} |A_i| + \sum_{1 \le i < j \le 7} |A_i \cap A_j| - \sum_{1 \le i < j < k \le 7} |A_i \cap A_j \cap A_k| + \cdots$$
$$+ (-1)^7 |A_1 \cap A_2 \cap \cdots \cap A_7|$$
$$= 8! - 7 \times 7! + C_7^2 \times 6! - C_7^3 \times 5! + C_7^4 \times 4! - C_7^5 \times 3! + C_7^6 \times 2!$$
$$- C_7^7 \times 1!$$
$$= 16687.$$

例 7.（2021 清华）已知集合 $U = \{0, 1, 2, \cdots, 2021\}$，$S \subseteq U$，且 S 中任意两项相加不是 5 的倍数，求 S 的元素个数最大值.

【答案】810

【解析】设 $A_i (i = 0, 1, 2, 3, 4)$ 为集合 U 中除以 5 余数为 i 的所有数组

成的集合，则 $A_0 = A_1 = 405$，$A_2 = A_3 = A_4 = 404$，注意到 S 中不能同时有 A_1，A_4 的元素；A_2，A_3 的元素，或者两个 A_0 中的元素，因此 $|S| \leqslant 405 + 404 + 1 = 810$.

三、巩固练习

1.(2020 复旦) 在 $\left(x^2 + \dfrac{1}{x} + y^3 + \dfrac{1}{y}\right)^{10}$ 的展开式中，常数项为 _____.

【答案】12600

【解析】通过观察，易得只需计算 $(x^2)^2 \cdot \left(\dfrac{1}{x}\right)^4 \cdot y^3 \cdot \left(\dfrac{1}{y}\right)^3$ 的系数，所以常数项为 $C_{10}^4 \cdot C_6^2 \cdot C_4^1 = 12600$.

2.(2021 复旦) 求 $\left(x^2 + \dfrac{1}{xy} + y^4 + \dfrac{1}{y^2}\right)^8$ 的常数项 _____.

【答案】1680

【解析】通过观察，易得只需计算 $(x^2)^1 \cdot \left(\dfrac{1}{xy}\right)^2 \cdot (y^4)^2 \cdot \left(\dfrac{1}{y^2}\right)^3$ 的系数，所以常数项为 $C_8^1 \cdot C_7^2 \cdot C_5^2 = 1680$.

3.(2021 中科大) 投掷一个均匀的骰子(各面数字为 $1-6$)n 次，记该过程中出现的最大数字为 X，则 E(X) = _____.

【答案】$6 - \dfrac{1^n + 2^n + 3^n + 4^n + 5^n}{6^n}$

【解析】由于 $P(x \leqslant k) = \left(\dfrac{k}{6}\right)^n (k = 1, 2, 3, 4, 5, 6)$，所以 $P(X = 1) = \left(\dfrac{1}{6}\right)^n$，

$P(X = 2) = \left(\dfrac{2}{6}\right)^n - \left(\dfrac{1}{6}\right)^n$，$P(X = 3) = \left(\dfrac{3}{6}\right)^n - \left(\dfrac{2}{6}\right)^n$，$P(X = 4) = \left(\dfrac{4}{6}\right)^n - \left(\dfrac{3}{6}\right)^n$，

$P(X = 5) = \left(\dfrac{5}{6}\right)^n - \left(\dfrac{4}{6}\right)^n$，$P(X = 6) = 1 - \left(\dfrac{5}{6}\right)^n$. 所以

$$E(x) = P(X=0) + 2 \cdot P(X=1) + \cdots + 6 \cdot P(X=6)$$
$$= 6 - \frac{1^n + 2^n + 3^n + 4^n + 5^n}{6^n}.$$

4.（2021 清华）x_1，x_2，x_3，x_4 为互不相等的正实数，x_{i_1}，x_{i_2}，x_{i_3}，x_{i_4} 为其一个排列，

$X = \max\{\min\{x_{t_1}, x_{t_2}\}, \min\{x_{t_3}, x_{t_4}\}\}$，$Y = \min\{\max\{x_{t_1}, x_{t_2}\}, \max\{x_{t_3}, x_{t_4}\}\}$，则 $X > Y$ 的概率是_____．

【答案】$\frac{1}{3}$

【解析】不妨设 $x_1 < x_2 < x_3 < x_4$，整体调换 x_{i_1}，x_{i_2} 与 x_{i_3}，x_{i_4} 不影响 X，Y 的值，所以不妨设 $x_{t_1} = x_1$，于是分为以下三种情况：

（1）$\{x_{i_1}, x_{i_2}\} = \{x_1, x_2\}$，$\{x_{i_3}, x_{i_4}\} = \{x_3, x_4\}$，此时 $X = x_3$，$Y = x_2$，有 $X > Y$；

（2）$\{x_{i_1}, x_{i_2}\} = \{x_1, x_3\}$，$\{x_{i_3}, x_{i_4}\} = \{x_2, x_4\}$，此时 $X = x_2$，$Y = x_3$，有 $X < Y$；

（3）$\{x_{i_1}, x_{i_2}\} = \{x_1, x_4\}$，$\{x_{i_3}, x_{i_4}\} = \{x_2, x_3\}$，此时 $X = x_2$，$Y = x_3$，有 $X > Y$；

综上所述，概率为 $\frac{1}{3}$．

5.（2021 中科大）设 k 个人进行互相传球游戏，每个拿球的人等可能地把球传给其他人中的任何一位，$k \geqslant 3$，若初始时球在甲手中，则第 n 次传球以后，球又回到甲手中的概率为_____．

【答案】$\frac{1}{k}\left[1 - \left(-\frac{1}{k-1}\right)^{n-1}\right]$

【解析】设第 n 次传球之后，球又回到甲手中的概率为 p_n，为使得第 n 次传球之后，球又回到甲手中，则第 $n-1$ 次传球之后，球不在甲手中，接下来则有 $\frac{1}{k-1}$ 的概率使得下一次球又回到甲手中，所以 $p_n = \frac{1}{k-1}(1 - p_{n-1})$，

所以 $p_n - \frac{1}{k} = -\frac{1}{k-1}\left(p_{n-1} - \frac{1}{k}\right)$，所以 $\left\{p_n - \frac{1}{k}\right\}$ 是等比数列，有 $p_n - \frac{1}{k} = \left(-\frac{1}{k-1}\right)^{n-1}\left(p_1 - \frac{1}{k}\right)$，因为 $p_1 = 0$，所以 $p_n = \frac{1}{k}\left[1 - \left(-\frac{1}{k-1}\right)^{n-1}\right]$．

6.(2021 北大) 现有 7 把钥匙和 7 把锁，用这些钥匙随机开锁，则 D_1，D_2，D_3 这三把钥匙不能打开对应的锁的概率是 _____.

【答案】$\dfrac{67}{105}$

【解析】利用容斥原理，D_1，D_2，D_3 能打开对应的锁的排列是 $C_3^1 \times A_6^6 - C_3^2 \times A_5^5 + C_3^3 \times A_4^4$. 因此都不能打开对应锁的概率为

$$\frac{A_7^7 - C_3^1 \times A_6^6 + C_3^2 \times A_5^5 - C_3^3 \times A_4^4}{A_7^7} = \frac{67}{105}$$

7.(2024 中科大) 全集 U 中有 2024 个元素，集合 A，B，C 分别有 2000，1978，1958 个元素，则 $A \bigcap B \bigcap C$ 元素个数的最小值为 _____.

【答案】1888

【解析】由于 $|A \bigcap B| = |A| + |B| - |A \bigcup B| \geqslant |A| + |B| - |U|$，因此 $|A \bigcap B \bigcap C| \geqslant |A \bigcap B| + |C| - |U| \geqslant |A| + |B| - |U| + |C| - |U| = 1888$. 画图易知等号可以取到.

图书在版编目（CIP）数据

从入门到精通强基数学 / 礼东主编. -- 北京：中
国农业出版社，2025. 3. -- ISBN 978-7-109-33131-0

Ⅰ. G634.603

中国国家版本馆 CIP 数据核字第 2025G5K885 号

从入门到精通强基数学

CONG RUMEN DAO JINGTONG QIANGJI SHUXUE

中国农业出版社出版

地址：北京市朝阳区麦子店街 18 号楼

邮编：100125

责任编辑：黎思玮

版式设计：杨　婧　　责任校对：吴丽婷

印刷：中农印务有限公司

版次：2025 年 3 月第 1 版

印次：2025 年 3 月北京第 1 次印刷

发行：新华书店北京发行所

开本：700mm×1000mm　1/16

印张：13.25

字数：360 千字

定价：68.00 元